Fransyska visiter

SIV OCH KEY L NILSON

Fransyska visiter
Resmål i Provence

Till Lennart Jirlow

PRISMA

𝒫
Bokförlaget Prisma
Besöksadress: Tryckerigatan 4
Box 2052
103 12 Stockholm
prisma@prismabok.se
www.prismabok.se

Bokförlaget Prisma ingår i
P. A. Norstedt & Söner AB,
grundat 1823

© 1999 Siv och Key L Nilson
Bokförlaget Prisma, Stockholm
Första upplagan 1999
Andra upplagan, andra tryckningen 2002
Omslag: Bernard Mathys, Apt
Foto: Key L Nilson
www.sivkeynilson.com
Författarporträtt: Charles Hammarsten, Allers Photo Press
Tyger från Les OlivadeS på försättsblad:
Campano Bleu Royal
Formgivning: Lena Lindqvist
Tryckt hos Fälth & Hässler, Värnamo 2002
ISBN 91-518-3741-2

Innehåll

Med Napoleon mot Medelhavet 8

Jättarnas gröna dal 24

Förförande frestelser 42

La Mer och väg 900 62

Vår Herres örtagård 78

Mot solens öga 96

Het lördag 118

Mästaren på berget 132

Och här och var små byar 144

Elegans och poesi 162

Macholand 182

Lurendrejeri och livets källa 204

Hönsmat och honungsvin 216

Vindarnas berg 232

De odödliga 242

Konduktören som försvann 252

Receptregister 258

Ortsregister 260

DEN 24 NOVEMBER 1991, klockan 18:59 på kvällen kom ett fax från vännen och konstnären Lennart Jirlow. "Förslag till nästa bok – Fransyska visiter. Några gastronomiska smultronställen i okända hörn här och där i Frankrike" stod det.

Det var en bra titel, men just då hade vi inte en tanke på ännu en bok om det Frankrike som vi så noga kartlagt under mer än tjugo år. Faxet blev sittande på väggen i arbetsrummet, och av och till skänkte vi det en tanke.

Det skrivs alldeles för många böcker om Provence – det tycker även provençalarna själva. Turismen riskerar att älska sönder detta relativt lilla område. Vår första bok från Frankrike, "Förförande franskt", kom redan 1980 och handlade mest om just Provence. Trots att den sedan länge är slutsåld får vi fortfarande många förfrågningar om den boken. Det vackra, solmättade landskapet har en särskild plats i våra frusna hjärtan.

– Om vi ändå skulle göra en ny bok om Provence, sa vi en dag och sneglade på faxet på väggen. Samma dag som vi fått en lista från en läsare i Finland med en bön om att få köpa redan slutsålda böcker.

Det tog några år och ett flertal resor att samla materialet. Precis som övriga Frankrike har förstås även Provence förändrats under tjugo år, men drar man sig bort från Rivieran så är byarna ändå förvånansvärt genuina. Det provençalska köket är enkelt, gott och soligt och vi tror nog att våra matglada läsare finner egna pärlor bland de många recepten. Kanske upptäcker ni också helt nya sidor hos Provence.

I "Fransyska visiter" tar vi er med på äventyr runtom i Provence och dess närområden – här och där och i okända hörn, ungefär så som vännen Jirlow föreslog.

Ett stilla porlande vattenhål hos Hotel de Guilles i byn Lourmarin.

VISBY, FLERA ÅR SENARE
Siv och Key L Nilson

Med Napoleon mot Medelhavet

"VIVE L'EMPEREUR" ropade folket när Napoleon Bonaparte den 7 mars 1815 nådde fram till Grenoble. Det gladde honom säkert, för året innan hade han störtats från kejsardömets tron och Frankrike hade övergått till att bli monarki. Den nytillträdde kung Ludvig XVIII fick nu ge sig av, och den lille intelligente korsikanen var än en gång Frankrikes kejsare. Han var snabb i vändningarna. På en vecka marscherade han med 700 man från Golfe-Juan vid Cannes där han landsteg den 1 mars, och upp till Grenoble. Drygt 300 km på dåliga vägar, över bergspass och dalgångar.

Den väg som i dag kallas Route Napoléon öppnades 1932, och följer i stort sett de etapper som Napoleon och hans trupper marscherade. Välj Rocade Süd genom Grenoble, leta sen upp avfarten mot N 85 i riktning mot Gap och ni är på rätt väg. Det är en långsam väg, och även om det inte tar en vecka att billedes ta sig till Medelhavet via N 85 så passar vägen inte den som vill fram snabbt. Men utsikten är bitvis vidunderligt vacker, byarna trivsamma och det finns ofta anledning att dröja en smula längs vägen.

När kejsaren själv skymtar i en kurva stannar vi till. Vi befinner oss i byn Laffrey, där en ståtlig bronsstaty av Napoleon till häst effektfullt avtecknar sig mot Grenobles blånande berg. Det var här i Laffrey som Napoleon gjorde sitt succéframträdande, och lyckades vända opinionen. När de regeringstrogna trupperna spärrade vägen för honom, gick han resolut emot dem med blottat bröst. Ett sådant personligt mod imponerar på krigare! Turistinformationen längs vägen bär den flygande örnen som symbol. Napoleon deklarerade vid sin återkomst att "Örnen skall flyga från torn till torn till dess han når tornet på Notre-Dame". Det skulle krävas ytterligare 93 dagar innan hundradagarsmarschen avslutades i Paris. Men säg den glädje som varar

Hotel de la Poste i Corps är ett av våra mest prisvärda tips.

T.v. Statyn av Napoleon hittar man vid Laffrey.

beständigt. Efter att i juni samma år ha förlorat slaget vid Waterloo, fick Napoleon byta det tidigare realtivt bekväma livet på medelhavsön Elba mot fångenskap på den klippiga S:t Helena fram till sin död sex år senare.

En buss tyska pensionärer stannar samtidigt på parkeringsplatsen. En av farbröderna packar omsorgsfullt upp ett mässingshorn, kliver upp på en kulle och blåser mäktiga toner som nog skulle ha uppskattats av den gamle fältherren. Också den gamle tysken är nöjd med sitt framträdande, och putsar kärleksfullt på den blanka mässingen innan han åter packar ner hornet i bagaget.

I byn Corps, dryga sex mil från Grenoble, övernattade Napoleon den 6 mars 1815 och då vi alltid haft lite fina fasoner tycker vi att byn duger som nattläger även för oss. Om sanningen ska fram är Corps en gammal bekant, en liten pärla längs vägen som rekommenderats oss av goda vänner i Jurabergen. Det är till Gilbert och Christiane Delas på Hotel de la Poste mitt i byn som vi styr kosan. Vi vågar betämt påstå att ni knappast hittar ett mer prisvärt ställe längs vägen. På sitt sätt är Hotel de la Poste osannolikt. Ni kommer att upptäcka värdshusvärdens förkärlek för guld, såväl på tapeter som på de svanformade badrumskranarna. Kanske är det inte alltid utsökt men å andra sidan har ni aldrig fått så mycket komfort för så lite pengar, eller för den delen så generösa måltider.

Vi tar en promenad längs bygatan som kantas av små hotell, barer och bykyrkan. Vid byfontänen står en man i randiga byxor, basker och ryggsäck och läser kyrkans historia. På Marmottes pianobar misshandlar någon ett piano, och hos frisören annonserar Djurens vänner att de matar hemlösa hundar och katter gratis. Mitt emot kyrkan ligger en oansenlig butik i något som liknar en lagerlokal. Titta in här om ni gillar goda ostar, och tala om vad ni har för önskemål. Ägaren är nämligen en perfektionist med höga kvalitetskrav, och ingen klämmer ostraffat på osten eller frukten i lådorna. Klämmer gör han själv – man meddelar när köpet ska konsumeras, och mäster väljer rätt mognad. Långtradarna skramlar förbi längs den smala bygatan, och i den minimala receptionen på la Poste slits madame mellan telefonen och matsalen.

Vi tycker vi är tidiga till middagen men upptäcker att matsalen redan är halvfull av förväntansfulla gäster, såväl tillresta som bybor. Det är uppenbarli-

---

Gåsleversallad som i Corps

För att laga husets gåsleverterrine börjar man med två färska gåslevrar. Vi föreslår att ni i stället tittar in när ni har vägen förbi, och gläds åt att ni har råd med kalaset. Skivad tryffel i garneringen och syltad lök som tillbehör.

gen hit man går för en middag. Det finns tre menyer, alla billiga.

Vi bestämmer oss för mellanpriset, men upptäcker att det inte spelar så stor roll vilken meny vi väljer. Så snart vi gjort vår beställning landar en strid ström av fat och skålar på vårt bord. En bricka med aptitretare, tillräckligt för en lunch – ett fat med olika råkostsallader och för säkerhets skull en skål med havskräftor. De små aptitretarna – *amuse-gueule*, som vanligen serveras på assiett kommer här på kuverttallrik. När förrätten så småningom serveras börjar man känna sig ganska välförsedd. Ett ungt par intill oss tittar länge på menyn för att få reskassan att gå ihop. När så fat och brickor börjar anlända tittar de förskräckta på servitrisen och påpekar att detta har de inte beställt.

– Det här är för alla – *voilà!* Förtjusningen vid bordet bredvid är inte att ta miste på.

Innan vi stapplar uppför trappan till tonerna av det självspelande pianot, har vi än en gång fått klart för oss att detta är ett utmärkt ställe för gourmander. Efter en natt i vårt gyllene gemak finner vi monsieur Delas i full färd med frukosten. Den som till äventyrs inte blev riktigt mätt kvällen innan har nu möjlighet att ta skadan igen. Fyra personer fattas i personalen denna morgon, och monsieur Delas ilar mellan borden med jättefat med bröd, marmelad, honung, jordgubbar och blåbär och nybryggt kaffe. La Poste är ett osannolikt ställe, men hade Napoleon ett lika bra nattläger gick det ingen nöd på honom.

Söder om Gap följer vi floden Durance, och just där den flyter ihop med floden Buëch ligger Sisteron. Från en kulle vakar det medeltida citadellet likt ett örnnäste över stadens sex tusen invånare. På andra sidan Durance stjäl Rocher de la Baume uppmärksamheten med sina märkliga, djupa klyftor som skär rakt in i berget. Napoleon tog lunchrast i Sisteron, men han fick ett svalt mottagande av stadsborna som av tradition var rojalister även om de mjuknade en smula innan han drog vidare. Andra världskriget gick hårt åt den lilla staden i de provençalska alperna. Amerikanska bomber blev det slutgiltiga ödet för mer än 300 människor.

Vi stannar i Sisteron för att titta på en av stadens berömdheter. Lamm är en vanligt förekommande rätt i Sydfrankrike, men har kocken ambitioner står det lamm från Sisteron på matsedeln. Uppfödningen är en av de största i Frankrike, och det är just en fårbonde vi vill träffa. Via en enkel vägbeskrivning letar vi oss fram på vägnätet i stadens utkanter. Bortom villorna ser vi något som liknar en bondgård, och där har vi madame Garcins gård – det är en kvinnlig bonde vi

Rocher de la Baume skär djupa klyftor i berget vid Sisteron.

Stilla pinglar fårens klockor över alpängen. Lamm från Sisteron är stjärnkockarnas förtjusning.

ska träffa. Två bordercollies skäller som galningar så fort vi gör en ansats att lämna bilen.

– Bonjour messieurs-dames, säger en trulig tonårsgrabb som kommer över gårdstunet. Han är son i huset, han heter Guillaume, som är den franska varianten av William och han avser att guida oss till fåren. Så vi ger oss tillbaka samma väg. Ut ur staden far vi, förbi Rocher de la Baume och in bland bergen. Sånt är aldrig fel. En mil senare börjar vi undra om det alls finns någon civilisation längs den väg mot S:t Geniez som vi slagit in på, så öde är denna skogrika trakt. Guillaume tinar upp när den första blygheten lagt sig, och på stapplande engelska visar han stolt på en halvt bortnött inskription från kriget mellan galler och romare på en bergvägg. Vägen kallas också Défilé de Pierre Écrite.

– I nästa kurva är vi framme, säger Guillaume efter nära två mils färd och nu ser han riktigt upplivad ut.

Det regnar rejält när vi kliver ur bilen, något som ingen tycks bry sig särskilt mycket om trots den lervälling som snabbt bildas på marken. Gården ligger på en bergssida, och madame och monsieur Garcin hälsar oss hjärtligt välkomna. Runtom oss bräker det i alla tonarter av vuxna får och veckogamla lamm, som ängsligt letar efter rätt mor i inhägnaden. I en fålla invid huset ligger fårens BB, och här vistas de nyfödda tills de är stora nog att ge sig ut på det saftiga betet på bergsängarna. Rasen heter *Pre Alpes*, och familjen har runt 500 tackor samt ett femtiotal lamm att ta hand om. Det är madame som sköter konversationen medan maken Françoise traskar runt i leran och sköter allt som måste skötas på en gård.

– Vill ni ha kaffe, det finns i husvagnen, säger madame och först då upptäcker vi att familjen bor i den gamla husvagn som står under trädet på sluttningen. I det minimala utrymmet inuti vagnen får vi kaffe och hemkokt hallonmarmelad, och även en förklaring till varför familjen befinner sig här och inte på gården i Sisteron. Det har inte regnat i Sisteron sedan januari och nu är det september. Något bete för fåren står inte att få runt staden detta torrår, därför togs fåren tidigt upp till ödegården. Undra på att man inte brydde sig om en regnskur! Men även mer vanliga år går herdarna i spetsen för fårhjordarna upp mot bergen när sommarvärmen kommer, i en uråldrig procession som på franska kallas *transhumance*. Madame Garcin är stolt över sin fårbesättning, och hon har rätt till den kvalitetsstämpel som kallas *label rouge* på produktionen. Och visst måste det bli ett smakrikt kött i detta makalöst vackra bergslandskap.

Hela familjen Garcin är engagerad i lammuppfödningen – så är den också förstklassig.

Lammkarré som i Sisteron

Vi har inget bra svenskt namn på den här utmärkta styckningsdelen som består av den övre biten av den delade lammsadeln, med ryggbenet borttaget. Den styckas med långa revben, och är vanligare än lammkotletter söderut.

6 PORTIONER
ca 1,2 kg lammkarré,
 ev. i två bitar
salt och svartpeppar
olivolja
timjan, rosmarin eller dragon
1 lagerblad
2 dl buljong
Ugn: 175°

• Krydda köttet runtom med salt och peppar. Lägg det i en ugnsform och stick in en stektermometer från kortsidan. Droppa lite olja över köttet och strö på timjan och rosmarin eller dragon. Smula lagerbladet och strö över.
• Stek köttet mitt i ugnen tills termometern visar 65–67°. Låt köttet vila en stund innan det skärs i kotletter, viket är lätt då ryggbenet är borta.
• Vispa ur pannan med den heta buljongen, sila skyn och slå över köttet.
Receptet på rosmarinpotatis att servera till finns på sid. 91.

Lök- och tomatsallad

Skivade tomater, skivad rödlök och färska basilikablad är en fräsch och god sallad som passar till lammet. En god olivolja och lite salt räcker som dressing.

Lammkotletter provençale

Kotletter serveras oftare hos oss än i Provence där man föredrar den saftigare karrén. Men visst blir det kalasgott.

4 PORTIONER
8 dubbelkotletter
salt och svartpeppar
cirka 1 msk vardera av färsk timjan, rosmarin och kyndel
10 vitlöksklyftor
olivolja

• Hacka ihop de färska kryddörterna. Krydda kotletterna på båda sidor med salt och peppar, och gnid sen in dem med örtblandningen.
• Stek först de hela, skalade vitlöksklyftorna i en panna med lite olivolja och därefter kotletterna. De ska ha fin yta men vara rosa inuti. Servera med vitlöken till. Potatisgratäng eller örtkryddad potatis passar fint till, liksom grillade tomater.

Grillade tomater

Skåra tomater kryssvis på ovansidan och ställ dem i en liten ugnsform. Strö på salt och eventuellt någon örtkrydda. Sätt in under grillen 5 minuter tills de är genomvarma.

Solen bryter igenom och lyser på martorn, blå bolltistel och bergens örter bland de droppdränkta grästuvorna när vi vinkar farväl till familjen i husvagnen. Och Guillaume är lycklig över att slippa åka med tillbaka, för detta är hans eget paradis.

Det är på väg tillbaka vi upptäcker en annan, och mer sentida stenmästare längs väg D3. Strax före byn Mézien blickar ett fint arbetat barnhuvud ur ett klippblock vid vägkanten. Konstnärens namn är L. Lafont, men någon ytterligare text har han inte lämnat till eftervärlden.

Middagen förlägger vi till Becs Fins, i en av gränderna i den gamla delen av denna pelargonbehängda stad. Restaurangen är välrenommerad utan att vara stjärnströdd. En av traktens traditionella rätter är *les pieds et paquets*, skapad ur övertygelsen att inget av lammet får förfaras. Kanske måste man vara född i bergen för att till fullo uppskatta denna husmansrätt som innehåller såväl fötter som fårmage, och fullt så provençalska känner vi oss inte denna kväll. Under markisen på trottoaren serveras vi gratinerad getost på bröd, och givetvis avstår vi inte från lammkotletter innan måltiden avrundas med färska hallon. Sisterons gästfrihet har ökat markant sen Napoleon drog förbi.

Flan med färska bär

Färska bär är oemotståndligt – ett flan eller en tartelett är en perfekt avslutning på måltiden.

6–8 BITAR
150 g smör
3 1/2 dl vetemjöl
2 msk kallt vatten
KRÄM:
3 dl vispgrädde
1 ägg
1 vaniljstång
4 msk strösocker
1 msk Majsena
rivet skal av 1/2 citron
GARNERING:
färska bär, en sort eller flera
cirka 1 1/2 dl röd vinbärsgelé
Ugn: 225º

• Nyp ihop smör och mjöl till en smuldeg, eller gör degen i matberedaren. Tillsätt vattnet och arbeta snabbt ihop degen. Lägg degen i plastpåse i kylen cirka 1 timme.
• Kavla ut degen tunt. Klä en låg pajform och nagga bottnen. Vik en folieremsa över kanten. Grädda pajskalet klart mitt i ugnen 15–20 minuter, ta bort folien efter halva tiden. Låt pajskalet kallna.
• Blanda alla ingredienserna till krämen utom citronskalet i en kastrull. Dela vaniljstången på längden innan den läggs i. Sjud sakta under vispning tills krämen tjocknar, och låt den sen svalna. Ta upp vaniljstången, skrapa ur de svarta fröna ner i krämen. Tillsätt det rivna citronskalet.
• Smält gelén på svag värme och vispa den slät.
• Fyll pajskalet strax före serveringen, annars mjuknar bottnen. Slå i krämen, lägg på bären och glasera försiktigt med den smälta gelén.
Sen är det bara att mumsa …

Ett enklare flan …

Gör pajskalet som tidigare, men uteslut vaniljkrämen i fyllningen. Lägg tätt med bär över pajen och använd lite mer gelé att glasera med. Särskilt gott med jordgubbar eller hallon.

Jättarnas gröna dal

VERDON lär betyda ungefär "grönskans gåva", och det är mot Grand Canyon du Verdon vi är på väg när vi fortsätter söderut längs den vindlande Route Napoléon. Vid Château-Arnoux missar vi att svänga över floden, och det är så vi upptäcker Rochers des Mées. Mitt för Mées går nämligen nästa bro över Durance, och när vi kör norrut för att åter haka på N 85 passerar vi de märkliga klipporna invid vägen. De mer än hundra meter höga och vassa klipporna som eroderats ur berget kallas enligt legenden "Mees botgörare". Över floden än en gång, och vi är tillbaka på kejsarens väg. Därmed passerar vi också Château de Malijai där Napoleon tillbringade natten den 4 mars sittande i en fåtölj, otåligt inväntande underrättelser huruvida citadellet i Sisteron skulle hindra hans framfart. Men Sisteron skulle visa sig vara obevakat, om än en smula grinigt vid hans ankomst.

Det är lätt att låta dagen försvinna. Några promenader, en vända runt bytorget för att inhandla lunch, en stund på ett café längs vägen och plötsligt är det dags för natthärbärge. Villa Gaïa, ett par kilometer söder om Digne på väg mot Nice visar sig vara ett bra val. Digne-les-Bains, som staden egentligen heter, är en lagom stor och trivsam stad med ett intressant förflutet. Runt sekelskiftet upplevde staden en glansperiod, då några av de invånare som tidigare utvandrat till Mexico helt enkelt återvände. De hade lyckats bra i det nya landet, och med sig i bagaget hem hade de förutom sina förmögenheter även smaken för överdåd. Smaken för stora ytor, en smula exotism och den koloniala arkitekturen skulle plötsligt omsättas i den lilla staden i de provençalska bergen. Resultatet syns i stadsbilden.

Villa Gaïa visar sig vara en av dessa "mexicanska" villor, belägen mitt i en praktfull park. Ägarens farfar var en av utvandrarna, och via en textilindustri hittade han sitt guld i Mexico. Efter återkomsten valdes han till borgmästare i Digne och Villa Gaïa, två kilometer bort, blev helt enkelt sommarstuga.

Vi fortsätter söderut och tar sikte på Castellane, en liten men betydelsefull an-

Grand Canyon du Verdon är en enda lång skönhetsupplevelse – om än en smula hisnande.

halt längs vägen. Härifrån går avtaget mot jättarnas gröna dal. Skyltar leder oss mot Grand Canyon du Verdon och väg D 952, som följer floden Verdons flöde mot sjön Lac de St:e Croix. En dryg mil bort går avtaget mot Château de Trigance, en medeltida borg som tronar på en bergstopp. Detta får bli vårt nattläger, för äventyret i denna hisnande canyon kräver minst en heldag.

Borgen må vara medeltida men i dag rymmer den ett tiotal rum av god klass, och ingår i Relais et Château. Från parkeringsplatsen vid foten av berget går en linbana som hissar upp bagaget till monsieur Thomas som väntar på krönet. Det är tur, för det är fullt tillräckligt att släpa sig själv uppför berget. Mer lättillgängligt ligger byns andra hotell, Le Vieil Amandier med bra faciliteter. Men klättringen visar sig värd besväret. Gästerna inväntar middagen på terrassen ovanpå ett av försvarstornen, med milsvid utsikt över omgivningarna. Solen sjunker över bergen, klockan i campanilen slår sju slag och vi kan konstatera att Jabrons fåra – ett biflöde till Verdon, är så gott som torr. Morgonen därpå är det medeltida väder. Genom diset och dimman hörs vargarna tjuta – eller är det möjligen åsnor …

Två vägar leder runt Grand Canyon du Verdon, den gröna flodens dal. D 71 följer den södra stranden och Corniche Sublime – från Lac de S:te Croix till Balcons de la Mescla där vägen viker söderut. Via småvägar kör man norrut för att nå D 952, som tillsammans med D 23 följer canyons norra sida. Det är mödan värt att skaffa en lokalkarta för denna upplevelse. Vart man börjar rundfarten beror ju på varifrån man kommer. D 71 via Comps, eller D 957 från Aups om man kommer söderifrån. Notera att D 955 mellan Draguignan och Comps går över ett militärt skjutfält, vilket kan orsaka irriterande förseningar om det är skjutövningar på gång. Vägen runt canyon är inget för veklingar, och ängsliga bilförare bör kanske tänka sig för – men man kör med turistbussar längs cornicherna och det finns parkeringsplatser att dra efter andan på. Undvik om möjligt att göra turen över en veckända då turisttrafiken är intensiv.

Grand Canyon du Verdon är faktiskt ett av Europas mest besökta naturområden. Floden Verdon rinner upp i Sestrièremassivet på dryga 2 000 meters höjd. Vattenkraften tas till vara i dammar längs vägen innan den rinner vidare. Efter att ha passerat Castellane är dess fåra en enda lång skönhetsupplevelse, fram tills den dyker under Pont de Galetas och rinner ut i Lac de S:te Croix. I sydändan av sjön fortsätter Verdon sen sin bana, för att ansluta sig till Durances flöde mot hjärtat av Provence.

Något långt till affären om man glömt något till middagen …

Klipporna vid l'Escalès är en utmaning för bergsklättrarna. Floden flyter nära 700 m nedanför.

Grottforskaren E. A. Martel var den förste att i augusti 1905 genomföra en expedition genom canyon. Med hjälp av assistenter, tre hopfällbara kanoter, rep och vattentäta säckar för den tunga utrustningen tog man sig fram längs flodfåran via klippväggar och vadställen. Det skulle dock dröja fram till 1947 innan vägen längs södra banken öppnade vägen för turismen, och först på 70-talet kom slingan D 23 som löper runt norra bankens mest sevärda utsiktspunkter.

Grand Canyon du Verdon var länge en mycket otillgänglig plats, och därmed också en passande tillflyktsort. Hit flydde de ligurier som ville undkomma romarnas utrotningskrig, och redan några hundra år efter Kristi födelse bosatte sig de första munkarna i bergens grottor. Så småningom fick de sällskap av fåraherdar, och de största grottorna förvandlades till bosättningar. Dessa tidiga nybyggare torde också ha varit de första som klättrade längs bergsväggarna. I vissa passager har man funnit 700 år gamla stegar och fästen, och de skulle följas av många fler. I dag är Grand Canyon du Verdon bergsklättrarnas paradis, en mycket populär sport i Frankrike.

Låt oss för enkelhetens skull börja färden vid sjön och köra längs södra banken, även om det givetvis går lika bra att göra turen i omvänd riktning eller börja vid Point Sublime. Om biltrafiken är livlig vid avtaget mot Aiguines, så är det fart och rörelse även i flodmynningen. Att paddla kanot uppför floden är mycket populärt, och uthyrare finns det gott om. Bilden av Aiguines domineras av ett fyrkantigt slott med tak av glaserat tegel, i vardera hörnet försett med ett runt "pepparströartorn". Ett vackert bygge från 1600-talet, beläget i en öppen park. Aiguines är även känt för att ha hyst Provence sista häxa, en klok gumma som med hjälp av bergens örter och en smula trolldom botade de flesta av bybornas krämpor. Den som inte tidigare försett sig med film, vatten eller färdkost gör det lämpligen här.

Efter Aiguines blir kurvorna fler, och vägen närmar sig flodbanken. Vyerna är bedövande vackra, och vore det inte för att man ständigt måste hålla uppsikt på trafiken skulle man stanna var tionde meter. Vid le Marges och le Vaumale når vägbanan sina högsta punkter, mer än 800 m över floden. Trots att man missar en del av utsikten är det en fördel att ha innerspår när man möter turistbussarna. Vid les Cavaliers kan man kliva ur bilen för en kopp kaffe eller en matbit på det enkla värdshuset. Från terrassen har man en fantastisk utsikt över klippstupen vid les Cavaliers, och härifrån utgår också en av de gångstigar som leder ner till flodbädden. En annan går längs norra banken mellan la Maline och Point Sublime.

De munkar som förälskade sig i de invaderade saracenernas kvinnor förvandlades till klipporna vid Mees.

Att fotvandra i canyon är populärt men kräver onekligen viss kondition. För fjällvandrare, med viss vana av strapatser, är Grand Canyon du Verdon ett både varmare och mer myggfritt mål. Men inte ens vana vandrare bör ge sig iväg utan att först ha informerat sig om rådande säkerhetsföreskrifter.

Den som ändå väljer hästkrafter framför apostlahästar fortsätter vägen fram mot tunneln vid Fayet, bron vid Artuby och den magnifika Balcons de la Mescla. Vid första anblicken verkar floden här bilda en meanderslinga, egentligen handlar det dock om de båda floderna Verdon och Artuby som ingår brödralag just här. Namnet "*mescla*" kommer också ur det franska ordet för blandning. Att plötsligt befinna sig på en väg som inte kantas av klippstup känns först befriande men ganska snart enahanda. För att korta omfarten mot norra banken kan

Pain de courgettes

Pain betyder inte bara bröd, det kan också vara en pastej som den här godingen från Villa Gaïa.

6 PORTIONER
600–700 g squash
3 gula lökar
olivolja
6–7 ägg
1 msk Majsena
1 msk vatten
salt, peppar, timjan
1 klyfta vitlök
1 knippa persilja
Ugn: 175°

• Skär squash och lök i små tärningar. Fräs detta med lite olivolja i en kastrull tills löken är blank men inte brynt. Låt det svalna.
• Vispa ihop äggen. Rör ut majsenan med vattnet och vispa ned. Smaksätt med salt, peppar och timjan.
• Blanda äggsmeten med grönsakerna och rör ned den hackade vitlöken och persiljan. Slå allt i en lättsmord liten brödform. Ställ formen i vattenbad och grädda mitt i ugnen cirka 45 minuter, eller tills äggsmeten stannat. Låt den kallna innan den försiktigt vänds upp och skivas.

Marinerade tomater

Här känns närheten till Italien tydligt. Tomaterna är jättegoda att servera till pastejen, men passar också på en skiva rostat lantbröd.

Tärna tomater och smaksätt med pressad citron, dragon, gräslök, salt och svartpeppar. Slå på olivolja och låt det hela dra någon timme i kylen.

Gazpacho med havskräftor

En varm dag på terrassen hos Les Santons i Moustiers. Lite tid tar den att laga, men det mesta kan förberedas.

4 PORTIONER
500 g färska tomater
1/2 röd paprika
1/4 slanggurka
2 små gula lökar
3 skivor vitt bröd
1/2 klyfta vitlök
3/4 dl olivolja
1 ägg
sherryvinäger
salt och peppar

AVOKADOMOUSSE:
6 blad gelatin
3 avokador
pressad citron
3 dl crème fraîche
salt och peppar

TILL SERVERINGEN:
20-tal svarta oliver
2 msk hackad gräslök
4 msk röd paprika
20 havskräftstjärtar
olivolja

• Skålla och skala tomaterna och paprikan. Använd hälften av den hela paprikan till garneringen. Skala gurkan och löken. Dela alla grönsakerna i mindre bitar. Skär bort kanterna på brödet och smula det.
• Kör bröd, olivolja, vitlök och grönsaker till fin puré i matberedare eller mixer. Sila och pressa innehållet mot silen. Mixa resterna i silen än en gång och pressa ur det som går. Kyl purén en timme.
• Rör ihop ägget. Vispa sen upp den kylda purén med elvisp, och bind den med ägget. Smaksätt med salt, peppar och vinäger. Sila purén än en gång och ställ den i kylen.
• Lägg gelatinbladen i lite kallt vatten i 10 minuter. Krama upp dem och smält dem på lägsta värmen. Låt gelatinet svalna.
• Mixa avokadoköttet till en slät puré, tillsätt lite pressad citron för att undvika att purén mörknar. Vispa gelatinet, och rör sen ned grädden. Smaka av med salt och peppar. Låt den stelna i kylen.
• Gör en blandning av finhackade svarta oliver, gräslök och paprika. Fräs kräftstjärtarna hastigt i olivolja.
• Lägg fem kräftstjärtar som en stjärna i varje tallrik, däremellan skedas avokadopuré. Fördela den kylda gazpachon och klicka lite av olivröran i mitten. Ugnsvärmda bröd är gott till.

Gömd bland pariserpelargonerna i Moustiers ligger den lilla krogen Les Santons.

Les Santons fisk i papper

Daurade är en vanlig matfisk i Provance. Sik, gös eller varför inte vår fina abborre kan användas härhemma.

4 PORTIONER
ca 600 g fiskfilé
2 morötter
1 squash
2 purjolökar
1 liten fänkål
olivolja
2 bifftomater
1 dl gröna ärter
1 dl hackade svarta oliver
bakplåtspapper
Ugn: 200°

• Skala och strimla morötter, squash och purjo tunna som tagliatelle. Ge grönsakerna ett hastigt uppkok i lättsaltat vatten. Kyl dem sen med kallt vatten, sila och ånga av.
• Strimla fänkålen. Låt den puttra mjuk med lite olivolja i en panna.
• Salta fiskfiléerna. Fördela grönsaksröran på fyra bakplåtspapper och lägg på fisken.
• Lägg däröver tärnade tomater, ärter, oliver, fänkålsgrönt och den olivfrästa fänkålen. Förslut pappren väl, och lägg paketen i en ugnspanna. Sätt in den mitt i ugnen cirka 10 minuter, eller tills fisken känns klar. Vik upp pappret just som fisken serveras.

Tigertomat med getost La Bastide

Naturligtvis går det bra även med vanliga tomater, men visst ser det vackert ut med den grönstrimmiga tomaten.

2 PORTIONER
2 tomater
FYLLNING:
cirka 75 g getost
1/2 dl crème fraiche
2 msk kinesisk gräslök
2 tsk krossad rosépeppar
salt

PÅ TALLRIKEN:
knaperstekt
 bacon
bitar av skållad
 skalad tomat
olivolja
balsamico
färsk basilika
och körvel

• Rör ut getosten med lite crème fraiche så att den blir smidig. Smaksätt med finhackad gräslök, krossad peppar och eventuellt salt. Den kinesiska gräslöken har mer vitlökssmak än den vanliga.
• Skär av toppen på tomaterna och gröp ur kärnhuset. Fyll med getostkrämen och lägg tillbaka toppen.
• Lägg upp vackert på tallriken med de olika tillbehören. Blanda lite olivolja med några droppar balsamico som dressing på tomaterna.

FRANSYSKA VISITER 35

Missa inte fajansmuseet i Moustiers-S:te-Marie. Här visas de olika historiska epokerna – de tidiga blå dekorerna, jaktmotiven och groteskerna.

36 Fransyska Visiter

man ta genvägen D 90 via Trigance. Vid Pont de Soleils kör man över floden, och når efter några kilometer Point Sublime. Också här finns ett värdshus, och den som tar en kort promenad belönas med en av nordsidans mest spektakulära utsikter över den så kallade Samsonkorridoren. Nedanför ligger den stora la Baume aux Pigeons – duvgrottan, som gröpts ur berget vid en tid då Verdons flöde var att jämföra med Nilens. Ännu några kilometer bort längs vägen går avtaget mot D 23 som bildar en ögla i vägnätet. Möjligen kan det kännas frestande att avstå från ännu fler naturupplevelser, men gör inte det. "Vägen är allt, målet är ingenting", och det kan dröja innan man gör om turen. Även om det inte är så långt är det en dagstur att köra runt Grand Canyon du Verdon.

Utsiktspunkten l'Escalès brukar vara välbesökt, för hit söker sig såväl klättrarna som deras åskådare. Hängande i rep och selar klättrar de som flugor på de lodräta klippväggarna, med floden som en grön åder sjuhundra meter under sig. Det påstås att herrarna på slottet i Trigance redan under medeltiden funnit på hur man skulle ta sig uppför klipporna i detta då väglösa land. Syftet var att överfalla byn La Palud en bit bort, men till skillnad från dagens äventyrare valde man den enklaste platsen där klippan bara är ett sextiotal meter hög. Man använde sig av trästöttor som fästes i klippväggen, vilket så småningom kom att ge platsen dess namn. *Lou escalès* är det provençalska ordet för stege.

Förr eller senare är man framme i La Palud. I gamla tider ett fäste för hertigarna av Provence, i dag för de turister som gärna byter Medelhavets överfyllda badstränder mot vandringar i bergen. Folk i fattiga trakter har i alla tider varit mästare på att leva av vad naturen bjuder, och i La Palud fanns buxbomshuggarna. De evigt gröna buskarna, ibland stora som små träd, tycks trivas ovanligt bra i canyons skyddade klimat och växer frodigt längs bergssidorna. Särskilt enkel var dock inte avverkningen. Huggaren knöt ett rep runt midjan och lät sig hissas utför stupen. Knippen av åtråvärd buxbom vinschades sen upp till medhjälparen däruppe. Det gav en bra slant att leva av när det hårda och vackra virket sålts till träsnidarna i Aiguines.

La Palud är en trivsam by, och ett bra basläger om man vill förlägga några dagar i canyon. Här finns mängder av uthyrning i alla prisklasser, från camping och gîtes till några enklare hotell. Byns bästa är Gorges du Verdon strax utanför byn, men någon lyx är det inte frågan om. När man väl passerat La Palud är det rena barnleken att ta sig fram mot sjön, och väl framme vid huvudvägen befinner vi oss strax utanför Moustiers-S:te-Marie.

Folk har i alla tider sökt sig till Moustiers, men orsakerna har växlat. Först kom en gammal munk som byggde ett Maria-altare på platsen. Detta i sin tur lockade många troende att göra en pilgrimsfärd till den otillgängliga platsen. Den gallo-romanske skrivaren Sidonius Apollinaris påstås ha gjort en pilgrimsfärd hit år 470 e.Kr. Det är alltså en mycket gammal vallfartsort, som högt belägen i skydd av berget ser turistbussarna komma med vår tids pilgrimer. Inte kunde den gamle munken ana att världen skulle bli ett enda stort turistparadis, och även de mest seriösa resmål förvandlas till ren underhållning.

Knappt mer än femhundra invånare stannar året om i Moustiers-S:te-Marie, desto fler besöker byn under turistsäsongen. Dagens besökare kommer för fajansen som utgör nästa kapitel i byns historia. Ludvig XIV hade kommit på obestånd, och beordrade sina undersåtar att låta smälta ned allt guld och silver för att bistå statskassan. Bygget i Versailles drog väl en del slantar kan man tänka. Fransmännen, som sällan ifrågasätter sina ledare gjorde sig av med vad de hade, och därmed rök även matsilvret. I Moustiers levde vid den här tiden en italiensk munk som med sig i bagaget till klostret även hade kunskapen att göra fin fajans. Pierre Clérissy tog vara på situationen, och så startade produktionen av fajansen från Moustiers som blev eftersökt i de bästa familjer. De tidigaste föremålen har en klart blå dekor, och några pjäser finns att se på fajansmuseet i byn. Näste som lyckades var Joseph Olérys som införde den spanska polycroma dekoren. Från hans period förekommer scener med fåglar, blommor och så kallade "grotesker", som var den tidens mode. Den oansenliga potatisblomman kom så småningom att bli Moustiers egen blomma. Dessa båda var pionjärerna men de skulle följas av många namnkunniga verkstäder. Den bästa fajansen från Moustiers är eftersökt av många samlare. Även i dag är Moustiers fyllt av verkstäder som erbjuder turisterna fajans, men det är svårare att hitta guldkornen. Kanske är det heller inte lätt att fresta oss skandinaver, som oftast uppskattar ett stramare formspråk än det klassiskt franska.

Byn ligger i en skreva omgiven av klippor, och halvvägs till himlen ligger kyrkan. Två toppar ovanför kyrkan förbinds med en 227 m lång kedja, behängd med en stjärna. Legenderna om stjärnan är flera. Den mest trovärdiga torde vara att hertigen Blacas d'Auls, som tillfångatogs vid en korsfararfärd till det heliga landet, dyrt och heligt lovade att hänga upp stjärnan i en kedja av silver som tack om han kom välbehållen hem. Tydligen kom han hem, om kedjan är av silver låter vi dock vara osagt. Kanske lät den gode hertigen omförhandla avtalet.

Pompe med färska fikon

La Pompe är en av de tretton klassiska desserterna på det provençalska julbordet, men då smaksatt med apelsinblomsvatten – fleur d'orange. Kakan har mycket lång jästid.

10 g jäst
1 dl ljummet vatten
cirka 8 dl vetemjöl
1 1/2 dl florsocker
2 ägg
1 dl olivolja
rivet skal av 1/2 citron
rivet skal av 1 apelsin
1/2 tsk salt
färska fikon
2 msk smält smör
pinjenötter
Ugn: 200°

- Rör ut jästen med vattnet, blanda med 1 1/2 dl av mjölet. Ställ skålen täckt på en varm plats två timmar så att degen dubblerar sin volym.
- Lägg resten av mjölet i en skål. Gör en grop i mitten och arbeta in den jästa degen, socker, olivolja, hopvispade ägg, rivet citrusskal och salt. Arbeta degen väl tills den är riktigt smidig.
- Forma en slät bulle, och låt den jäsa i degbunken ytterligare 2 timmar.
- Arbeta degen på nytt. Kavla ut den till en tjock, rund kaka lagom stor för en plåt. Lägg den på plåt med bakpapper. Lägg färska fikon i halvor runt kanten, klyftor i mitten och tryck ner dem i degen. Jäs kakan på plåten en dryg timme, eller tills den är hög och porös.
- Pensla över med smält smör, strö på pinjenötter och grädda mitt i ugnen cirka 25 minuter eller tills kakan känns klar.

Vid torget, med byns bästa utsikt, ligger Les Santons som är Moustiers stjärnkrog. Att hitta ett bord här är en bedrift, för krogen är mycket liten.

Ändå lyckas vi tränga in oss i ett hörn bland pariserpelargonerna på terrassen för en lunch. *Dorade papillote* – en guldbraxen åtföljd av sommargrönsaker, samt en läckert ljusgrön gazpacho med rosa langustinestjärtar är både lätt och gott. Olivbrödet smakar råg och är segt och gott, och en klunk av det rosafärgade husvinet hjälper oss att smälta dagens omskakande upplevelser längs vägen. Natten tänker vi tillbringa i utkanten av byn på La Bastide de Moustiers, ett nyrenoverat herresäte från 1600-talet. Inte fler än sju rum står till gästernas förfogande och de är inte helt billiga, men vi är nyfikna på stället.

Värden på La Bastide lär vi knappast träffa. Alain Ducasse, som är en av Frankrikes mest stjärnströdda krögare, torde vara fullt upptagen med att dirigera mästerstycken på sina krogar i Paris och i Monte Carlo dit de mest förnäma gourmeterna söker sig. Här i utkanten av Moustiers har han öppnat en enkel bondkrog, alltså med stjärnkrögarmått mätt. Ducasse har för vana att smita iväg på sin motorcykel upp i bergen för att vila öronen från larmet på Rivieran och det var så han fann den gamla gården.

– Jag ville kombinera raffinemang, komfort och enkelhet, säger Alain Ducasse i den broschyr vi får vid incheckningen, och man måste tillstå att han lyckats. La Bastide de Moustiers är allas vår dröm om ett litet hotell i Provence, och som de flesta av oss aldrig kommer att förverkliga. Men Ducasse har gjort det åt oss, och kanske blir det billigast så. Hantverkare och leverantörer har i största möjliga utsträckning hämtats från byn och dess närområden, och endast det bästa har varit gott nog.

La Bastide är också Ducasse egen plantskola, men personalen är i befriande avsaknad från all den förnäma stelhet som alltför ofta följer med servicen på de franska krogar som befinner sig på stegens översta pinnar.

Det är sällan vi lockas att äta lunch på restaurang, eftersom resor i detta matglada land lätt blir en smula överdådiga, men den soliga terrassen på La Bastide är svår att motstå.

– Något mycket lätt, föreslår vi och snabbt trollar kocken fram en vacker komposition. En getostfylld grön tigertomat omgiven av flådda röda tomater, baconstrimlor och lite kryddgrönt. En korg med nybakade tomatbröd och ett glas rosé – vad mer kan man begära en solig dag i Provence. Vi sticker in huvudet i köket för att fråga kökschefen vad som doftar så gott, det är fritt fram för gästerna på La Bastide. Benoit Witz – en av mästarens elever, kokar just skalpotatis till lunchens sallader och i kokvattnet lägger han vitlök, schalotter, lagerblad och en kvist timjan. Den idén stjäl vi direkt! En nybakad fikonkaka väntar i köket, men nu får vi se till att komma vidare. Den som funderar på fajansen från byn kan vi tipsa om att verkstaden Soleil varit det kräsna värdshusets huvudleverantör.

La Bastide de Moustiers är stjärnkrögaren Alain Ducasse egen bondkrog.

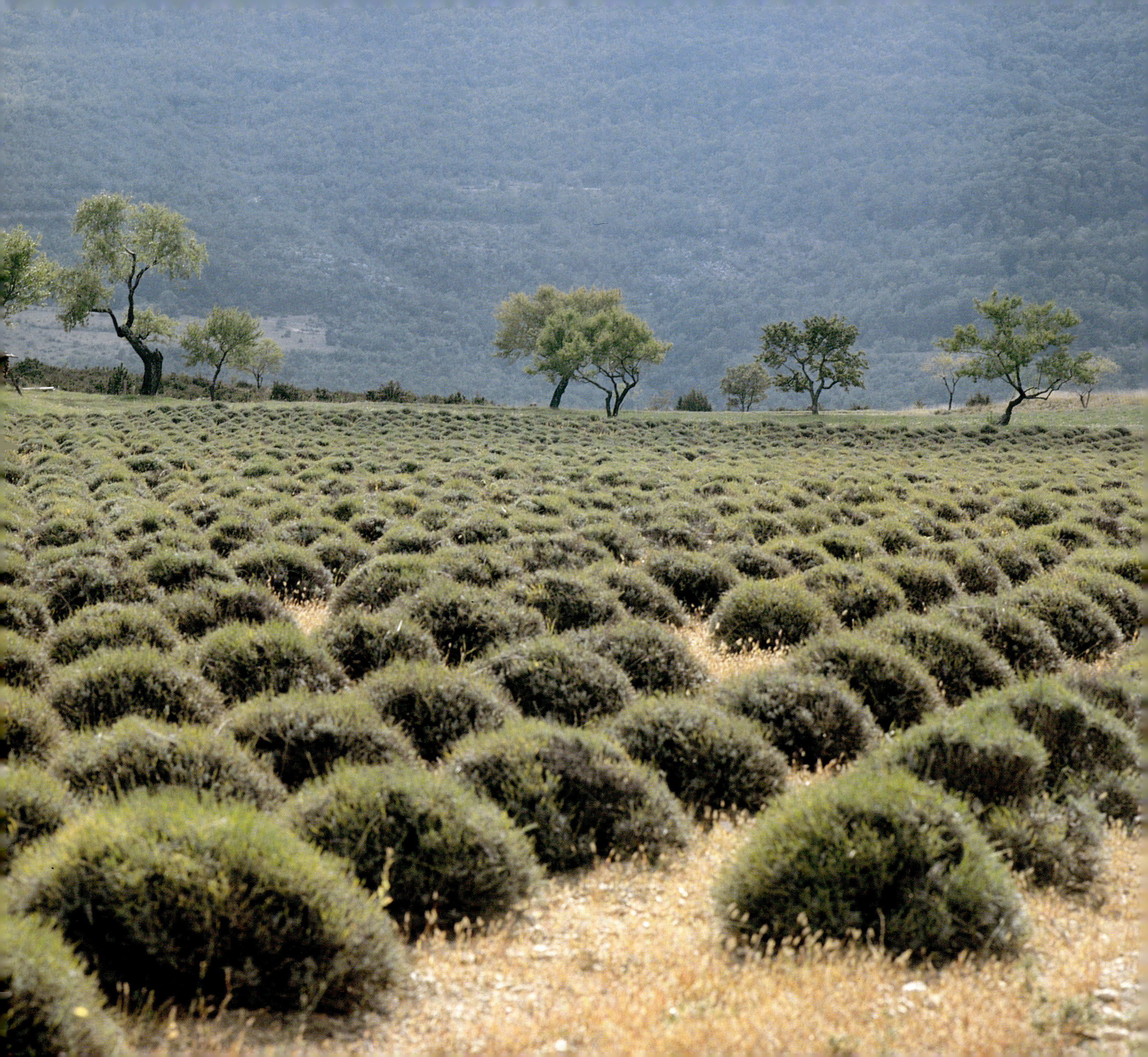

Förförande frestelser

DET ÄR dofterna som lockar oss vidare. "Doft av lavendel och jasmin från pensionatets bar" … gnolar vi medan vi far fram genom landskapet. Lavendeln är Provences karaktärsblomma, möjligen i kamp med solrosorna – men mimosan hör enbart Rivieran till. Lavendeln fyller fält efter fält med sina blåblommande kuddar och sprider sin doft i den klara bergsluften, för detta är bergsböndernas levebröd.

Vi är tillbaka på Route Napoléon. Vägen är fortfarande kurvig där den slingrar sig ned mot Grasse, men dock bättre än de åsnestigar som erbjöds kejsaren och hans trupp. Vid Pas de la Faye gör vägen en rejäl sväng, men här kan man gärna stanna till. Härifrån har man en milsvid utsikt ända ned mot Golfe de la Napoule och Rivieran. Skulle ni missa att stanna så har man samma strålande vy från Col du Pilon lite längre fram. Napoleon litade inte helt på Grassebornas solidaritet, och för att undgå demonstrationer från populasen valde han att marschera runt staden. Han rastade bara en kort stund på den plats strax ovanför staden som i dag kallas Plateau Napoléon.

Under medeltiden var Grasse en egen liten republik med livliga handelsförbindelser med Pisa och Genua. Man sålde tvål, olja och garvade hudar och köpte råa skinn och vapen. Skinnberedningen levde kvar i århundraden, och så småningom blev staden även känd för sina skickliga handskmakare. Ur detta föddes den parfymindustri som är dagens födkrok för stadsborna. Modet föreskrev nämligen parfymerade handskar, men det var först under 1700–1800-talen som de stora parfymhusen föddes. Till att börja med framställdes parfymen genom destillation, men snart kom man i stället på att utvinna de ädla dofterna med hjälp av animaliskt fett. Fett och blommor varvades, och när fettet väl dragit åt sig väldoften extraherades denna med hjälp av alkohol. Metoden kallades *enfleurage*, men som den var arbetskrävande kom den så småningom att bytas mot dagens extraktion. Av ett ton jasminblommor utvinns 3 kg koncentrat, inte undra på att det blir dyrbara droppar i flaskorna.

Fält efter fält av lavendelkuddar fyller de provençalska bergen. Blomningen infaller under högsommaren.

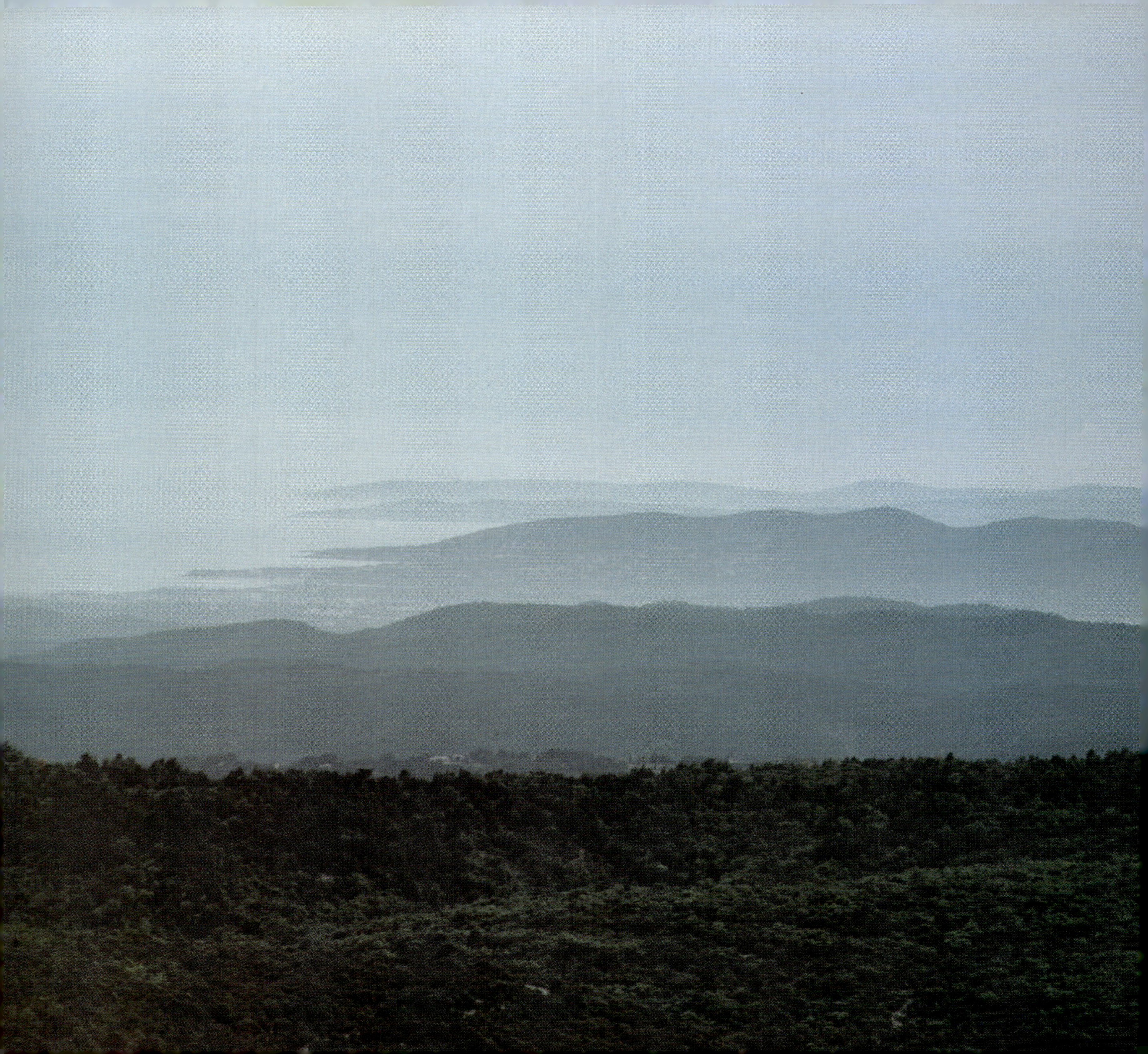

Vid Pas de la Faye norr om Grasse kan vi som Napoleon njuta av en milsvid utsikt ned mot Medelhavet.

Förförande frestelser hittar man hos Galimard.

Grasse är en lite rörig, och inte alltför charmig stad även om de gamla delarna är värda en promenad. Den som är konstroad bör inte missa Villa Fragonard, ett vackert museum med fina verk av konstnären som under revolutionen flydde Paris för Grasse. Som sig bör ligger här också ett välförsett parfymmuseum. Huset och trädgården tillhörde en gång en av stadens parfymmakare, och i dag samlas här 3 000 år väldoftande historia. Vi följer doftstråket och hamnar hos en av dagens fabrikanter. Galimard ligger längs genomfarten mot Cannes, och det är en föga iögonfallande byggnad som gömmer dessa doftskatter. Galimard kan tillräkna sig en lång parfymhistoria, det senaste greppet i den tuffa marknadsföringen är värt att notera. I Studio des Fragrances kan besökaren, med bistånd av erfarna assistenter nosa sig fram till sin alldeles personliga parfymblandning. För en rimlig slant får man den med i en flaska hem.

– Vilken typ är ni Madame, frågar den eleganta assistenten där jag står i mina bilåkarjeans. Vad svarar man på detta …?

– Inte så tunga dofter, säger jag prövande och tänker på den dova huvudvärk som brukar följa efter tvättmedelspaketets doftterror.

– Men gärna lite exotiskt – citrus kanske, tillägger jag … och vanilj … tills jag kommer på att det låter som en efterrätt.

Men den här unga damen är inte tappad bakom en kvarn. Innan jag lämnar Galimard har jag inte endast inhandlat en flaska med min alldeles egna parfymdoft, utan även till familjens samlade damer vars personligheter vi noga kartlagt under ett par timmars tid. Detta är mycket populärt bland resande damer, herrarna däremot verkar mer rastlösa. Det är därför jag vänder åter till disken och den eleganta assitenten, och stillsamt påpekar att en liten pub för herrarna nog skulle vara lönsamt för affärerna.

Det är här, vid utfarten från Grasse som vi tar farväl av kejsarens väg och vårt ståndsmässiga resesällskap. Rivieran lockar oss sällan, och via utfarten mot Nice svänger vi av på D 2210 mot Vence. Att vägen är både krokig och smal bekommer oss knappast vid det här laget. För den som fortfarande känner en viss längtan efter upptäcktsfärder tipsar vi om avtaget mot Gorges du Loup, och byn Gourdon med sitt museum för naiv konst. Det är en mycket vacker väg vi färdas på, och vid byn Tourette-sur-Loup blir det helt nödvändigt med en paus. Helt grå hus klänger sig tätt intill varandra, och bildar en skyddande mur mot omvärlden. Naturligt nog har Tourette med sin väl bevarade medeltidskaraktär och närheten till Rivieran lockat till sig mängder av artister och konsthantverkare, men det är ändå trivsamt – åtminstone i lågsäsong. Vi kunde gott ha bott här, åtminstone på Résidence des Chevaliers som ligger lite vid sidan av men nu har vi bokat in oss i Vence.

Place du Peyra i Vence är stillsammare i dag än under romartiden.

Mas de Vence visar sig vara ett bra medelklasshotell, lättfunnet om än en smula opersonligt och med gångavstånd till den gamla stadskärnan. Dessutom har man garage, vilket inte nog kan värdesättas ju närmre Rivieran man styr sitt fordon. Än en gång förundras vi över fransmännens oöverträffade lösningar av badkarskranar. Troligen finns en evigt pågående tävling om vem som designar den mest märkliga lösningen på problemet att fylla badkaret, och få vatten i duschen. Vi har många gånger slagits av häpnad över de många påhittiga lösningarna. Denna gång ser vi förundrade på hur vattnet strömmar ur tvålkoppen. Ack, dessa finurliga franska designers!

Vence och grannen St-Paul är turisternas älsklingar, och har så varit sen de upptäcktes på 20-talet av konstnärskolonin på modet. I St-Paul samlades konstnärer som Signac, Modigliani och Bonnard på det café som i dag är det lyxiga Auberge La Colombe d'Or. Det stora dragplåstret i St-Paul är Fondation

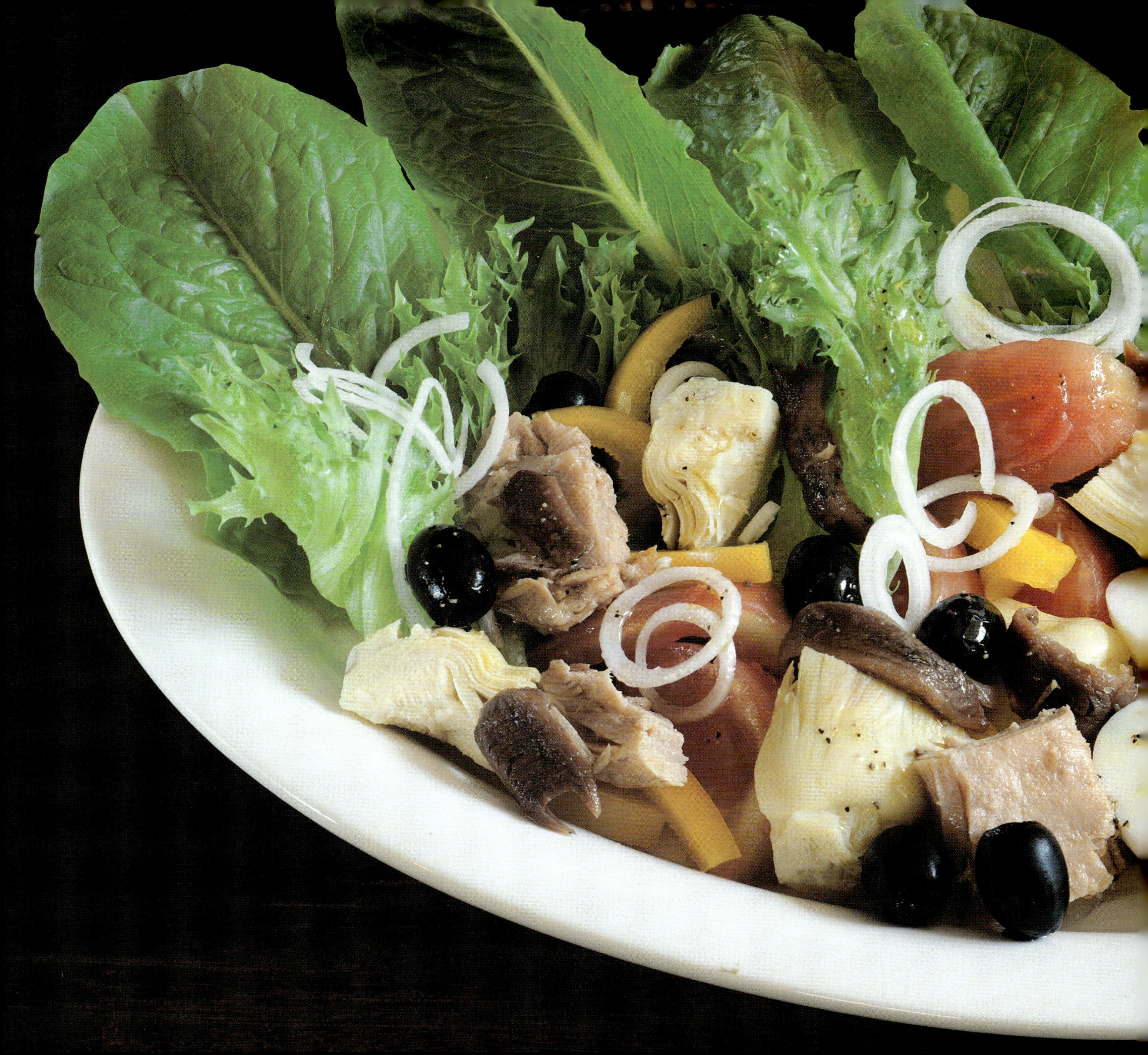

Sallad Niçoise

En klassiker när den är som bäst – enkel och utsökt god.

2 PORTIONER
sallat, gärna ett par sorter
2 stora tomater,
　skållade och skalade
1–2 färska lökar, skivade
några kronärtskockshjärtan,
　i bitar
2 hårdkokta ägg, delade
1 burk tonfisk i olja
4 sardellfiléer
en handfull svarta oliver
VINÄGRETT:
3/4 dl olivolja
1 msk vinäger
ev. 1 msk vatten
salt och svartpeppar

• Förbered alla ingredienserna och arrangera salladen vackert på tallrik.
Blanda vinägretten och slå den över strax före serveringen.

Så föreställer sig konstnären Lennart Jirlow en solig dag i Grasse.

Maeght, både för sin spektakulära arkitektur skapad av José Luis Sert och i än högre grad för sina samlingar av det bästa ur den moderna konsten. I Vence finns det kapell som Matisse ägnade sitt konstnärskap mellan åren 1947 och 1951, och i Château de Villeneuve och Fondation Émile Hugue samlas namnkunniga konstnärer som tillbringat en del av sin tid i Vence.

Vence var en gång en muromgärdad stad, i dag återstår enbart rester av muren. Vi tar en promenad upp i stan, och söker oss mot stadens hjärta. Vence grundlades av ligurierna, och redan under romarriket var det en stad av betydelse. Denna soliga morgon sitter en tant i blommig sommarklänning på en bänk under trädet på Place du Peyra. Torget, med sin restaurang och porlande fontän är betydligt stillsammare nu än då romarna använde platsen för överläggningar och konspirationer. Platsen har nämligen namn efter de stenar som användes vid avrättningarna.

Vi bestämmer oss för en morgonfika på den besjungna Henrys bar i hörnet av det gamla romartorget, men drottningen av Vence kommer inte förbi så vi strosar vidare. Trottoarerna och de små torgen fylls snabbt av stånd och torghandlare som säljer allt som kan tänkas tillhöra livets nödtorft. Själv inser jag nödvändigheten av en dörrmatta dekorerad med vildänder, och får sen kånka den omöjliga kassen runt stan. En liten gumma vattnar de hundratals krukväxterna som pryder fasaden till restaurangen Le Pêcheur de Soleil, och ett par byrackor på rundtur hjälper till med en skvätt.

På kvällen är det mycket varmt när vi åter letar oss över torget mot kvällens vattenhål Le Vieux Couvent, strax intill en av de gamla stadsportarna. Fotografen väljer traditionellt – gåslever och ankkyckling. På min tallrik serveras först ett örtdoftande spett med scampi, därefter njuter jag retsamt länge av det berg av kantareller som omger min lilla pärlhöna. De gratinerade hallonen samsas vi om vid desserten. Vence lämnar smakliga minnen.

Väl här nere väljer säkert de flesta några dagar vid havet. Själva kör vi runt i bergen, och låter dagarna försvinna i skuggan under platanerna vid något by-

Vence är en mycket gammal stad, mest rester av en ringmur och stensatta gränder.

Max Callegari driver Logis du Guetteur i les Arcs.

torg. Livet i Provence kräver inga stora upplevelser för att vara njutbart. Det är en av dessa turer som för oss till byn les Arcs och det förträffliga Logis du Guetteur, beläget i det medeltida fortet ovanför byn. Ägaren är en mörkögd stilig karl, och hans namn Max Callegari skvallrar om italienska anor. Jovisst är det så, men han har drivit krogen på berget i mer än tjugo år. Han övertog den av sin far som övertalats av borgmästaren i byn att köpa det gamla fortet. Säkert ångrade han sig inte, men möjligen borgmästaren – detta är ett guldläge för en krog. På fönsterblecket kuttrar duvorna, och kvällssolen lyser milt över kyrkan och vingårdarna nedanför i dalen. Kampanilen pryds av en av dessa för Provence så typiska tornhuvar av smidesjärn. Det är både vackert och praktiskt. Den luftiga konstruktionen samsas väl med den hårda mistralen – den isande nordanvind som av och till pinar människorna i de provençalska bergen. Här är tornet tämligen enkelt, ibland kan påbyggnaden mer likna arabiska fågelburar med sina snirkliga ornament. Klockan slår åtta när vi går över kullerstensgården, och nedför trappan till terrassen. Krogens interiör är lika medeltida som omgivningen, men en varm kväll som denna samlas gästerna på terrassen.

Vingårdarna runt les Arcs producerar mycket bra viner för att vara i Provence, som trots allt inte tillhör Frankrikes mest framstående vinområden. Tillsammans med Brignoles tävlar les Arcs om tätplatsen för vinerna från Côtes de Provence. Max Calligari visar sig vara en artist som gärna spelar på gehör, och han gör det mycket bra.

– Jag ser efter vad som finns i köket och sen gör jag något av det, säger han och även om det nog bara är en del av sanningen så blir det gott. Färserade musslor med färska fikon till förrätt. Därefter fisk i sällskap med den hemlagade blodkorven *boudin* som älskas högt av alla fransmän. Kanske fanns den i skåpet. Nu är vi faktiskt nöjda, men monsieur Calligari insisterar på att vi måste smaka på hans hemlagade ravioli med sardellfärserad duva. Och vilka är vi att motstå

Le Pêcheur de Soleil

Kyckling från Nice

Goda grönsaker ingår också i den här kycklinggrytan.

4 PORTIONER
cirka 1,5 kg kyckling i delar
salt, svartpeppar
1 tsk timjan
olivolja
5 tomater, skållade och skalade
3 färska lökar
1 paprika
3 små squash
3 små aubergine
0,5 g saffran
1 dl svarta oliver
2 klyftor vitlök
1 dl hackad färsk basilika

• Krydda kycklingdelarna med salt, peppar och timjan. Bryn dem väl runtom med lite olivolja i en panna, och ta sen upp dem.
• Hacka tomaterna, klyfta löken, skiva paprikan och dela squash och aubergine i mindre bitar. Lägg auberginen i en skål och strö på 2 tsk salt.
• Bryn lök och paprika med ett par matskedar olivolja i en gryta. Tillsätt tomaterna och låt allt koka ihop utan lock cirka 15 minuter. Rör sen ned saffran, och lägg kycklingdelarna över. Låt grytan puttra under lock 45–50 minuter, eller tills köttet känns klart. Lägg i oliverna de sista 10 minuterna.
• Låt auberginen rinna av i en sil. Fräs sen aubergine och squash i en panna med olja tills de får fin färg. Smaka av med lite svartpeppar.
• Hacka ihop vitlök och basilika. Lägg grönsaksröran överst i grytan och strö på basilikahacket vid serveringen. Ris, pasta eller bara vitt bröd till.

Fridfull vårkväll i les Arcs.

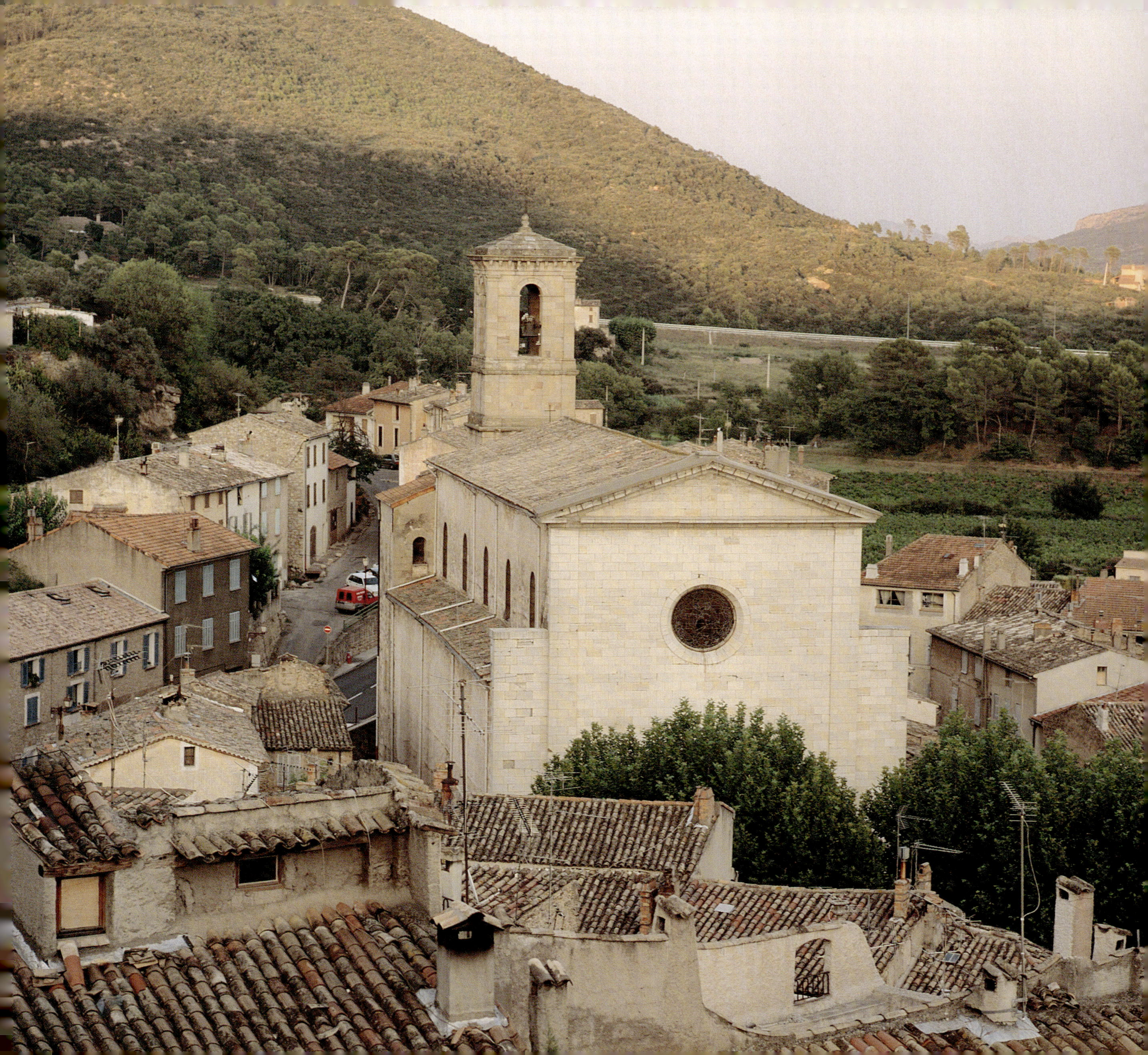

*Bild nästa sida:
Vintermatsalen hos Logis du
Guetteur, trivsam med prång
och vinklar.*

Färserade musslor Logis de Guetteur

Lite mer mättande som förrätt än enbart musslor.

4 PORTIONER
30-tal stora blåmusslor
1 schalottenlök, finhackad
3 dl torrt vitt vin
salt
FÄRS:
2 skivor kokt skinka
4 havskräftstjärtar
cirka 100 g kalvfärs
2 skivor vitt bröd
1 ägg
1 msk olivolja
salt och peppar
ströbröd
SÅS:
1 schalottenlök, finhackad
3 tomater, skållade och skalade
1 msk tomatpuré
1 dl torrt vitt vin
Ugn: 250°

- Borsta musslorna noga under rinnande kallt vatten. Se till att de är väl slutna – kasta dem som redan öppnat sig.
- Koka upp lök, vitt vin och lite salt i en rymlig kastrull. Lägg i musslorna, koka kraftigt cirka 5 minuter eller tills musslorna öppnat sig. Ta upp dem, ta bort det övre skalet och lägg ut musslorna i en ugnsform.
- Kör skinka, kräftstjärtar, färs och de kantskurna brödskivorna till fin färs i matberedaren. Blanda med ägget och oljan och krydda. Känns färsen för fast kan den spädas med lite av musslornas kokvatten.
- Fördela färsen över musslorna och ställ dem kallt.
- Hacka tomaterna och blanda ingredienserna till såsen i en kastrull. Koka tills den mesta vätskan kokat bort och smaka av kryddningen. Fördela såsen över färsen och strö på lite ströbröd. Slå lite kokspad runt musslorna.
- Gratinera musslorna mitt i ugnen cirka 12 minuter eller tills färsen känns klar.

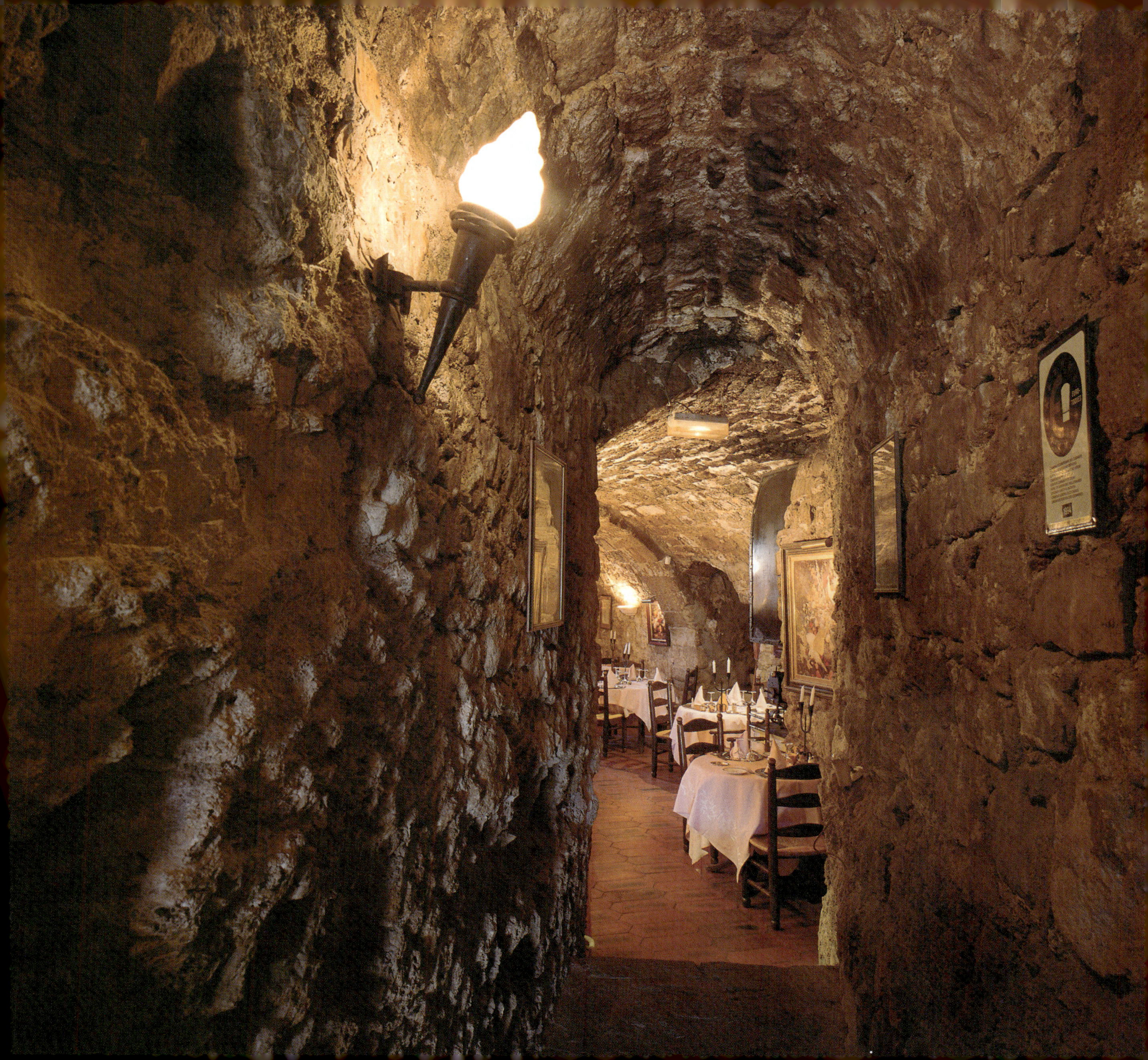

Soliga dagar äter gästerna helst på terrassen med utsikt över dalen.

en sådan frestelse … Logis du Guetteur är en liten pärla längs vägen.

Att tillstå att man gillar rosévin är bland vinkännare som att svära i kyrkan, ändå är det så. Välgjorda roséviner med lyster som en solnedgång över Medelhavet. Fruktiga, aprikosrosa vinerna från Bandol och Côtes de Provence tillhör mina favoriter. Inte så att jag är oerfaren vinvän, snarare nära nog onödigt erfaren med tanke på att vi under mer än tjugo års tid smakat oss igenom de flesta av Frankrikes vindistrikt. Men var sak har sin plats, och ett glas svalt rosévin passar utmärkt till detta soldränkta kök. Vinsnobberiet är ju också som mest utvecklat i länder som inte själva producerar vin. Den kryptiska ordrikedom som konnässörerna använder för att beskriva smaken på viner har jag aldrig träffat på bland aldrig så skickliga odlare. Gillar man rosévin har man dock inte mycket att hämta i utbudet hemmavid. Föraktet för oss simpla roséälskare lyser igenom i urvalet. Det är en anledning till att vi nu styr kosan söderut för att söka upp en odlare som gör ett vin helt i min smak. Cuvée des Princes stod det på flaskan jag hittade i vinbutiken i Apt året innan, och snabbt lastades en låda av vinet från Domaine Saint André de Figuière. Nu avser jag att fylla på förrådet direkt från källan. För att hitta dit söker vi oss mot La Londe, några mil öster om Hyères vid kusten. Vägen hit går genom miltals av vingårdar, och slutligen hittar vi rätt. Domainen ligger strax intill fågelparken – Jardin d'Oiseau.

– Det är mycket svårare att göra ett bra rosévin än både vitt och rött, säger vår värd monsieur Alain Combard. Han borde veta, för hans produktion består till 50 % av rosé, 30 % rött och 20 % vitt vin. Själv kommer han från Bourgogne där han är medägare i Domaine Laroche i Chablis, och säkert rinner det vin i hans ådror. Domaine Saint André de Figuière är en av de äldsta i området. Dess 42 hektar stora vingårdar skyddas av Mauresmassivet, och läget med havet några kilometer bort i kombination med en mager jordmån ger fina druvor. Alain Combard är en både modern och medveten vinbonde, helt klar över nödvändigheten av allt mer ekologiska produktionsmetoder. För rosévinerna odlar man Grenache, Mourvèdre och Cinsault, och utöver mitt favoritvin görs en rosé med druvor från gårdens gamla vinstockar. Rosévinet Cuvée Speciale Vieilles Vignes är han mycket stolt över. Den innehåller lika delar Mourvèdre och Cinsault, och är kraftigare i smaken än Cuvée des Princes som till största delen baseras på Grenache. Och han kan vara stolt, med en lång lista med utmärkelser för gårdens produktion. Men det är främst det röda vinet som monsieur Combard försökt sälja till Sverige, och det smakar helt utmärkt.

Sardellfärserad duva med ravioli

Max Calligari är en mästare som spelar på gehör, och detta är ett recept för avancerade kockar som har tillgång till mer än ett vanligt kök. Då räcker också kökschefens kortfattade beskrivning, vi andra får åka dit och smaka av.

- Bena ur duvan, och fyll den med sardeller. Låt skrovet gå med i stekningen tillsammans med morötter och selleri.
- Ta upp duvan, koka ur pannan med vitt vin från Provence och ett glas vatten. Passera genom sil, tillsätt tryffel.
- Fyll raviolin med hackad Karl-Johan och getost, och gör den klar. Arrangera tallriken med skivad duva, tryffel samt ravioli. Nappera med skyn.

– Jag har faktiskt varit i Norge på semester – det var mycket vackert, säger han artigt. Kanske är han inte helt klar över geografin häruppe i Skandinavien, men varje fransman som vågar sig norr om Köpenhamn måste bestämt uppmuntras.

– Rosé är nog svårt i Sverige, det är en klimatfråga, säger han och får det att låta som ett land i den eviga inlandsisen.

Naturligtvis vet han inget om våra varma sommarkvällar, när jag i doften från jasminbusken njuter ett glas gyllenskimrande rosé på trappan till mitt gotlandshus. Alltså lastar jag denna gång två lådor av vinet från prinsarnas källare, och hoppas framdeles slippa lika lång framkörning varje gång vinkällaren behöver påfyllning.

Gyllenrosa som en solnedgång över Medelhavet är rosévinet från Domaine Saint André de Figuière. Alain Combard är en skicklig vinmakare.

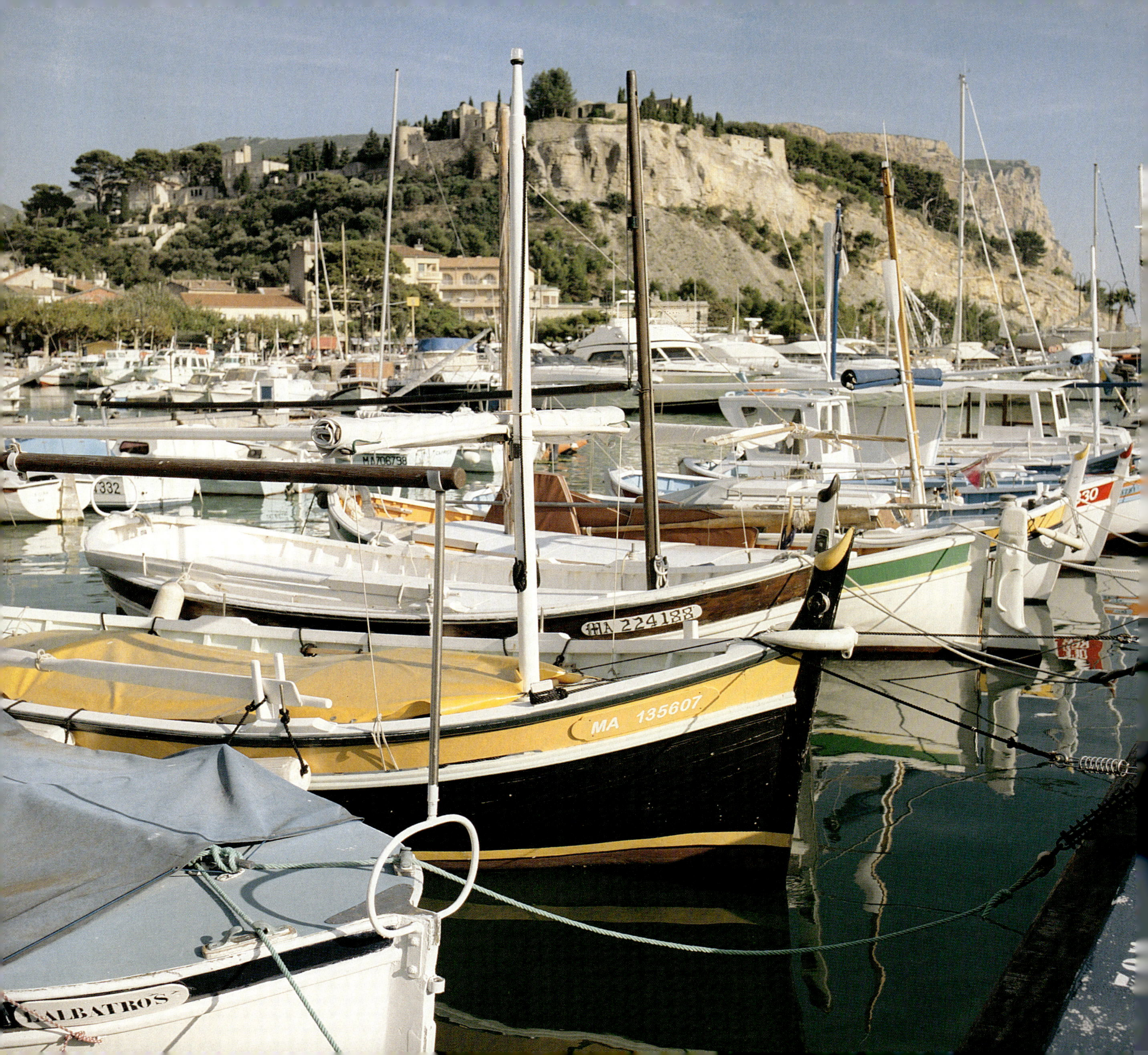
MA 224188
MA 135607
ALBATROS

La Mer och väg 900

SÄKERT var Cassis en genuin fiskeby när Matisse och Dufy hittade hit runt sekelskiftet, och absolut när Provence egen poet Mistral beskrev platsen vid mitten av 1800-talet. I dag kan Cassis inte kallas annat är en turistort, om än en mycket trivsam sådan. Jämfört med Rivierans övriga turistorter är Cassis en smula gammaldags.

Vi kör ner mot *centre ville* när eftermiddagssolen lägger långa skuggor längs fasaderna. Strax ovanför strandpromenaden ligger Cassis samlingsplats – boulebanan, och en skylt varnar att det är farligt att korsa platsen som är stor som ett torg. Här samlas seniorerna, och de som har tid över för ett parti. Cassis far vänligt fram med sina invånare, en bra plats för den som inte stillatigande inväntar ålderdomen. En gammal flicka i rosa kortkort, solglasögon och stråhatt korsar kokett herrarnas bouleparti utan minsta tanke på pensionen som säkert utbetalts det sista decenniet. Inget ont i det, livet är till för dem som lever det.

Gubbar som tar ett parti boule i skuggan under platanerna är kanske den mest typiska bilden från Provence. Man spelar med små metallklot som man bär med sig i en sele, och man är tre eller fyra spelare. Målet är en liten träkula – *le cochonnet*, som markerar gränsen för spelet. De som attackerar kulan kallas *les pointeurs*, och de som försvarar den *les tireurs*. Vitsen är att lyckas kasta så nära träkulan som möjligt. Är banan under tio meter är det förbjudet att flytta fötterna, och spelet kallas då *à la pétanque*. Över tio meter kallas *à la longue*, och klotet kastas då efter att man tagit tre steg framåt. Ingen tvekar om att det är ett spel på liv och död som pågår på boulebanan mitt i Cassis, när man ser den bistra minen hos spelarna.

Livet för de invånare som fortfarande står för sin egen försörjning handlar ofta

Boule är en stor sport i Cassis – planen upptar hela torget.

T.v. Cassis var en gång en fiskeby – i dag utan tvekan en trivsam turistort.

om turister. En del får sin bärgning på mindre hederligt sätt, och en god regel är att tömma bilen själv och inte lämna något synligt kvar. Längs kajen ligger alla de båtar som tävlar om att ta besökaren ut till les Calanques, de vita kritklippor som utgör kustlinjen väster om Cassis. Är vädret vackert, och sjön inte så gropig är det en tur att rekommendera. Vi bordar en av de lite större båtarna som faktiskt känns lite mer betryggande ifall vinden skulle friska i längre ut. Till att börja med är klippväggarna inte särskilt höga, mer som pinjeklädda bergssidor, men snart tynar växtligheten och de vita klipporna höjer sig som isberg ur det gröna vattnet. Där det går att ta sig ned samlas sportfiskarna, och en och annan solar i skydd av klipporna. Det går att köra i närheten, men man får vara beredd på en långpromenad ner till havet. Våra medresande amerikanskor brister ut i superlativer över de magnifika naturscenerierna, men när plötsligt en av solbadarna på klipporna reser sig upp som Gud skapat honom utbryter ett hejdlöst fnitter. "Bacchus, Bacchus" ropar de och vinkar, och nog liknar han en åldrande gud – bronsfärgad i skinnet och vit i både hår och skägg. Om det var Bacchus eller Näcken låter vi vara osagt. Sportdykare, bergsklättrare och fritidsfiskare söker sig gärna till les Calanques för sina hobbies – turisterna vill se de vackraste partierna och dit hör Port-Pin och En-Vau.

Sjön suger och solbrännan hettar i ansiktet när vi traskar längs fiskehamnen mot vårt middagsställe. Från Ninos terrass ser vi dagsljuset sakta försvinna som solkatter i vågtopparna, och kyparen frågar artigt om vi önskar en *apéritif* före maten. Jag har för vana att beställa en Kir. Inte en Royal med bubblor, utan en helt vanlig med vitt vin. En standarddrink som denna visar ofta vilken klass man kan vänta sig av restaurangen. Valet av likör, om det vita vinet ackompanjerar bra och om mängderna är väl avvägda avgör om man kan sin sak. Det kan smaka allt från himmelskt till parfymerat hårvatten. Hos Nino är Kiren bra utan att vara märkvärdig.

Här vid kusten äter man fisk eller skaldjur, och det kostar en slant. Söder om Öresund är fisk en delikatess man är beredd att betala för, och ingen väljer oxfilé före en väl anrättad fiskrätt. Allra finast är att få en helstekt fisk på tallriken, att lära sig bena en fisk ingår i uppfostran runt Medelhavet. Undra på att det uppstår kulturkrockar i affärslivet när vi svenskar knappt klarar att mumsa i oss en fiskfilé, än mindre bena en abborre. Naturligtvis kan man få äkta *bouillabaisse* eller en *bourride* hos Nino – det finns rentav bilder i menyn på de fiskar som ingår i respektive fisksoppa. Dagspriset ligger runt 250 F per person, och

Les Calanques är stans stora sevärdhet. Färden ut till de vita klipporna kan vara en smula gropig.

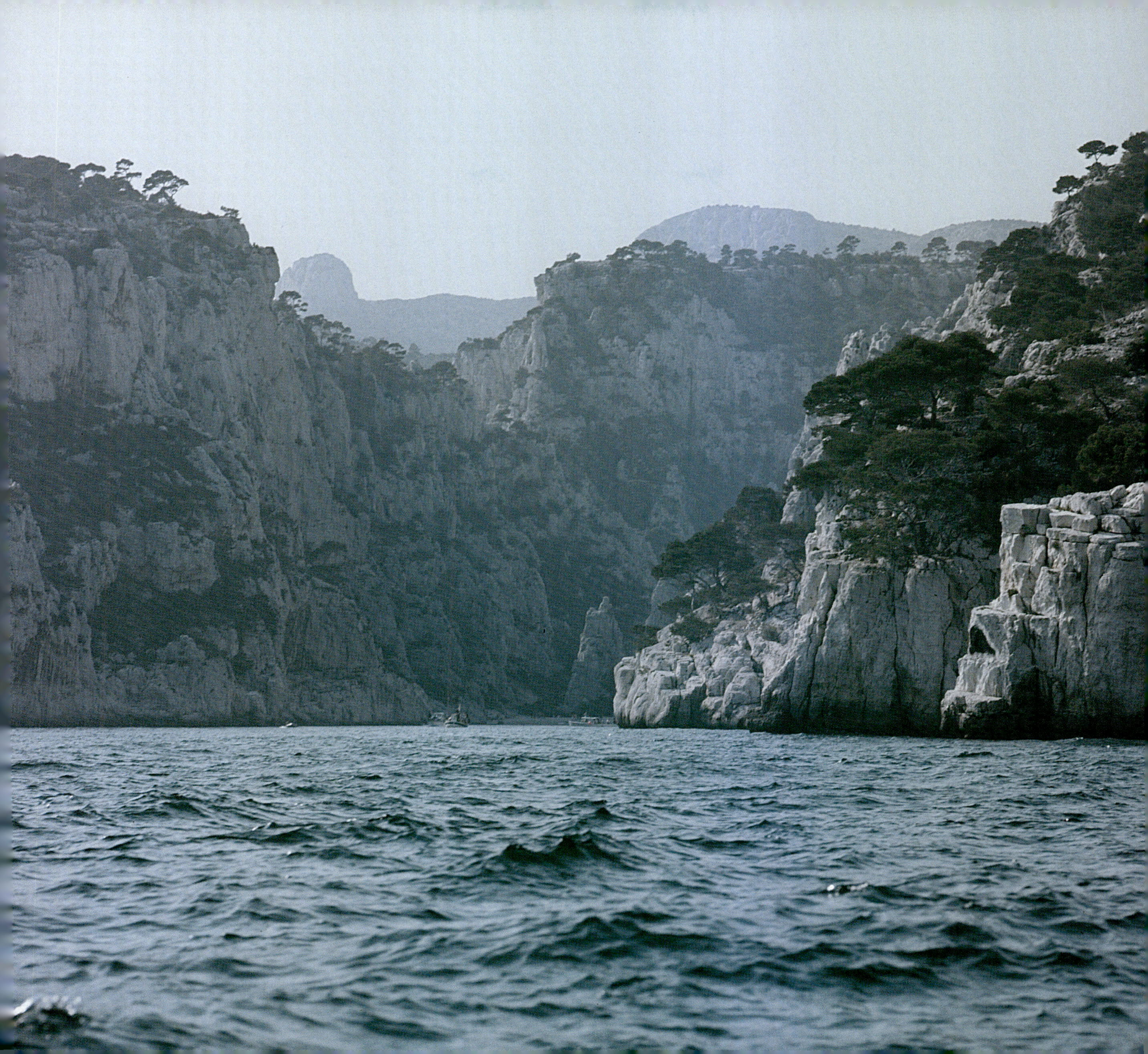

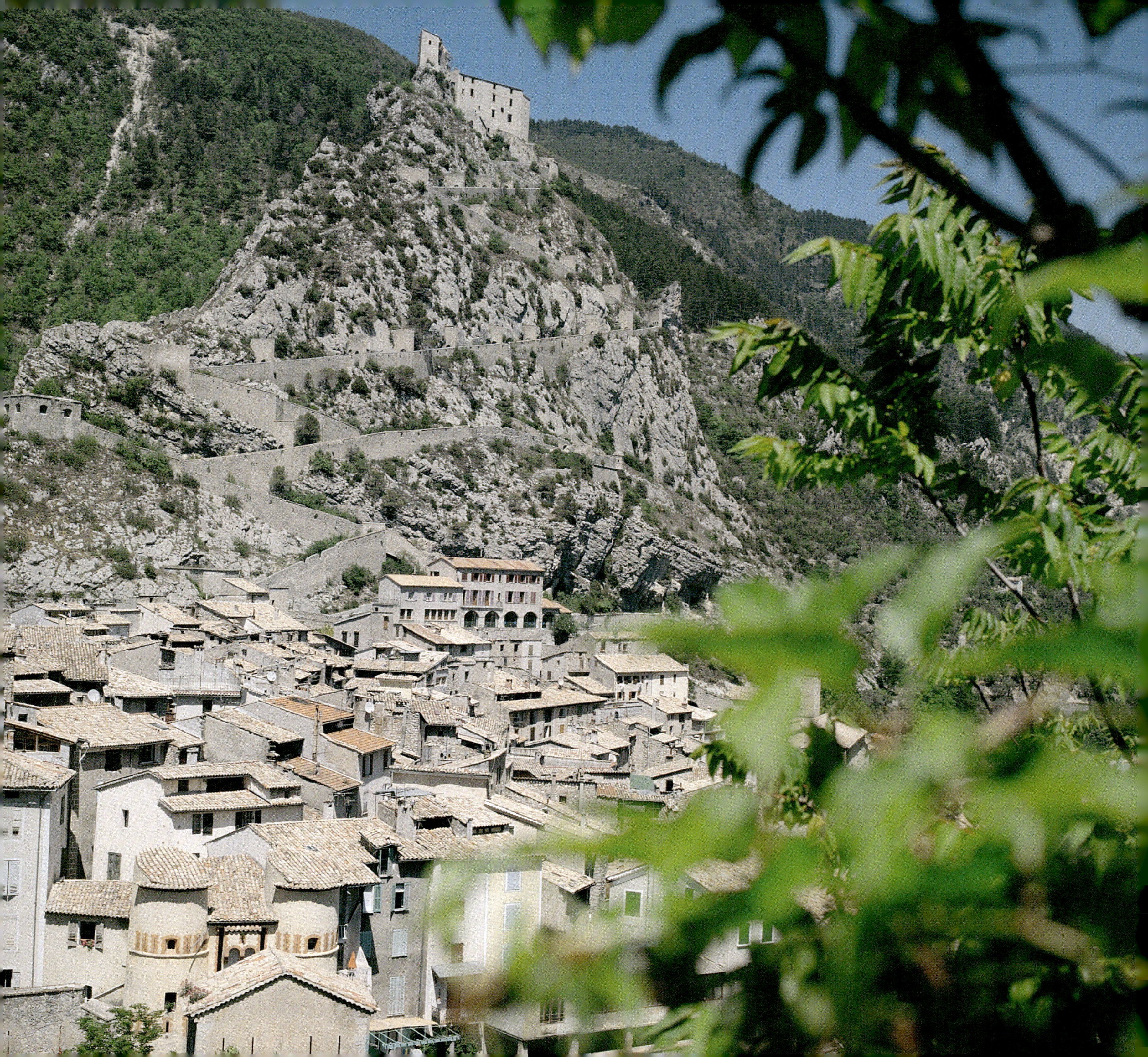

en bouillabaisse anrättas inte för färre än två gäster. Husets vanliga fisksoppa är däremot billigare, och även den är god. Överallt där fisk och skaldjur serveras anges priset i menyn per 100 g, något som är lätt att förbise när man gör beställningen.

Alla resor har en hemväg, och det vore synd att inte göra den så intressant som möjligt. Vi kör österut längs kusten, men tröttnar snart på trafiken och trasslar oss på små byvägar genom Mauremassivet. Moulin de la Camandoule på slätten nedanför byn Fayence erbjuder bra rum, pool och trädgård till rimligt pris. Middagen, som vi äter under fruktträden är enkel men god, man siktar in sig på pensionsgäster som stannar några dagar. Fayence är för oss en gammal bekant, och den som vill följa en äkta provençalsk byfest kan gärna leta sig hit någon av de första helgerna i september, turistbyrån kan upplysa om vilken. Byns festkommitté ställer då till med *en aioli monstre* på bytorget, i anslutning till den religiösa procession som föregår kvällen innan. Aioli är namnet på den vitlöksdoftande majonnässås som är så typisk för Provence, men har också kommit att bli liktydig med det som serveras till – potatis, kabeljo, kokta ägg, svarta oliver och mängder av säsongens grönsaker, se recept på sid. 247. Då dukas långbord på torget mitt i byn, och aiolin serveras rationellt ur stora hinkar av bastanta damer. Vinet flödar, och man sjunger och dansar hela vilodagen.

Ännu ett resmål lockar oss lite vid sidan av rutten. Byn Entrevaux ligger längs väg N 202 mellan Nice och Barrême, och vi bestämmer oss för att den är värd en omväg. Just där två drakryggar möts ligger byn, och på toppen av den ena drakryggen ligger det gamla fortet. Ner mot byn leder en mur, byggd i sicksackmönster för att vid behov spärra vägen för framryckande trupper. Fortifikationen byggdes av markisen de Vauban på uppdrag av Ludvig XIV, som då låg i krig med Savoyen. Markis Vauban var mästare på försvarsanläggningar. Skicklig på att utnyttja de naturliga förutsättningarna, men också på att bygga vackert och han använde helst material från trakten. Orkar man inte traska ända upp till fortet har man en fin vy från kyrkogården en bit ovanför byn.

Bergen blir högre och bosättningarna färre ju längre norrut vi kommer, det är inte bara hos oss det finns glesbygd. Det är lite trist att köra samma väg hemåt, så vid Digne svänger vi in på väg D 900. Alpängarna grönskar omkring oss, och plötsligt får fotografen för sig att det är helt nödvändigt att stanna och ta en bild. Men inte minsta avfart syns längs raksträckan, och civilisationen tycks långt borta. Det är huvudväg, men en minut ska man väl ändå kunna stå vid

Entrevaux byggdes som ett fort. Försvarsmuren löper i sick-sack nedför berget.

Fisksallad från Cassis

Smaken lånar vi, men fisk och skaldjur anpassar vi efter svenska vatten. Här räcker även en liten fångst.

2 PORTIONER
fina sallatsblad
1 stor tomat, skållad och skalad
2 schalottenlökar, finhackade
1 vitlöksklyfta, hackad
2 små morötter, finhackade
1 dl finhackad squash
1 msk olivolja
4 små abborrfiléer
2 msk smör
10-tal stora räkor
salt, peppar, cayenne
citron

• Lägg upp sallatblad på tallrikar, klyfta tomaterna och lägg på.
• Fräs lök, vitlök, morötter och squash med olivoljan tills löken är blank men inte brynt. Ta upp och håll varmt.
• Salta fisken, och stek den hastigt med lite av smöret i samma panna. Fördela filéerna på tallrikarna. Fräs sen räkorna, pudra dem med lite cayenne och lägg på tallriken. Fördela grönsakerna över.
• Smält ytterligare 1 msk smör i pannan, hetta upp och pressa lite citron över innan det skedas över. Servera med en citronklyfta på tallriken.

Varm kycklingleversallad

En festfin och ganska mättande sallad som blir vackrast om den arrangeras direkt på tallrik för varje gäst.

4 PORTIONER
finstrimlat skal av 1 apelsin
4 skivor vitt bröd
1 stor grapefrukt
ett par sorters sallat
10-tal körsbärstomater
10-tal rädisor
1 paket bacon
1 paket fryst kycklinglever
salt och peppar
DRESSING:
1 1/2 dl vatten
1/2 tärning nötbuljong
1/2 dl sherry
1/2 dl pressad apelsin
1 1/2 msk äppelcidervinäger

• Blanda dressingen i en kastrull. Sjud så att buljongen smälter. Ge apelsinskalen ett hastigt uppkok i vatten och låt dem sen rinna av.
• Kantskär brödet, och skär det i tärningar. Skär grapefrukten i skinnfria klyftor. Lägg sallatsblad på tallrikar och fördela sen grapeklyftor, delade tomater och skivade rädisor.
• Strimla baconet, stek det i en panna och låt det rinna av. Stek därefter brödtärningarna frasiga. Krydda den halvtinade kycklinglevern och stek den med matfett i pannan tills den har fin yta men inte för hårt. Lägg allt på salladen. Fördela dressingen över och servera medan levern fortfarande är varm.

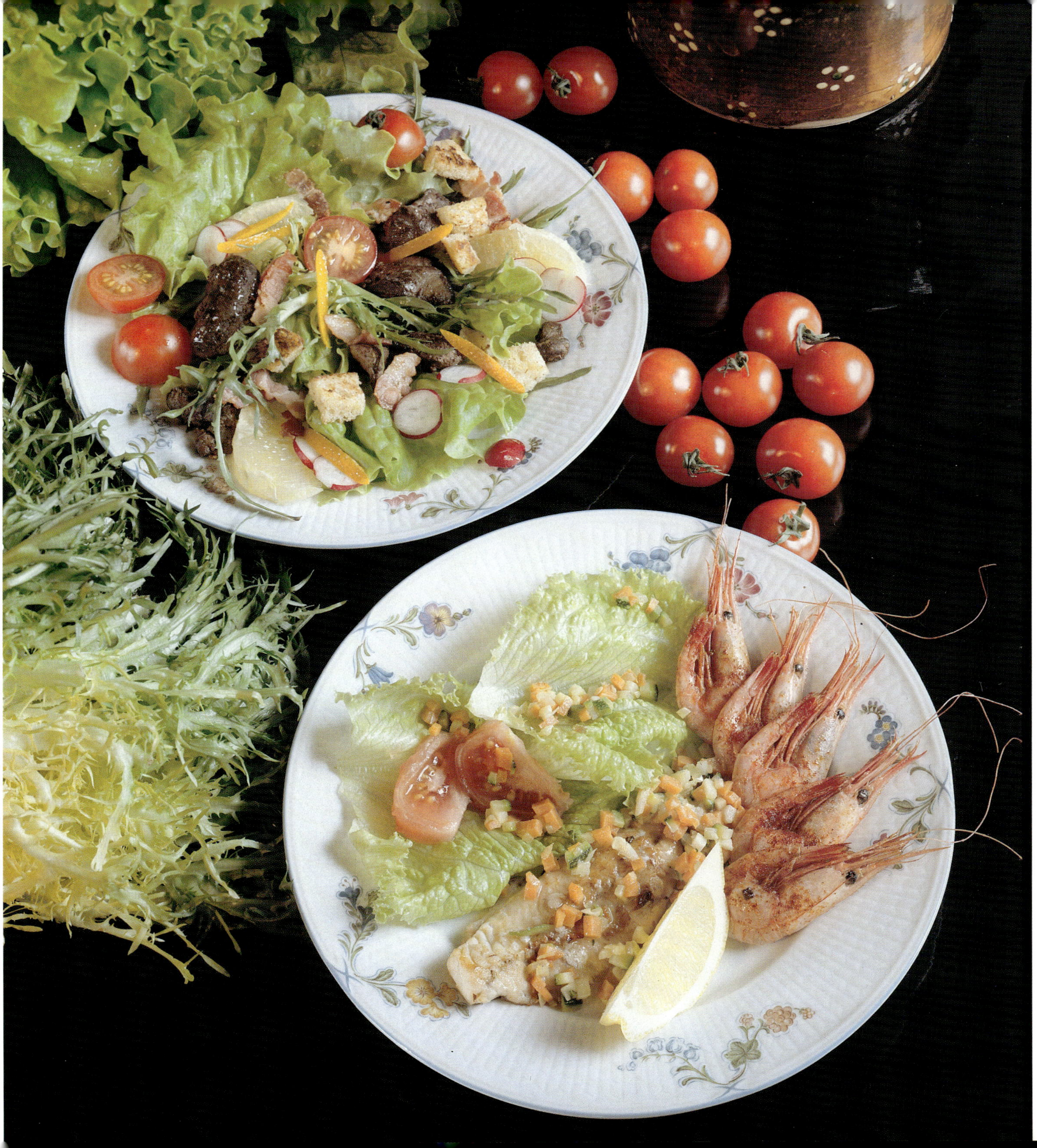

Husets fisksoppa

Medelhavets fisksoppor baserar sig på den fångst man får där – den här är mer svensk. Välj fisk efter smak och tillgång, spar skroven till buljongen.

4 PORTIONER
250 g torskfilé
250 g bergtungafilé
150 g laxfilé
150 g räkor
1 morot
1 bit rotselleri
1/2 purjolök
1 liten fänkål
1 liter vatten
1/2–1 dl hummerfond
 från flaska
1 msk tomatpuré
paprikapulver och cayenne
hackad persilja

• Filea fisken och ta vara på skroven – alltså skinn, ben och putsbitar. Skala alla räkorna utom några att garnera med. Spar skalen.
• Hacka morot, selleri, purjo och fänkål. Fräs detta med skrovet och räkskalen i lite margarin 5 minuter på hög värme, och späd sen med vatten. Tillsätt så mycket koncentrerad fond att buljongen får fin smak, ta lite i sänder. Rör ned tomatpurén, och koka cirka 20 minuter.
• Sila buljongen och pressa innehållet mot silen. Så långt kan man förbereda.
• Dela fiskfiléerna i bitar, inte för små. Låt fisk och räkor sjuda i den heta buljongen 3–4 minuter, och smaka av med paprikapulver och en doft cayenne. Servera soppan riktigt het med lite persilja i tallriken. Recept på en god rouille att klicka i soppan finns på sid. 247.

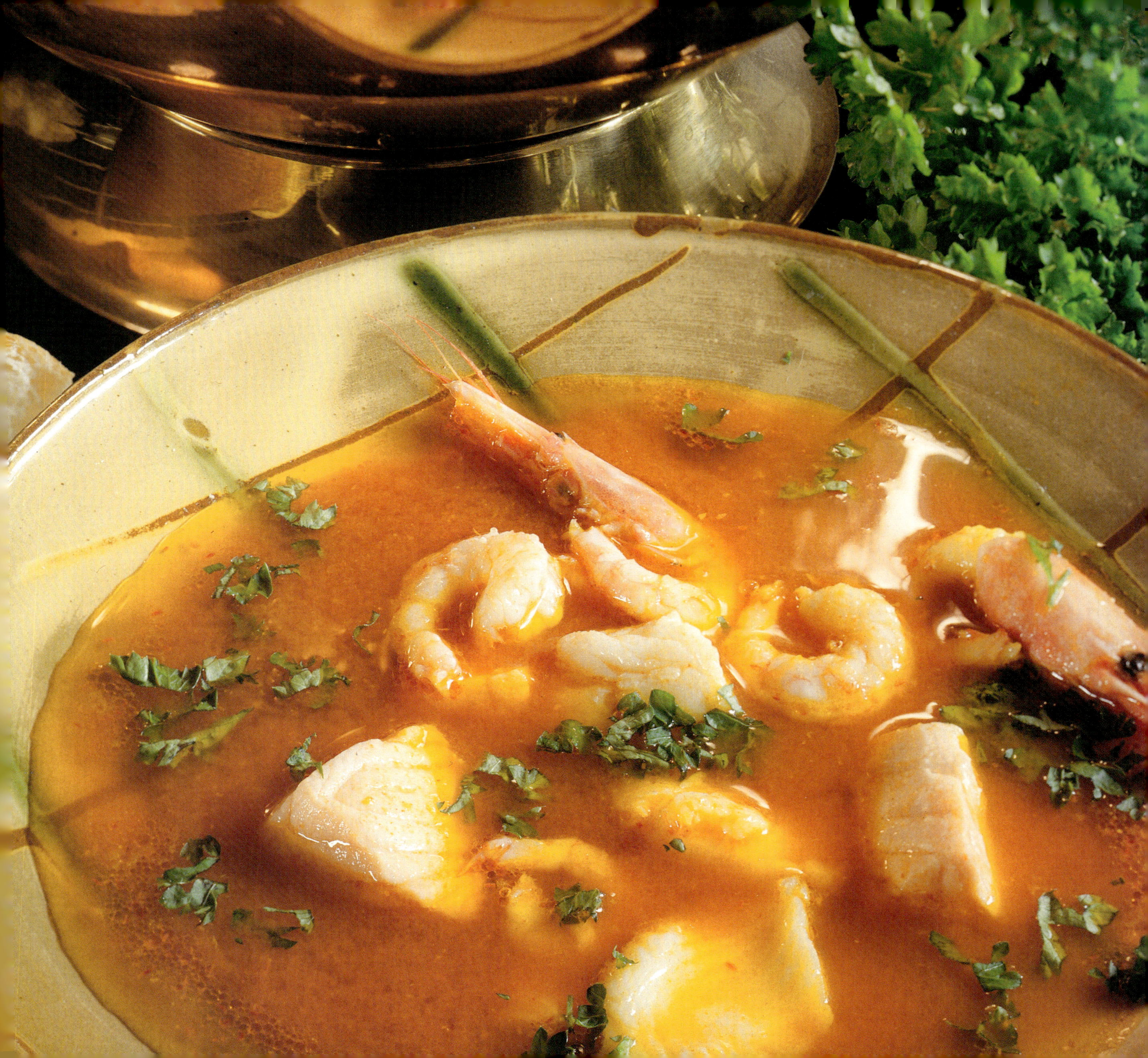

Hors d'œuvres med fräscha grönsaker

*Små munsbitar före maten,
eller som tillbehör till grillmaten.*

Gurksallad med oliver

CA 6 PORTIONER
1 stor slanggurka
20-tal svarta oliver
1 tsk torkad körvel
1 msk finhackad persilja

DRESSING:
1 dl olivolja
2 msk pressad citron
salt, grovmalen svartpeppar

• Skalad gurka är mindre hårdsmält, men det är en smaksak. Använd i så fall potatisskalaren. Tärna gurkan och blanda i en skål med oliver, körvel och persilja.

• Blanda dressingen och slå den över. Blanda på nytt och smaka av.

Tomat- och basilikasallad

6–8 PORTIONER
8 stora fasta tomater
3–4 klyftor vitlök
2–3 dl olivolja
salt
grovmalen svartpeppar
en handfull färska basilikablad

• Tärna tomaterna och hacka vitlöken. Blanda dem i en skål och späd med oljan. Krydda med salt och svartpeppar och ställ skålen i kylen ett par timmar.
• Vänd ned grovhackad basilika strax före serveringen.

Grillad aubergine

6–8 PORTIONER
3 auberginer, cirka 1 kg
salt
grovmalen svartpeppar
olivolja
10-tal soltorkade tomater i olja
2–3 klyftor vitlök
färsk oregano

• Ta bort fästet på auberginerna och skär dem i tjocka skivor på längden. Salta snittytorna, och låt dem dra 20–30 minuter. Torka sen av saltet och pensla skivorna lätt med olivolja.
• Grilla aubergineskivorna på båda sidor tills de har fin färg. Skär dem i breda strimlor, och blanda med grovhackade soltorkade tomater och hackad vitlök i en skål. Smaka av med salt och peppar och slå på lite mer olja om så behövs. Strö färsk oregano över.

Provençalska champinjoner

6–8 PERSONER
750 g färska champinjoner
3 klyftor vitlök
1 knippe persilja
1 msk hackad röd paprika eller pimento

DRESSING:
1 1/2 dl olivolja
1 msk vinäger eller citron
1 tsk ljus Dijonsenap
salt
grovmalen svartpeppar

• Skiva svampen lövtunt och blanda i en skål med hackad vitlök och persilja. Blanda dressingen, slå den över och strö paprika eller pimento överst.

vägkanten. Knappt har han greppat kameraväskan förrän polismotorcykeln dyker upp från ingenstans, och konstapeln hötter förmanande med fingret. Nix, inga bilder här. Det är bara att svälja ilskan och åka vidare, men hade polisen funnits i närheten fem minuter senare hade han nog fått en puss på kinden. I nästa backe hittar vi en gammal åkerväg att köra av på, och däruppe på kullen med de blå bergen som kuliss ligger det allra vackraste gamla hus. Visserligen i ruiner, men omgivet av en ljuvlig sommaräng med de mesta ur alpernas flora. Det vill gärna bli bra.

Boulangerier är underbara inrättningar längs vägen. Bybagaren öppnar redan i arla morgonstunden, och det är bara när man glömt handla lunch som man kan irritera sig på att även bageriet håller middagsstängt. Hur länge vet man aldrig, men tiden mellan 12.00–15.00 är riskzon, beroende på var man befinner sig. Hungern sätter in, och när boulangeriet dyker upp längs en stilla bygata är det som en skänk från himlen. En plåt nybakad pizza – inte så dumt kanske fastän den ser lite bränd ut i kanten. I Frankrike säljs pizza i fyrkantiga bitar, ungefär som man delar en ugnspannkaka, och någon har redan tillskansat sig de tre första bitarna.

– Kan jag få två bitar i mitten, ber jag den buttra bagerskan. Blicken jag får i retur är mångtydig, men knappast vänlig.

– *Non, c'est pas possible*, säger hon vresigt. Hur skulle det se ut, madame om alla fick som dom ville! Här säljer vi bitarna i tur och ordning, säger hon, och pekar ut vilka bitar som står i tur – annars blir bara kanterna kvar!

Inför sådan logik är det bara att böja sig och snällt mumsa i sig de torra kanterna.

Lac de Serre-Ponçon ligger som en magsäck i floden Durances flöde. På båda sidor om sjön finns en sorts märkliga klippformationer som bär namnet *Demoiselles coiffées* – ungefär de hattprydda fröknarna. De västra, i närheten av Théus lär vara de mest sevärda, ändå väljer vi väg D 954 runt sjöns östra strand som passar oss bättre. Serre-Ponçon är en av Europas större sjöar, vilket är särskilt intressant i ett land med så få sjöar som Frankrike. Vattensportarna samlas gärna runt sjön, som skyddas av de omgivande bergen. Det är en vacker sjö, och vi ångrar inte omvägen. De hattklädda fröknarna hittar vi invid vägen strax före avtaget mot Pontis. En kiosk med souvenirer visar tydligt att det är här man stannar. Vägen upp till damerna visar sig längre än den först verkade, och nog så krävande. Skulpturerna som eroderats ur berget är fantasieggande, även om en-

Huset låg på en alpäng fylld av bergens blommor. De vackraste sevärdheterna finns sällan på kartor.

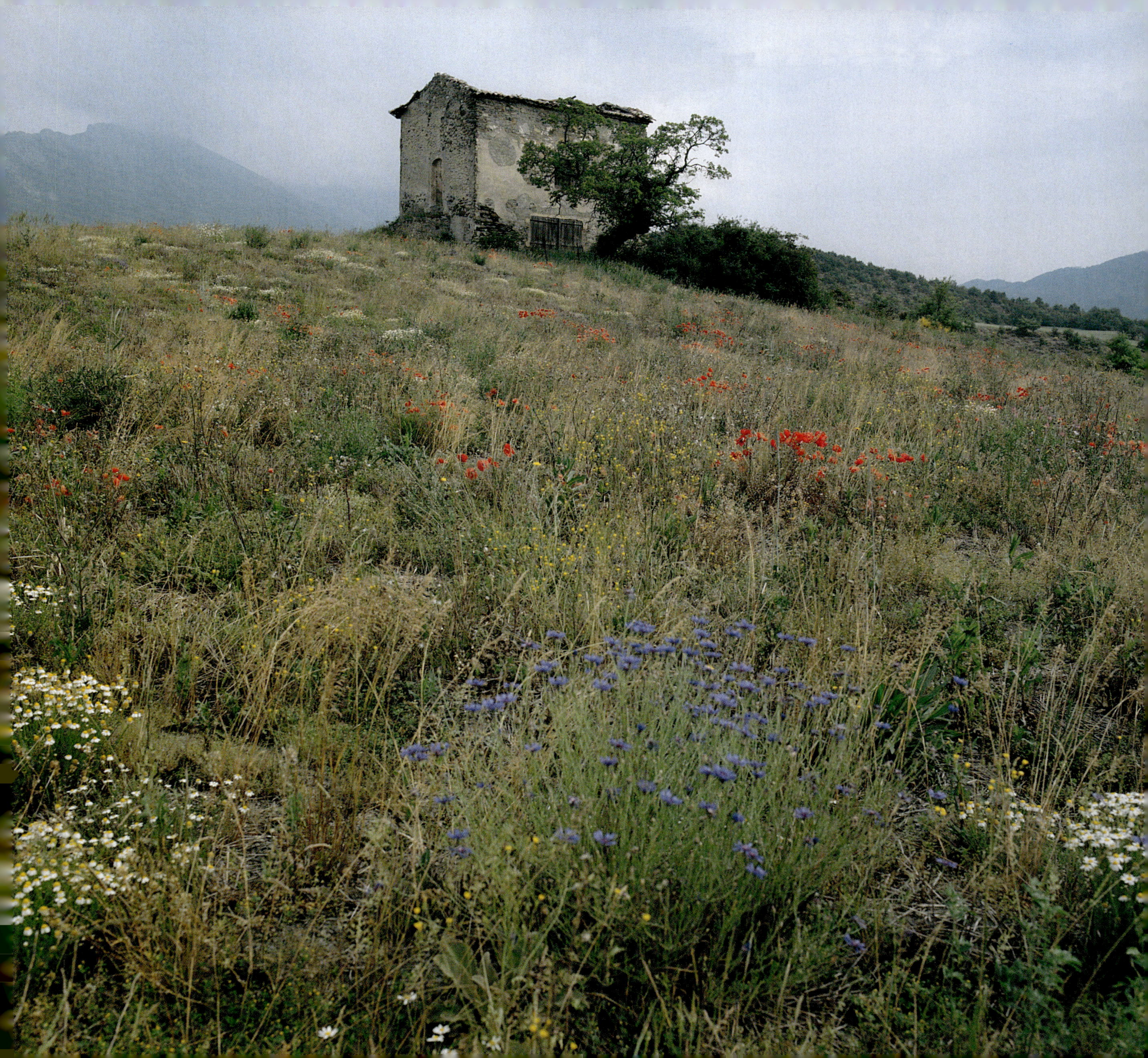

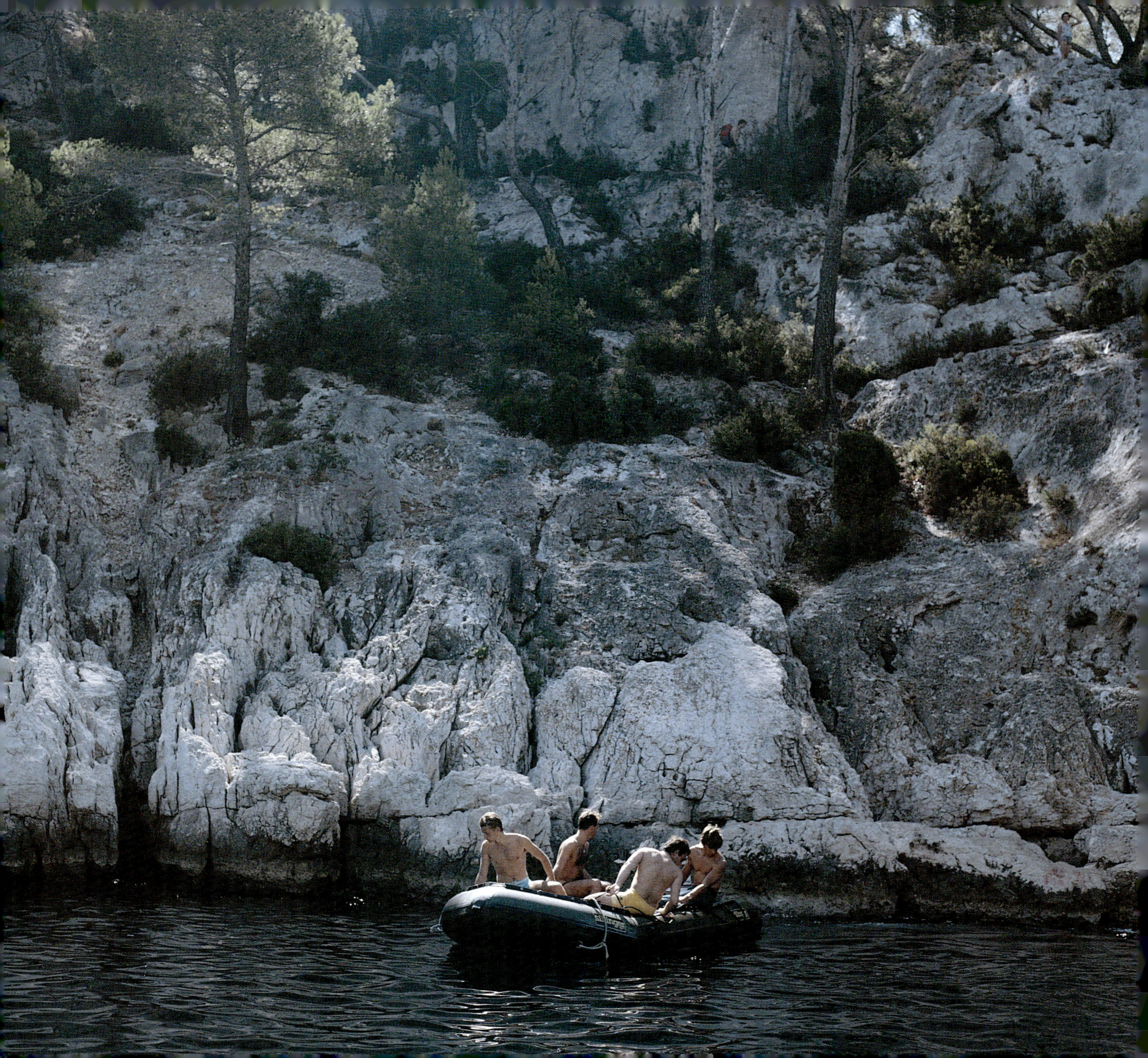

De märkligt formade klippor som kallas Demoiselles coiffées hittar man på båda sidor om Lac de Serre-Ponçon.

dast ett fåtal gör skäl för sitt namn. En fika vid kiosken är nödvändigt efter besöket hos damerna på berget, och det är då vi hittar den perfekta presenten. I ett hörn står eleganta svarta spatserkäppar, dekorerade med vackert utskurna små blommor. Nog borde den locka en kokett äldre dam som kan behöva ett litet stöd i tillvaron. I alla fall mer än landstingets aluminiumkrycka. Men inte nog med det. Över en träbalk hänger stora kohudar designade av naturen själv, något som knappast kan motstås. Kohuden hamnar överst i packningen, som vid det här laget börjar närma sig taket på Audin. Getostar, olivolja, lite vin, provençalska tyger, en trädgårdsskulptur och en stor kruka, en blommig käpp och nu en spräcklig kohud utöver kamerautrustning och väskor. Det är först några mil senare som vi upptäcker att kossan inte helt lämnat sin doft kvar i ladugården, men då är det redan för sent.

Vattensporter är populära i Frankrike – från dykning till windsurfing.

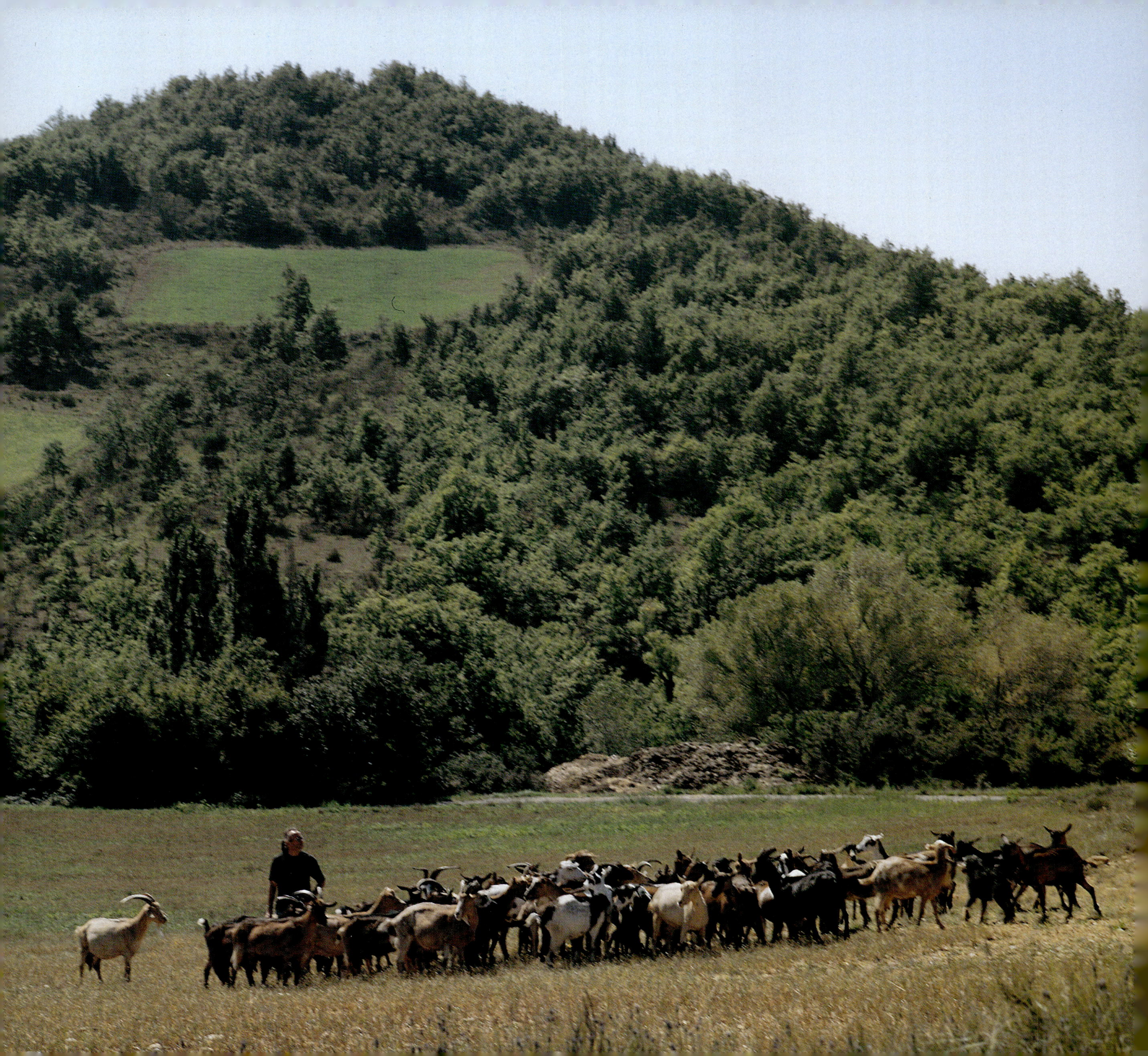

Vår Herres örtagård

DEN HÄR GÅNGEN bestämde vi oss för att ta tåget till Provence. Men för den som utan betänkligheter fyller bilen med omistliga inköp längs vägen står eget fordon inte att undvara. Det blev biltåg från Hamburg, något som vi inte ångrade men däremot förvånat undrade över varför vi inte prövat långt tidigare. Men det har förefallit både dyrt och besvärligt, och enklaste utvägen är ju alltid att bara sätta sig bakom ratten och köra. En smula dyrt kan det vara, särskilt om man reser i högsäsong men det beror på hur man räknar, och tid är också pengar. Värt att notera är att returen ofta är billig. Däremot är det inte besvärligt att hitta stationen Hamburg/Altona varifrån tågen utgår. Tågen är mycket populära i Tyskland, och förbokning via SJ är nödvändig. Det finns två möjligheter att korta vägen. Man tar tåget till Lörrach strax utanför Basel, eller man åker med hela vägen till Avignon.

– Jag väntar på er på torget i Puimichel, hälsade getfarmaren när vi bad att få hälsa på.

– Hur ska han hitta oss där, undrade vi men väl framme stod det klart att det inte skulle bli så svårt. Från bron vid Malijai längs N 85 körde vi D 12 framåt. En liten väg, bitvis nära nog lika obefintlig som en timmerväg i Lappland.

Om jag väntat mig ett bytorg med barer, folkliv och butiker så finns inget av detta på torget i Puimichel. Den lilla platsen vid kyrkan kan knappast ens kallas ett torg, men visst väntar monsieur Loup på oss och han har knappast någon svårighet att känna igen den röda Audi som svänger in i byn. Loup är det franska ordet för varg, och vi kan inte låta bli att undra vad som fört denne varg till den avkrok som byn ändå är.

Att monsieur inte är född bonde märks tydligt. Riktiga bönder har inte hästsvans. Men det visar sig, att trots att vår värd kommer från Paris så har han ändå

De små getostarna smaksätts med bergens kryddor. Banonosten slås i små paket av kastanjeblad.

tillbringat de senaste tjugo åren i Provence. Nu är han getfarmare några kilometer utanför byn. Hans hjord uppgår till ett femtiotal djur, och det råder ingen tvekan om gårdens produktion när vi stiger ur bilen. Doften är intensiv, men fotografen som hyser den största passion för getost låter sig inte förskräckas. Lystet drar han ett djupt andetag i getstallet, och ingen missunnar honom detta.

Gérard Loups djur är provencegetter, en gammal ras som sparas i genbank för eftervärlden. Deras öron är långa och framåtfällda, till skillnad från alpgetternas uppåtstående öron. Han överraskar oss med att tala om att han samarbetar med Östersund i ett projekt om getuppfödning. Han har besökt Jämtland, och han har träffat vår jordbruksminister. Så utmärkt – Gérard Loup kan sin sak, och har för detta fått guldmedalj i Paris. Också en så sträng bedömare som fotografen får något blankt i blicken när han avsmakar produktionen. Varje tacka mjölkar runt tre liter per dag, och av detta får man 3–4 små getostar. I byarna i Luremassivet tillverkas den ost som kallas Banon. Puimichel hör inte riktigt dit, men man tillverkar ändå Banonost på gården. För detta krävs kastanjeblad, och de plockas om hösten för att sedan torkas. Bladen används för att linda om getosten till ett litet runt paket, som binds om med bastsnören. En väl mogen Banon ska vara krämig i mitten, och lite torr i kanten. Utöver denna getost gör familjen ostar som smaksätts med peppar, och med *sarriette* – kyndel, en nära nog bortglömd kryddört hos oss men mycket vanlig i Provence. Hittar ni på restaurangens ostbricka en blåsvart getost som ser en aning smålortig ut, så är detta en ost som vänts i aska. Fotografen påstår att den är mycket god. *Le picodon* slutligen är en lagrad getost med just pikant smak, och den som oftast används när man gratinerar getost på bröd som lunchrätt.

Än en gång avser vi att korsa floden Durance, Provence egen livgivande aorta. Vi är på väg mot Manosque men lockas en bit söder om bron både av fruktodlarna längs vägen, och av ett slott på en kulle ovanför majsfälten. Rousset är ett vackert slott, och i en bod nere vid vägen säljer slottsherren själv det vin och den olivolja som slottet producerar. Se där sån tur att ha en egen bil att lasta i. Förr hamstrade vi vin på långresorna söderut, i dag får fin olivolja största utrymmet.

För den som trivs i bergstrakter är Forcalquier en pärla. Den lilla provençalska staden, med runt fyratusen invånare ligger några mil nordväst om Manosque längs väg N 100. Folket i Luremassivet har sin egen kultur, och den som vill få en smula delaktighet kan gärna läsa författaren Pierre Magnans spännande berättelser som finns i översättning. Hans böcker utspelar sig i dessa mystiska

Solkatter i Forcalquiers gränder.

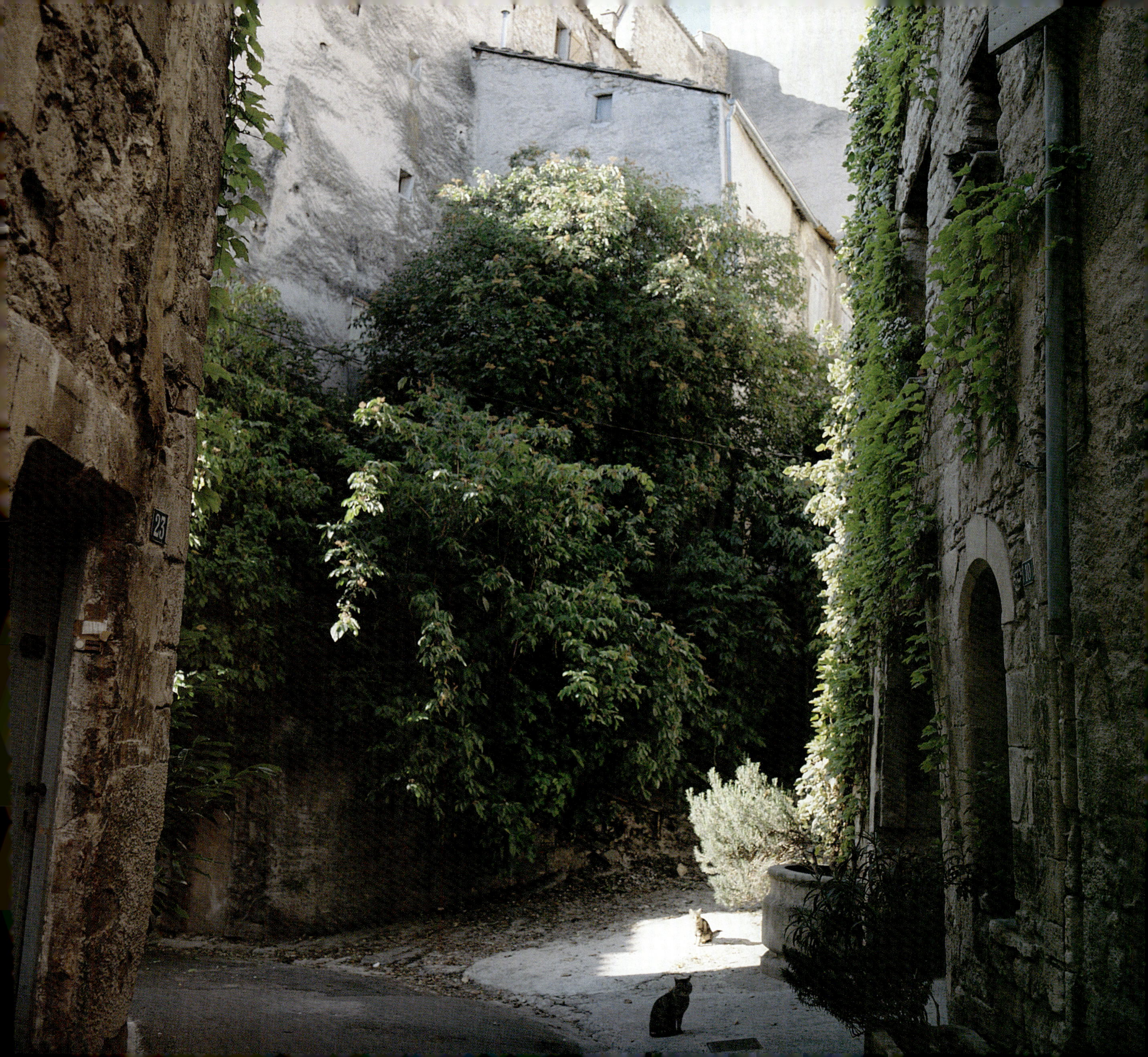
23

Rousset är ett privatägt slott strax utanför Manosque. Här säljs både vin och olivolja.

berg, där varje liten by tycks ha sin egen historia att berätta. Forcalquier är något av ett kulturcentrum, beläget längs den gamla romarvägen Via Domitia, som ingick i det nät av vägar som sammanlänkade Italien med Spanien. Stadens storhetstid inföll under medeltiden, då den under mer än hundra år var säte för ett självstyrande hertigdöme. Vid mitten av 1300-talet drog digerdöden sitt sorgflor över byarna i de provençalska bergen, en farsot som för sekler framåt skulle ödelägga många av de tidigare livaktiga bosättningarna. Invånarna i Forcalquier spelade en viktig roll i upproret mot Napoleon III, och under sista världskriget var staden ett centrum för motståndsrörelsen. De är en smula egensinniga och tjurskalliga stadsborna, men utan tvekan trevliga.

För den som vill stanna lite längre i denna lockande trakt rekommenderar vi gärna Auberge Charembeau några kilometer från centrum. En gammal gård med gröna ägor, pool och med ett litet *cuisinette* till rummen. Mer centralt, i ena änden av torget i Forcalquier, ligger Hostellerie des 2 Lions. Det är gammaldags som ett stadshotell från 40-talet, och trappan knarrar när vi vindlar oss uppåt. Rummet är relativt enkelt med blommiga tapeter överallt, men det är heller inte dyrt. Solen värmer rejält när vi åter släntrar över torget för ett glas kall Orangina på serveringen. Aldrig smakar denna läskedryck – med en aning bitter arom av apelsinskal – bättre än vid ett bord på ett café i Provence. När jag förtjust hittade den i hemmabutiken var det ingen upplevelse värd att notera. Vi tar en promenad in genom Porte des Cordeliers och upp genom stans gamla delar, där kvarterets katter njuter av de solduttar som letar sig ned i de trånga gränderna. Att bygga höga hus och smala gränder var ett effektivt sätt att stänga ute den isande mistralen, men visst blev det lite mörkt i prången. Små fina butiker med konsthantverk trängs i gränderna, för artister av skilda slag söker sig gärna till Forcalquier.

Den man vi nu ska träffa är på sitt sätt också en artist. Ett hundratal platser runtom i Frankrike har fått utmärkelsen *site remarquable du goût* för kulturbevarande insatser på smakens område. Trakten runt Forcalquier och Luremassivet har uppmärksammats för sin olivolja, för osten från Banon och för den *pastis* smaksatt med bergens örter som är en småindustri i staden. Alain Robert är den som i dag driver tillverkningen av Pastis Henri Bardouin. Det är en öppen och trevlig man som möter oss utanför företagets butik runt hörnet vid torget. Själva tillverkningen sker lite längre ned i byn.

Pastis betyder egentligen också blandning, och denna aperitif får sin smak av ett otal aromatiska örter. Förr gjordes pastis på varje bondgård, och alla hade sitt eget recept. Bergen mellan Durance och Lure är Vår Herres egen örtagård. Här växer ett par tusen olika aromatiska örter, och ur detta kryddland hämtade man såväl medicin som kryddor till köket. Pastis ska spädas med 6–10 delar vatten, och i gamla tider användes den helt enkelt för att förbättra smaken på vattnet och släcka törsten när man arbetade på fälten. En föregångare var den mycket alkoholstarka absinten som var på modet, inte minst bland impressionisterna i 1800-talets Paris. Den baserades på malört och stjärnanis. Receptet kom ursprungligen från Schweiz, men såldes 1797 till fransmannen Pernod. Nu visade sig denna likör innehålla en nog så vådlig blandning, och 1916 förbjöds den inte endast i Frankrike, utan i större delen av västvärlden. Några år senare skulle firman Pernod lansera pastis som efterföljare till absint. Även denna baserad på stjärnanis och andra örter, men utan absintens vådliga verkningar. Så småningom fick Pernod konkurrens av företaget Ricard från Marseille. Sen kom kriget, tillverkningen förbjöds och återupptogs inte förrän 1949. Storföretagen Ricard och Pernod delar fortfarande marknaden för denna den mest franska bland spritdrycker, men en halv procent av marknaden tillhör Henri Bardouin i For-

Alain Robert är mannen bakom Pastis Henri Bardouin som tillverkas i Forcalquier.

calquier som gör den mer personliga Le Grand Cru de Pastis. Av bergens örter ingår en släkting till malörten, salvia samt en sorts gentiana, men många av de runt femtiotalet örter som ingår importeras från Afrika, Kina, Indien och Sydamerika.

Kardemumma, vit- och svartpeppar, tonkabönor, paradisfrön, kanel, muskot, nejlikor och den viktigaste själrnanis – alla lånar de sin arom till den gröna dryck som fyller de eleganta flaskorna. Men örter varierar i smak från gång till annan, och att rätt blanda de olika mängderna är en sak för känsliga näsor och smaklökar. Hos Henri Bardouin är det en ung tjej som är skickligast på att avgöra när blandningen är exakt rätt, och denna *liqeurist* är värd sin vikt i guld.

En pastis är inte nödvändigtvis en aperitif för varmt väder, säger Alain Robert och ler – men den är svår att sälja utomlands. Det är en mycket fransk drink.

Spädd med vatten blir aperitifen mjölkig, och ungefär lika stark som öl. Gubbarna på baren kallar den skämtsamt för provençalsk mjölk, och att mjölk är nyttigt behöver de inte övertygas om.

Det finns gott om utflyktsmål runtom Forcalquier. Bara några kilometer söderut ligger Mane med sitt medeltida citadell, och gammal bebyggelse från renässansen runt kyrkan St André. Invid genomfartsgatan hittar vi Aux Frontièrs de Lure, en riktigt frestande butik som saluför det mesta av traktens produkter, såväl av livsmedel som hantverk. Helt nära ligger också klostret Salagon från tidig medeltid, med tidsenliga trädgårdsanläggningar. Vill man inte sitta i bilen hela tiden finns såväl cykeluthyrning som vandringsleder, och det finns även möjlighet att hyra hästar. Runtom i bergen finns 500 km utmärkta leder. Bistrot de pays är en trevlig liten förteckning man kan hämta på turistkontoret. Här får man adresser till de bistror runtom i bergsbyarna som serverar god husmanskost från trakten.

Hostellerie des 2 Lions är faktiskt en stjärnkrog, och även om man kan fundera en smula över detta så bestämmer vi oss för att ge köket en chans. Den unge hovmästaren berättar att han kommer norrifrån, och han är glad över jobbet. Mellan måltiderna på hotellet har vi sett honom på stan iklädd snedgångna cowboyboots och tillhörande hatt, men vid middagen har han bytt till svart och tagit av hatten. Han är mycket förekommande, och stolt över sina språkkunskaper. Att han är den ende som behärskar engelska gör honom till kung i matsalen. Något har han nog också snappat upp om serveringskonsten, för han presenterar rätterna alltefter som de landar på bordet. Så ambitiös är han att han pekar med hela fingret i tallriken för att berätta om patén. Men strunt i det, maten är god och matsalen trivsam. Vid grannbordet sitter ett ungt tyskt par som väljer länge i meny och vinlista. Det blir fisk och en flaska vitt. När vinet kommer in visar det sig att flaskan är av det starkt blå glas som blivit på modet, och som lätt får en att bli misstänksam om innehållet. Men allt förefaller till belåtenhet. Nu vill hovmästaren vara ännu mer förekommande, och föreslår att de kan få flaskan med sig hem – eller vill de kanske att han blöter av etiketten. Njae – det vill de nog inte ... Men den unge hovmästaren står på sig, det är ju en så fin flaska och det kan bli ett trevligt minne. Paret konverserar på tyska, tydligen vill de inte verka omöjliga. Troligen är detta de enda turister som kommer att åka runt med ett tomglas elegant inslaget i aluminiumfolie i bagaget.

Reser man i bergen mitt i sommaren kan man inte undgå lavendeln som fyller de magra odlingsmarkerna med sina väldoftande blå blommor. Blomningen pågår från juli till början av augusti, därefter lägger sig en tung lavendeldoft över byarna. Nu kör destillerierna i gång, och den väldoftande essensen pressas ur.

Simiane-La-Rotonde är en av byarna längs les routes de la lavande.

T.h. Här och var längs vägen hittar man bergsböndernas salustånd. Doftpåsar och lavendelessens, honung med lavendelsmak och plantor i kruka.

Det känns på långt håll var destillerierna ligger. Inget av lavendeln får förfaras, och de vedartade stjälkarna används som bränsle.

På de högst belägna markerna, upp till 1 400 m odlas äkta lavendel, medan hybriden lavandin går bäst på lägre sluttningar. Följ gärna *les routes de la lavande* som korsar bergen så tätt att det nästan alltid finns en väg i närheten. Turistbyråerna har en karta med samma namn där man kan hitta adresser till såväl destillerier som gårdsförsäljning, men man brukar alltid hitta stånd och skyltar längs vägen. En del byar har också lavendelparader i samband med skörden. Vi tar vägen upp mot Banon med sikte på byn Simiane-La-Rotonde, en av de många byar i Haut-Provence som till stor del lever av lavendeln. Redan under antiken visste man att använda lavendelns väldoftande oljor, och i någon mån begrep man också att den verkade desinficerande. Men när man försökte fördriva pesten genom att elda lavendel både inom- och utomhus blev det ingen större framgång, kanske höll den ändå borta de värsta odörerna.

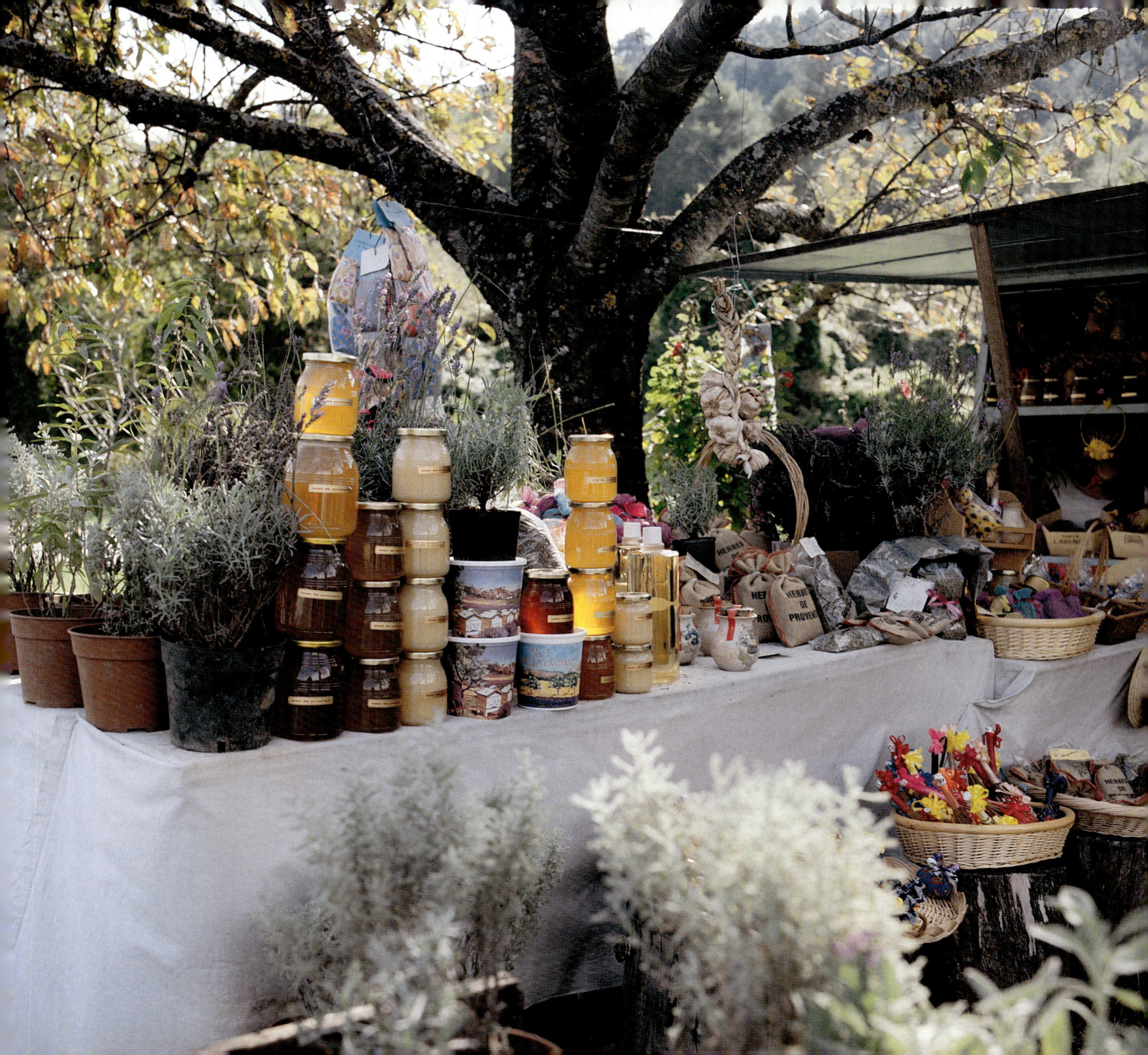

Lammstek med vitlökssky & getostgratäng

Närmare Provence än så här är det svårt att komma. Trots mängden vitlök är smaken inte alltför stark.

8 PORTIONER
1 lammstek, drygt 2 kg
1/2 citron
salt, svartpeppar, timjan
3 msk olivolja
50 g smör
12 klyftor vitlök (oskalade)
4 tomater
1 1/2 dl vatten
Ugn: 175°

• Putsa steken men behåll en del av fettet. Gnid in köttet runtom med citron och krydda väl med salt, peppar och timjan. Sätt in en stektermometer så att spetsen hamnar mitt i lårets tjockaste del.

• Slå oljan i en långpanna eller en ugnsform som rymmer steken. Lägg i steken, och täck den med det skivade smöret. Sätt in den strax under mitten i ugnen.

• Skålla, skala och kärna ur tomaterna. Dela dem i stora bitar och lägg dem runt steken efter cirka 30 min. Lägg också i de oskalade vitlöksklyftorna.

Fortsätt steka tills termometern visar 65°.
• Ta ut steken och låt den vila. Ta upp vitlök och tomater och passera detta genom en sil. Vispa ur ugnspannan med vattnet, och sila ner i en kastrull. Koka ihop skyn 5–10 minuter, och tillsätt sen den passerade purén. Smaka av.
• Skiva steken och servera med skyn, sallad och gärna getostgratängen.

Potatisgratäng med getost

Bäst blir den med en hård getost som kan rivas.

8 PORTIONER
cirka 1 1/2 kg potatis
75–100 g getost
50–75 g lagrad ost
  t.ex. grevé – eller enbart getost
cirka 4 dl mellangrädde
salt, svartpeppar
riven muskot
Ugn: 225–175°

• Skala och skiva potatisen mycket tunt. Riv osten. Varva potatis och ost i en ugnsform och strö salt, peppar och lite riven muskot mellan varven. Var inte för generös med muskoten. Strö ost överst.
• Slå på så mycket grädde att det når upp till potatisen.

Grädda mitt i ugnen i 225°, sänk efter 10 minuter till 175°. Grädda tills potatisen känns mjuk, cirka 50 minuter. Serveras het och nygräddad till steken.

Honungspäron

Sött och gott efter maten.

4 PORTIONER
4 mogna päron
4 rågade msk honung
3 dl vatten
2 msk pressad citron
1 vaniljstång
2 msk hackad pistage-
  eller sötmandel

• Skala päronen och dela dem i halvor. Lägg dem i en låg kastrull.
• Koka ihop honung, vatten, citron och vaniljstången uppskuren på längden. Slå detta över päronen, lägg lock på och sjud tills päronen känns mjuka. Ös ibland med skyn. Ta upp vaniljen och skrapa ur vaniljkornen ner i honungsskyn.
• Lägg upp päronen på fat. Koka ihop skyn till hälften och skeda den över päronen. Strö på mandel. Servera päronen ljumma. Vaniljglass kan serveras till, men rätten är god precis som den är.

FILIPPO BERIO
EXTRA VIRGIN OLIVE OIL
CHOLESTEROL INFORMATION ON BACK PANEL
Val de Loire
PRODUIT DE FRANCE
VIN DE PAYS DU JARDIN DE LA FRANCE
VITT VIN TAPPAT
11,5% vol

Rosmarinpotatis

Rosmarinen växer vild i de provençalska bergen, hos oss klarar den sällan vintern. Potatisen förgyller både lammsteken och vardagskorven.

4 PORTIONER
8–12 potatisar
1 stor gul lök
3/4 dl olivolja
1 tärning grönsaksbuljong
2–3 dl torrt vitt vin
cirka 1 msk färsk rosmarin
Ugn: 200°

- Skala potatisen och dela den i klyftor. Hacka löken eller skär den i små klyftor. Slå oljan i en ugnsform, och lägg i potatis och lök.
- Värm vinet, och lös buljongtärningen i detta. Slå det över potatisen och krydda med salt, svartpeppar och rosmarin.
- Stek potatisen mitt i ugnen cirka 1 timme, eller tills den känns mjuk.

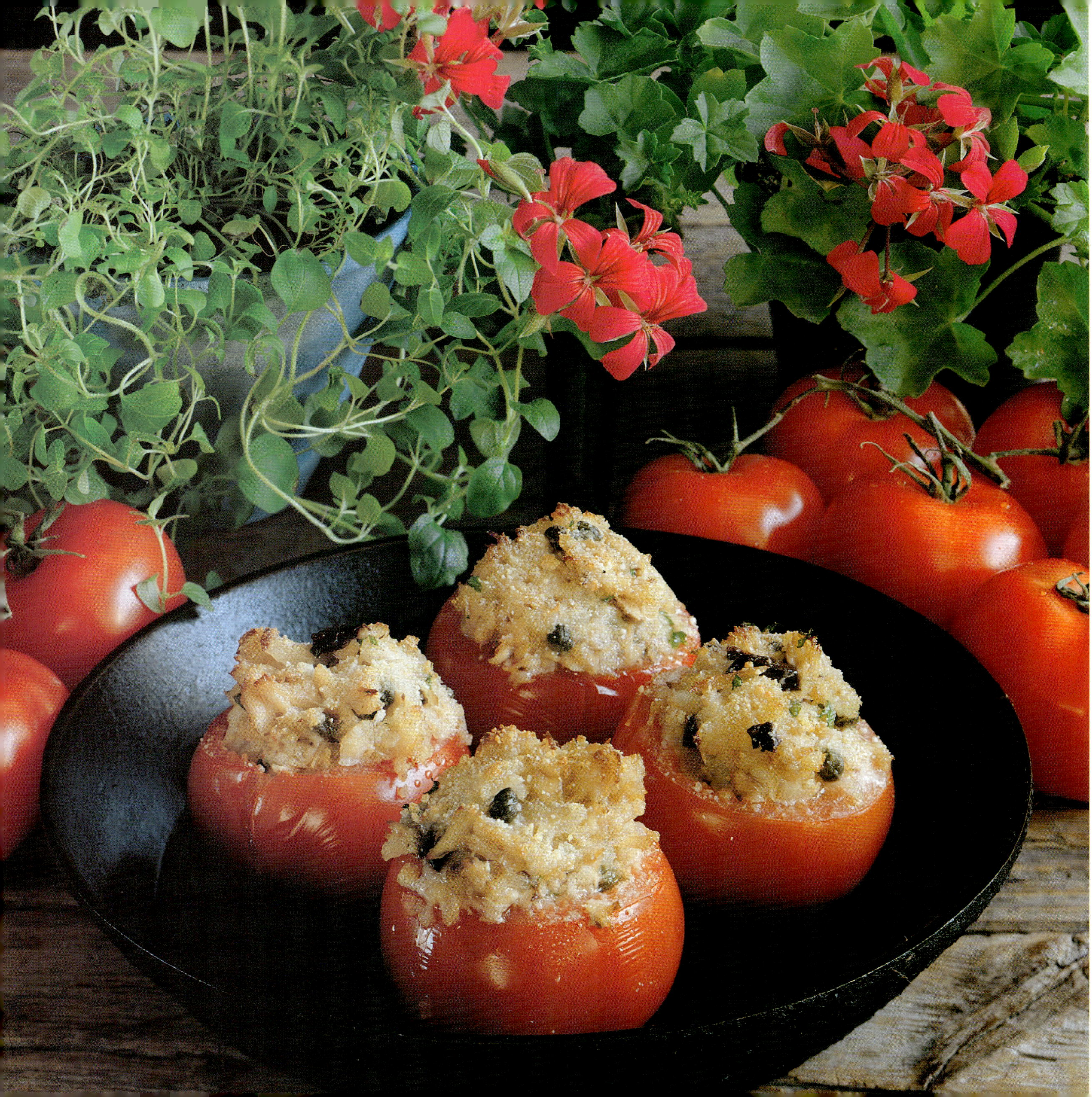

Tonfiskfyllda tomater

4 ST
4 stora fasta tomater
salt
FYLLNING:
1 liten gul lök, finhackad
1–2 klyftor vitlök, hackade
2 msk olivolja
2 skivor vitt bröd
1 burk tonfisk i olja
2 msk kapris
10-tal svarta oliver
2 msk parmesan
3 msk hackad persilja
2 tsk färsk timjan
Ugn: 225°

• Skär av toppen på tomaterna, gröp ur kärnhuset med en sked. Salta inuti, och vänd tomaterna upp och ned så de får rinna ur.
• Fräs lök och vitlök med oljan i en kastrull tills löken är blank men inte brynt. Kantskär brödet snålt, och smula ner det i kastrullen. Vänd också ner tonfisken med sin olja. Låt det puttra en kort stund.
•Ta kastrullen av värmen och rör ned kapris, hackade oliver, parmesan, persilja och timjan och smaka av sältan. Fyll tomaterna, och ställ dem i en liten ugnsform. Gratinera mitt i ugnen 15–20 minuter.

Örtagårdens morötter

Sariette – kyndel, används ofta i Provence men är en nästan bortglömd örtkrydda hos oss även om den finns hos trädgårdsmästaren. Mycket fin till grönsaker, färskost och i blandning med andra örter.

3–4 PORTIONER
500 g späda morötter
cirka 30 g smör
2–3 msk finhackade örter
t.ex. dragon, körvel, kyndel

• Skala morötterna och skär dem i tunna slantar. Lägg dem i en panna eller gryta med smöret, och sjud dem sakta mjuka under lock. Vänd ned de grovt hackade kryddörterna och servera genast. Lite kokt eller rökt skinka till om man så vill.

FRANSYSKA VISITER

I dag används äkta lavendelessens främst i parfym och kosmetiska produkter, medan lavandin parfymerar rengöringsmedel. Lavendel används också som krydda för att smaksätta färskost, honung och bröd.

Simiane-la-Rotonde ligger på en kulle omgiven av lavendelfält men av produktionen finns här inte mycket att se, varför vi fortsätter bygatan fram förbi Coopen. Det är då vi får syn på skylten med Simons get. 600 m stod det vid avtaget, men det stod inget om vägens beskaffenhet och tur är nog det. Uppför bär det, väldigt mycket uppför. På toppen av berget ligger *bergeriet*, och fotografen kan fylla picknickkorgen med doftande getostar läckert smaksatta med bergens kryddor.

Gamla kvarter i Forcalquier.

Grillad getost
(*Se bilden till höger*)

Lika enkel som himmelskt god är denna lunchrätt från Provence.

Skär ett par skivor baguette, ganska tjocka. Rosta dem under grillen så de får fin yta. Fukta dem sen med en god olivolja, inte för snålt och dra med en delad vitlöksklyfta över för att få en mild smak. Lägg så på två skivor getost, så tjocka som samvetet och kassan tillåter. Strö på lite svartpeppar, timjan och smulad rosmarin och sätt in brödskivorna under grillen tills osten smält och fått lite färg. Lite blandade sallatssorter på tallriken, och måltiden är perfekt!

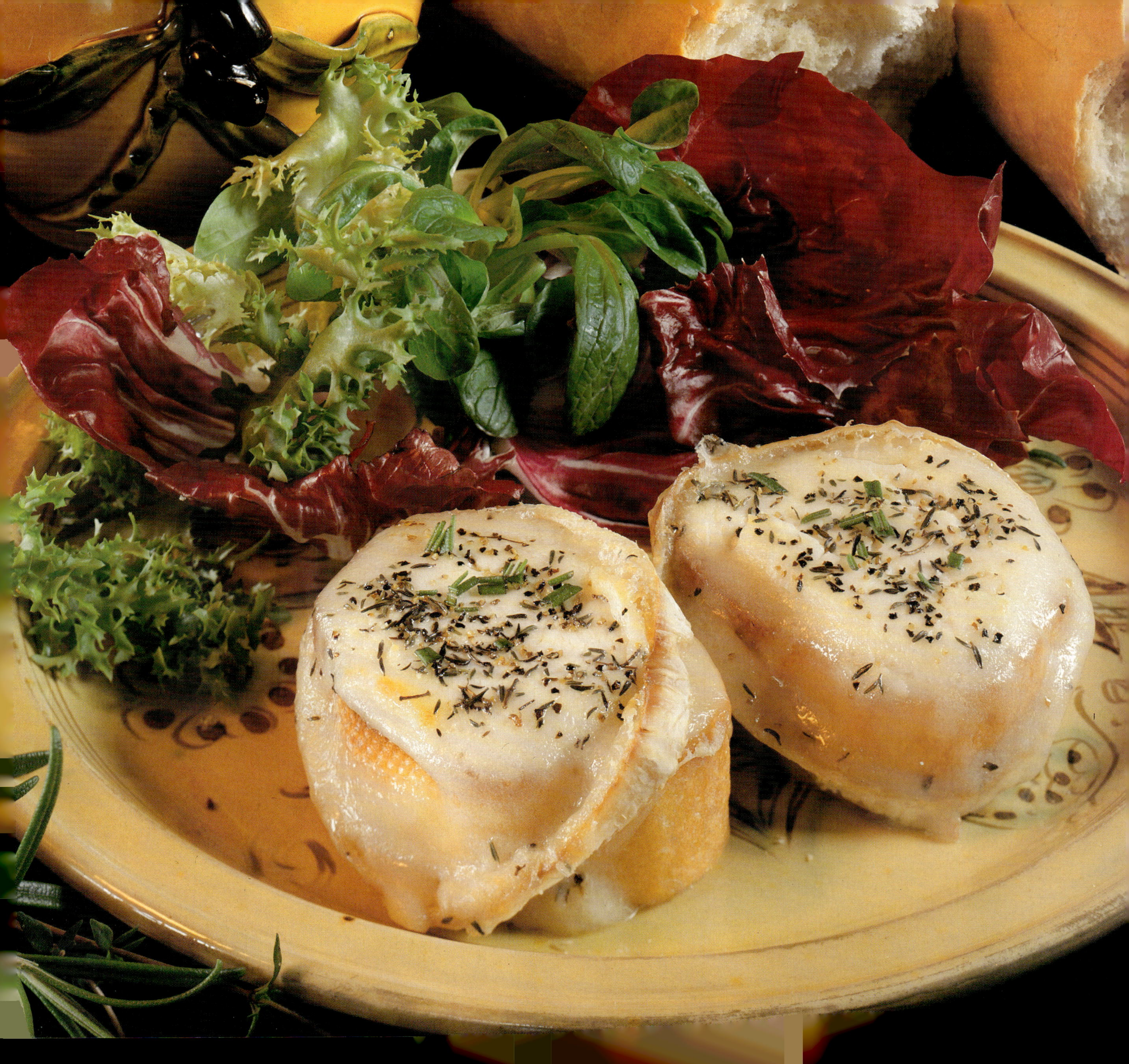

RESSION
Le Provence
BAR TABAC
PRESSION
BAR TABAC
T
LOTO
Qui sait ce que vous ferez quand vous aurez gagné?

Mot solens öga

LIKT IKAROS söker vi oss mot solen, utan att förintas men väl för att låta oss absorberas av de små byarna runt Luberon. Man kan följa Durances lopp söderut, eller välja väg N100 mot Apt.

Provence är gammalt bondeland där man lärt sig leva av vad jorden, bergen och havet ger. Solen är en evig beskyddare som gynnar bondens strävan på åkern. Det är inget fattigt landskap, men köket präglas ändå av en viss återhållsamhet. Inget överdåd, bara utsökt enkelt och självklart. Gamla förbindelser med grannen i öster gör det provençalska köket mer besläktat med det italienska, än med moderlandets mer avlägsna delar. Längs vägen ligger olivlundar och vingårdar som ger regionens mest kända produkter, men här från Södern kommer också frukt och tidiga grönsaker. Redan i februari fyller mandelträden dalgångarna med väldoftande blomskyar, sen följer körsbär och andra fruktträd i de odlingar som är en stor inkomstkälla i trakten mellan Marseille och Cavaillon. Till de tidigaste delikatesserna hör sparrisen, och reser man vägen fram runt påsk serveras sparris på varje krog med självaktning.

På höstkanten mognar frukten, och längs vägen erbjuds lådor med äpplen, päron, meloner och persikor för en spottstyver. Ute på åkrarna ligger de enorma gulgröna pumporna – *potiron*, som används i olika husmansrätter, bland annat en mäktig soppa. Vissa rätter ses som mer allmänt provençalska. Dit hör vitlökssåsen aioli med tillbehör, lökpajen *pissaladière*, grönsaksröran *ratatouille* och *soupe au pistou* – en grönsakssoppa smaksatt med den provençalska varianten av pesto. Annat är mer lokala specialiteter som man värnar svartsjukt om. Camargues lammgryta *gardiane*, Arles tjurkorvar, *catigau* från S:t Remy med ål från Rhônedeltat och för snaskförtjusta finns *calissons* från Aix – en onödigt god läckerbit med smak av mandel och passerad melon. Grunden för den provençalska kokkonsten är dock vitlöken och olivoljan. De gamla poeterna, som hyste stor kärlek till landskapet, kallade vitlöken för Provence egen tryffel och den är flitigt använd. Olivoljan ersätter smör i de flesta sammanhang utom

Turisterna söker sig mot solen, byborna föredrar skuggan på baren – byns viktigaste samlingspunkt.

möjligen i söta bakverk, men det finns också stora odlingar av solrosor för oljeutvinning. Fröna innehåller runt 40% olja och restprodukten blir till djurfoder.

Låt oss visa er ännu en liten pärla längs vägen. Mellan Avignon och Aix-en-Provence ligger byn Lourmarin. Man hittar den längs väg D 943 strax norr om Cadenet. Byn har runt 1100 invånare, men hela 16 restauranger. Två av dem är stjärnkrogar, vilket nog får anses välförsett även med franska mått mätt. Vid en fransysk visit något år tidigare, noterade vi att Lourmarin var värd ett mer rejält besök. Nu är vi alltså tillbaka och strax utanför byn hittar vi Hotel De Guilles, vackert beläget mitt i vingårdarna med Luberons bergskedja i bakgrunden. Vad som nu är hotell var tidigare en *mas*, alltså en genuin bondgård. Oavsett att man kan erbjudas lyxigare bosättning inne i byn, tycker vi nog att man bor både utmärkt och prisvärt hos Guilles. Inget hindrar ju gastronomiska utflykter i omgivningarna. Här finns både pool och tennisbana, och i en egen byggnad ligger restaurangen L'Agneau Gourmand, som erbjuder ett bra kosthåll utan märkvärdigheter.

Lourmarin domineras av det stora slottet som ligger fritt och vackert på en liten höjd. I övrigt kan byn inte skryta med andra märkvärdigheter än att författaren Albert Camus ligger begravd på dess kyrkogård. Vi tar en kvällspromenad runt kyrkan. Mässan pågår, och kyrkportarna står öppna mot världen för att locka in vilsekomna själar. En liten vit hund av oklart ursprung springer glatt omkring med kopplet hängande efter sig, tills en förståndig gammal labrador hämtar hem honom. En storfamilj som förbereder bröllop är inbegripen i förberedelserna runt kyrkan. Man ritar pilar med krita i asfalten för den väg följet ska ta, onekligen lite finurligt. Under en lavendelfärgad balkong mitt i byn möter vi en orolig pappa som undrar om vi möjligen sett till två småflickor i tioårsåldern – Elsa och hennes kompis är tydligen på rymmen. Byliv är livligt i Lourmarin konstaterar vi när vi tar en aperitif på en av byns många barer. På väg mot kvällens restaurang en stund senare ser vi faktiskt två småflickor som hoppar rep. Jo, det är Elsa och hennes kompis och vi kan skicka hem henne till den väntande familjen.

Vid huvudgatan mitt i byn ligger den gamla oljekvarnen som nu blivit stjärnkrog. Le Moulin de Lourmarin är hemvist för en ganska udda stjärna på Frankrikes gastronomiska himmel. Edouard Loubet – lägg namnet på minnet! Drygt 20 år gammal hoppade han av franska skidlandslaget och ställde sig i krogköket,

Mandlar, persikor, knubbiga pumpor och immiga druvklasar – de provençalska bönderna blir ofta rikt lönade för sin möda.

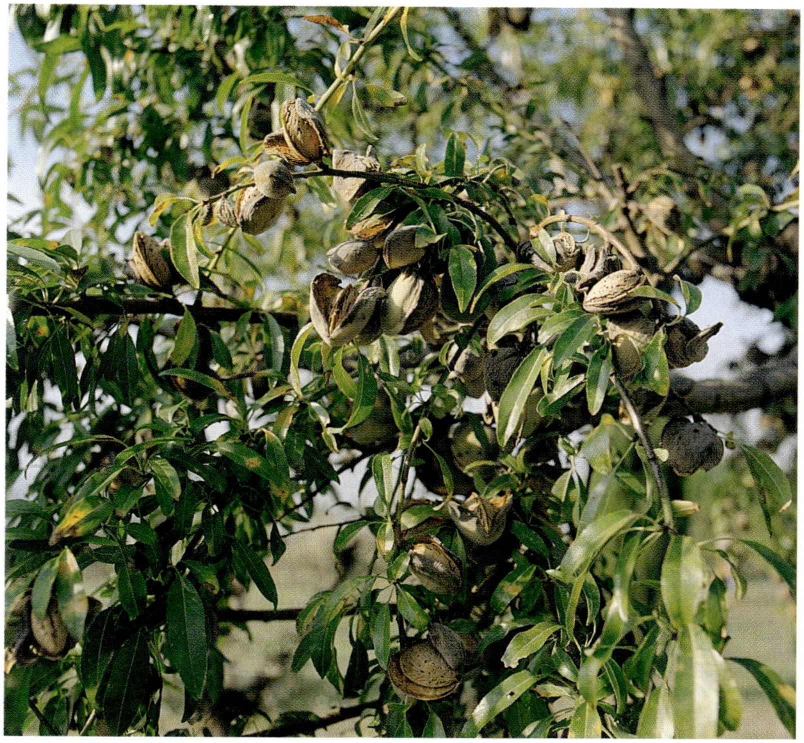
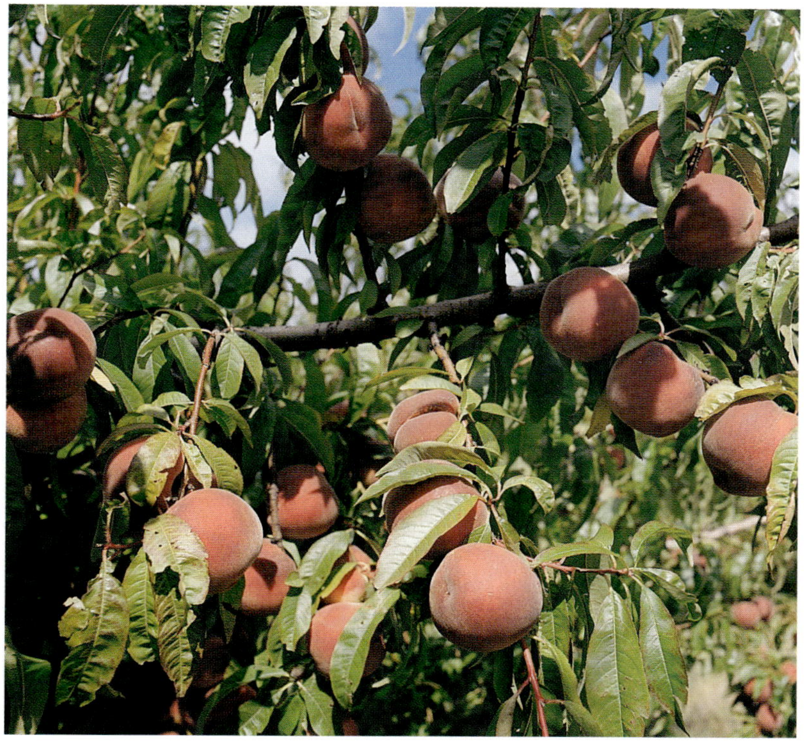
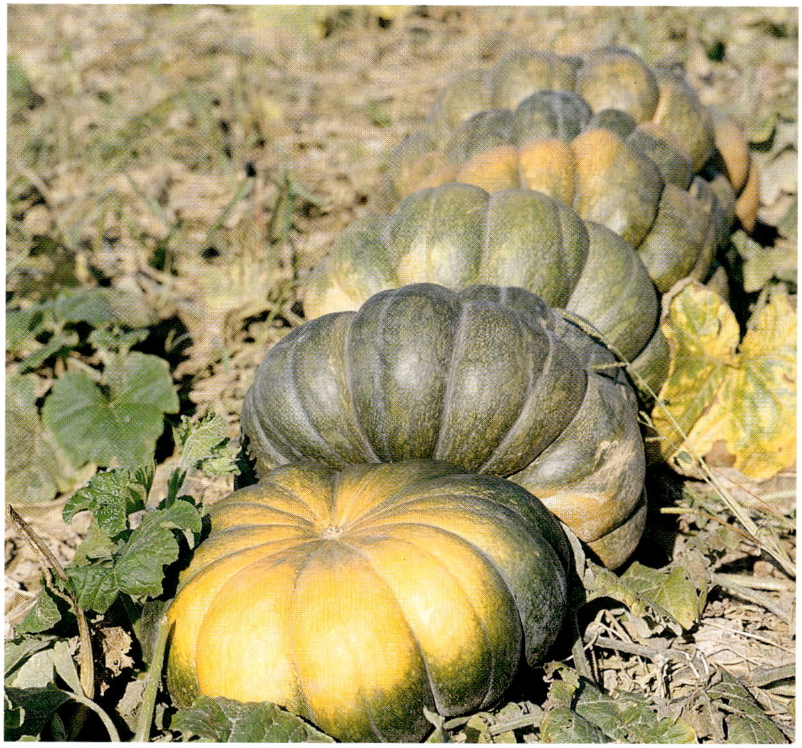
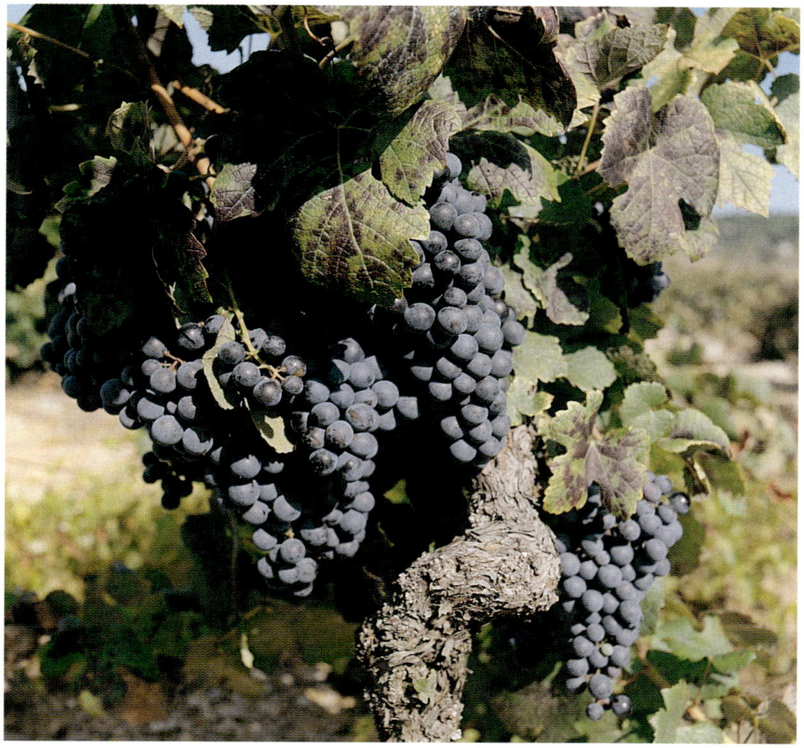

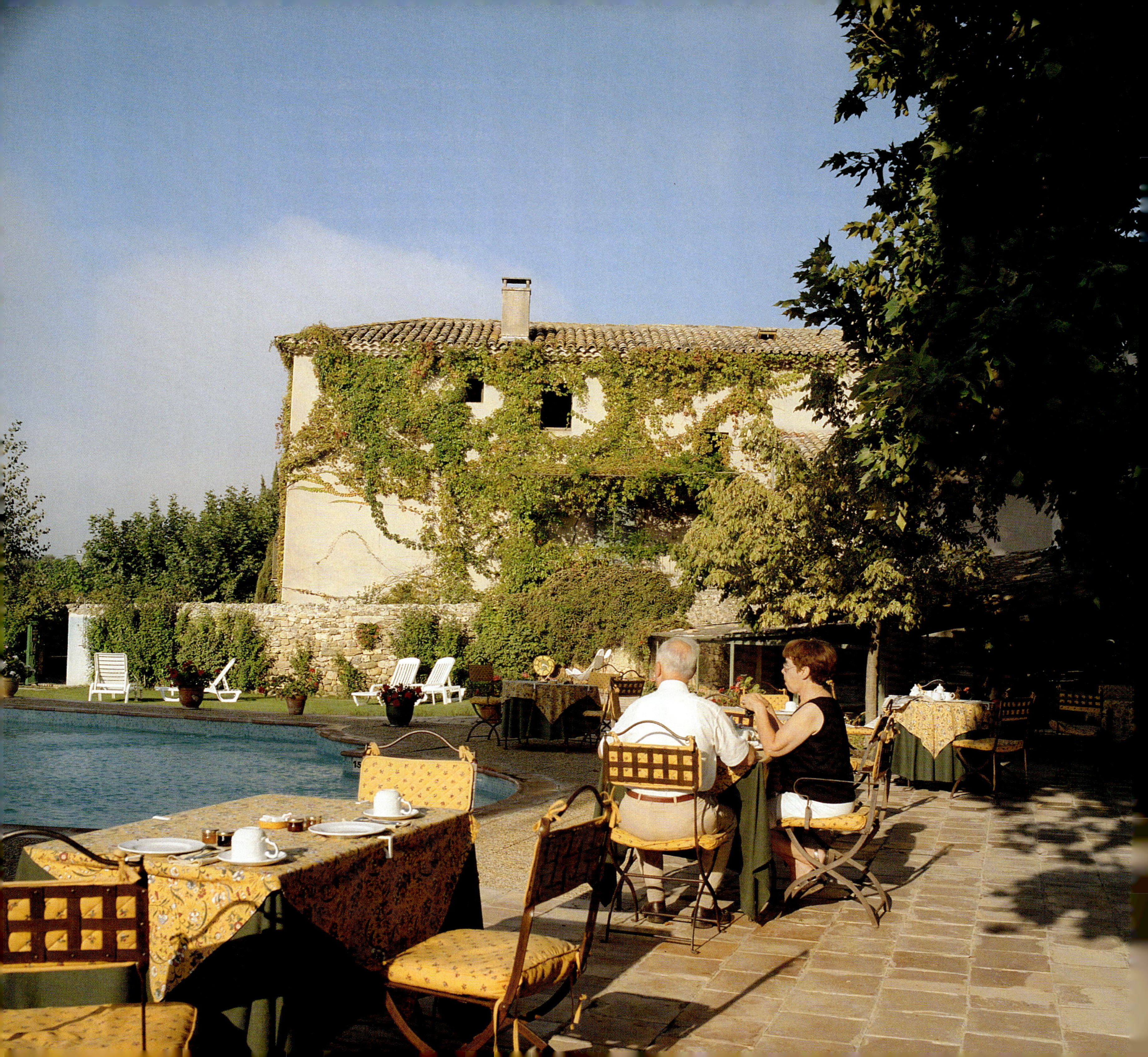

utan egentlig utbildning på området. Han kommer från vintersportområdena i nordöstra Frankrike där en ung man med ambitioner blir utförsåkare. Där lärde han sig att man får jobba hårt för att nå toppen, något som han gjorde bara ett par år senare när han erövrade sin första stjärna i Guide Michelin, idag har han två. Le Moulin de Lourmarin blev den kärlek han inte kunde motstå, och utöver stjärnorna för köket erbjuds ett tjugotal mycket eleganta rum för vilket han belönas med tre röda hotell i samma guide.

Att Edouard Loubet väcker den gastronomiska pressens nyfikenhet beror säkert inte enbart på hans snabba framfart på stjärnhimlen eller hans spektakulära bakgrund, utan även på hans matfilosofi. Det franska köket, som Bocuse till trots fortfarande dras med en omständlig tyngd och förfining, har fått finna sig i att bli passerat av det italienska. Undra på om man börjar tala om kris för *la cuisine française.* Kanske är det Edouard Loubets förflutna som fått honom att ställa sig lite vid sidan av spåret, eller kanske påverkar det faktum att han inte gått den vanliga vägen via krogköken.

Hans rätter liknar inte vad man vanligen serveras på en fransk stjärnkrog. En återgång till det ursprungliga och jordnära, och hans mycket ofranska nyfikenhet på de internationella köken är kanske precis vad som behövs för att få saker att hända runt den franska spisen. Jorden, bergen, havet och skogen är hans leverantörer och en bit från byn disponerar han ett fem hektar stort område för en köksträdgård med ett sextiotal aromatiska örter som utgör stommen i matlagningen.

– Jag ser mig som en livsnjutare, en kökets konstnär, vilket för mig är liktydigt med den allra största frihet i uttrycket, säger den matglade skidåkaren.

En svartklädd kypare för oss till bordet på den kringgärdade terrassen som troligen varit kvarnens gård. Det är sofistikerat utan att vara överdrivet elegant. Natten faller som svart sammet, och från byn omkring hörs discodunk från fotbollslagets fest och några vemodiga ylanden. *Les loups de Lourmarin ...* Nja, kanske snarare en beskänkt fotbollsfan, menar kyparen. Till underhållningen när man går på lokal hör ju att betrakta sina bordsgrannar. Gästerna i matsalen denna kväll får nog räknas till gruppen medelålders nyfikna, som är beredda att betala en slant för att pröva Loubets kök. En bra sak i Frankrike är att ingen hindras av en informell klädsel att äta en god middag. Hel och ren, snygg och proper och du får ett bord. Att som engelsmännen kräva skjorta och slips för att få nöjet att betala maten är det inte tal om. Däremot är det väl inte att rekom-

Hotel De Guilles i Lourmarin är en pärla vi gärna tipsar om.

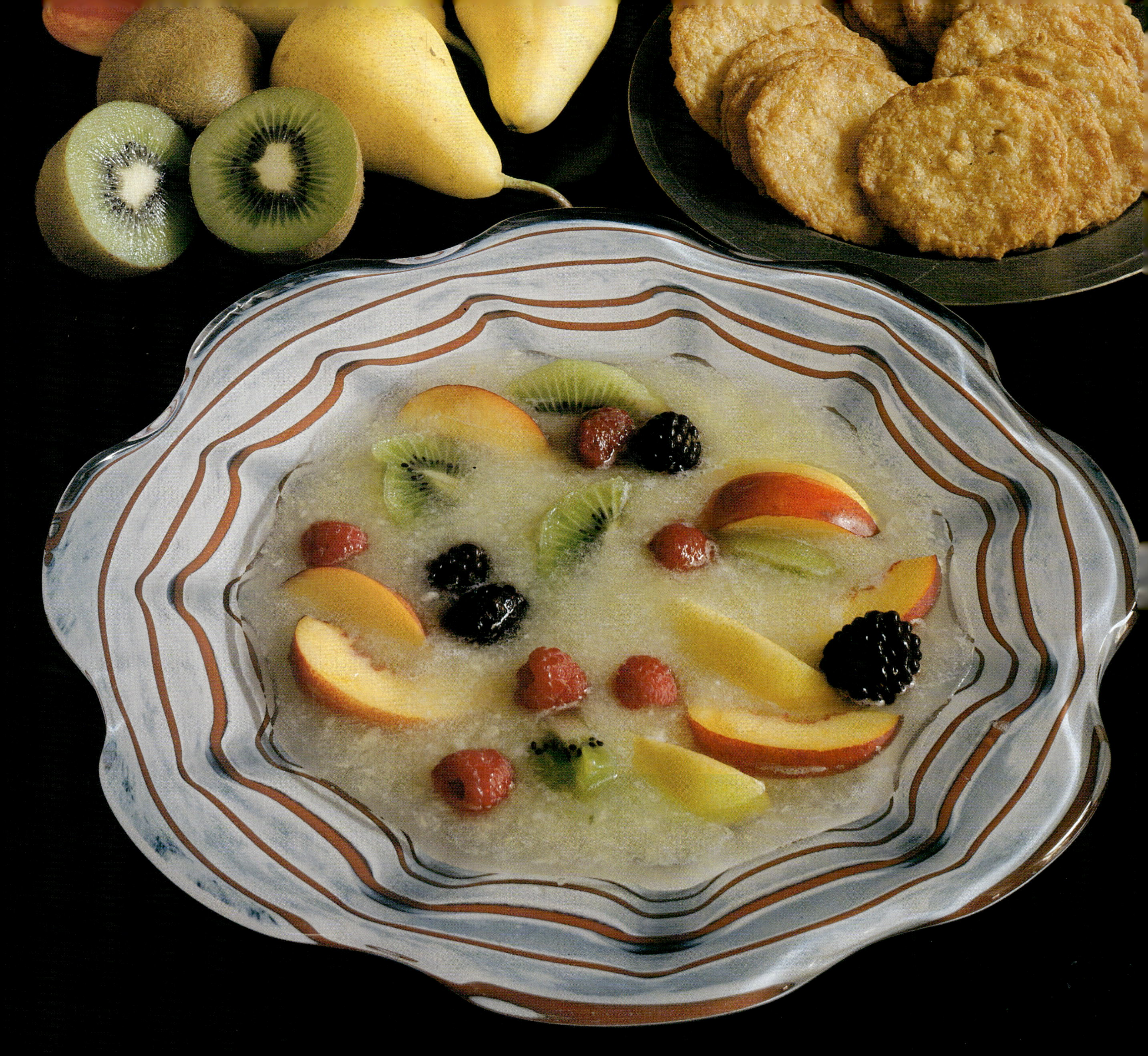

Soppa med sommarens frukter och bär

Vacker som en renässansmålning är den här svala sommardesserten. Melon och kiwi i den gröna lagen, mjuka bär och frukter som garnering.

4 PORTIONER
2 honungsmeloner
2 kiwifrukter
saft av 1 citron
SOCKERLAG:
3 1/2 dl vatten
2 dl strösocker
GARNERINGSFRUKTER:
2 mogna persikor
2 saftiga päron
1 kiwi
hallon, björnbär, jordgubbar

• Dela melonerna, ta bort kärnorna och gröp ur köttet. Skala kiwin. Kör fruktköttet till puré i matberedaren. Tillsätt citronsaften, och ställ purén i kylen.
• Koka sockerlagen i en kastrull utan lock cirka 10 minuter. Låt den kallna och ställ även den i kylen. Blanda med melonpurén när båda är riktigt kalla. Så långt kan soppan förberedas.
• Fördela soppan i dessertskålar, eller slå upp den i en vacker stor skål. Dela persikor, päron och kiwi i små klyftor och lägg dem i skålen tillsammans med bären. Soppan ska serveras väl kyld, gärna med mandelflarn till.

Edouard Loubet är skidåkaren som blev stjärnkrögare – men än har han inte nått toppen på prispallen.

Le Fucha de Villelaure

Förrätten på Moulin de Lourmarin serveras på mörk tallrik vilket ser mycket elegant ut. På tallriken ligger:
Melon med libbsticka
Rättika med caviar
Små auberginer i vinägrett
Små kuvertbröd av speltvete

Melon med libbsticka

Melonköttet skärs i 2 mm tunna och 2 cm breda remsor. Skarva ihop dem två och två efter varandra, och rulla ihop som små blommor med ett blad libbsticka inuti. Låt dem vänta i kylen.

Rättika med caviar

De rättikor som används här har svart skal, medan våra vanligen är helt vita. Välj ganska långa, täta rättikor cirka 3 cm i diameter.

4 PORTIONER
3–4 rättikor
olivolja
pressad citron
salt och socker
CAVIAR:
3 auberginer
1 gul lök
1 kvist rosmarin
salt, socker, peppar
1 3/4 dl olivolja
pressad citron
1/4 dl vinäger
16 blad basilika
Ugn: 175°

- Skala och dela auberginerna. Lägg dem på ett ark aluminiumfolie i en ugnspanna. Sätt in dem i ugnen. Tillsätt den skalade och delade löken, rosmarin, salt, socker och peppar och fukta med 1 dl av olivoljan. Låt det stå i ugnen cirka 1 timme tills grönsakerna är mycket mjuka.
- Ta sen ut pannan ur ugnen och mosa allt grovt. Smaksätt med citron, vinäger, socker och skurna basilikablad. Låt det svalna och ställ det sen i kylen.
- Borsta rättikorna noga men behåll skalet. Skär mycket tunna skivor på längden, här görs det med hjälp av en grönsaksskärare. Beräkna fyra skivor per person.
- Lägg ihop skivorna två och två ovanpå varandra. Fukta med lite olivolja och citron och krydda lätt med salt och socker.
- Lägg en liten sked caviar på ena kanten, och rulla sen försiktigt ihop dem. Lägg dem med skarven ned i kylen.

Babyauberginer i vinägrett

4 PORTIONER
4–8 mycket små auberginer
1 liter vatten
1 msk salt
2 färska rödlökar
VINÄGRETT:
4 msk vit vinäger
1 dl jordnötsolja
1 1/4 dl olivolja
1/2 tsk florsocker
lite rivet apelsinskal

- Koka upp salt och vatten i en rymlig kastrull. Lägg i auberginerna och låt dem koka kraftigt cirka 6 minuter. Lägg därefter över dem i kallt vatten med isbitar för att stoppa kokningen, och behålla den fina färgen.
- Lägg auberginerna i en skål, täck dem med skivad lök och slå på den blandade vinägretten. Ställ dem i kylen några timmar.

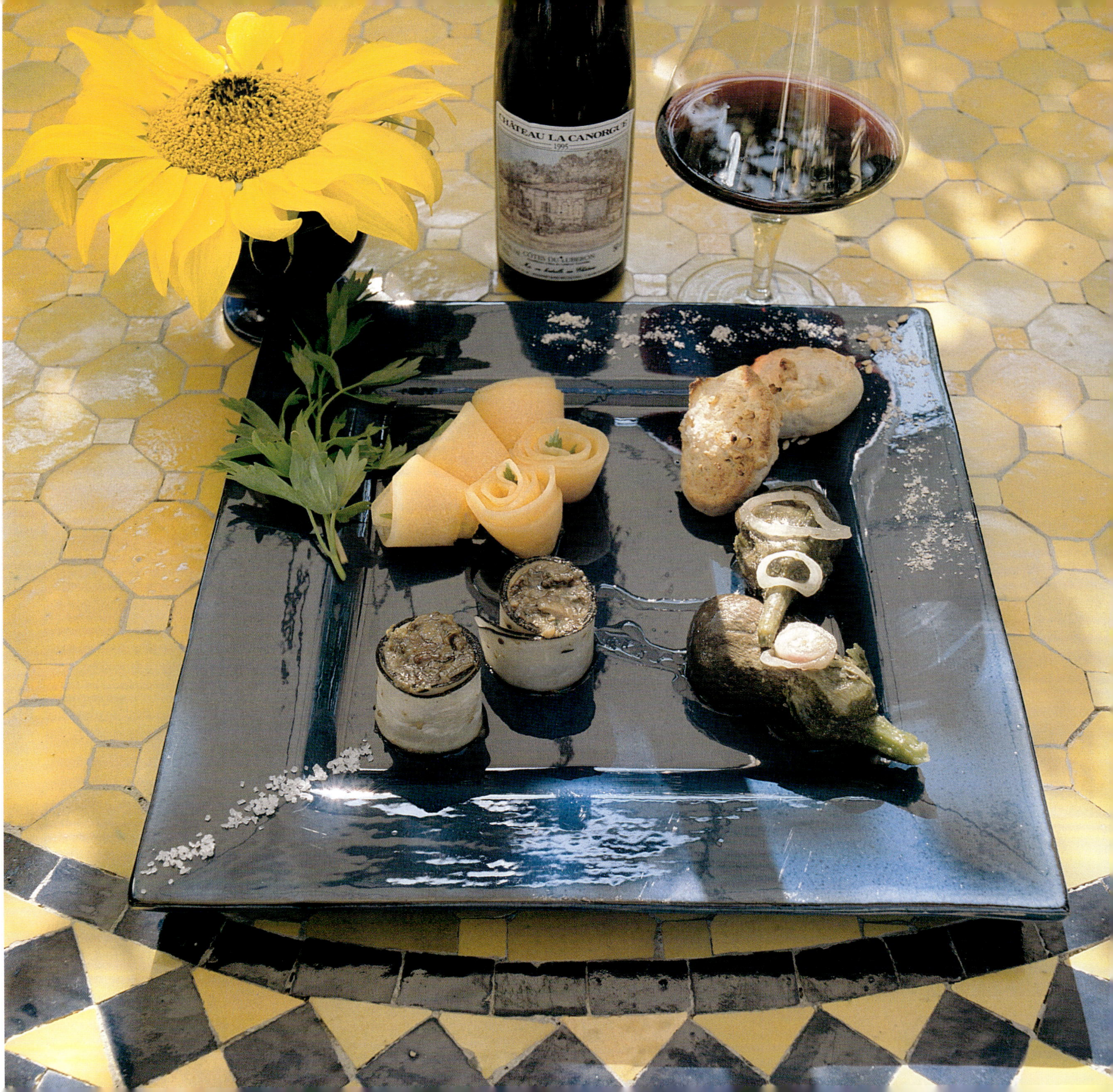
CHATEAU LA CANORGUE
1995

Rockavinge med ostronmousse

För den som vill bli sin egen stjärnkock lånar vi receptet av Edouard Loubet.

6 PORTIONER
6 rockavingar
1 kg späd spenat
1 liter grönsaksbuljong
1/2 l vatten
1 msk salt
MOUSSE:
6 ostron "Fine de Claire"
5 blad citronmeliss
pressad citron
salt och socker
4 isbitar
VINÄGRETT:
5 schalottenlökar, finhackade
1 dl olivolja
1 dl jordnötsolja
1/2 dl vit vinäger
salt, peppar, socker
ett par msk grönsaksbuljong

- Öppna ostronen och lägg dem i kylen så att det går snabbt i slutändan. Förbered de ingredienser som ska ingå i moussen.
- Mixa vinägretten.
- Ge spenatbladen ett hastigt dopp i sjudande vatten och kyl dem sen i isvatten. Låt dem rinna av.
- Sjud upp grönsaksbuljong, vatten och salt. Putsa portionsbitar av rockavinge, och pochera dem försiktigt i den sjudande fonden. De får inte bli överkokta.
- Lägg spenaten överst på tallriken och fukta den med vinägrett. Ta upp fisken, och lossa köttet från benen med hjälp av en stekspade. Lägg fiskköttet som en solfjäder bredvid spenaten.
- Kör ostronen, citronmelissbladen och isbitar i en mixer och smaka av med citron, salt och socker. Det ska bli en sötsur, skummande mousse.
- Slå ostronmoussen över fisken just vid serveringen.

Chokladkakor från Moulin de Lourmarin

Desserttallriken består av olika chokladefterrätter – vi bad om receptet på de goda kakorna som har kraftig smak av choklad. Ju bättre kvalité på chokladen, desto godare resultat.

250 g mörk blockchoklad
100 g smör
1/2 dl mjölk
1/2 dl vispgrädde
1/2 dl strösocker
3 ägg
1 1/4 dl vetemjöl
Ugn: 275°

• Dela chokladen i mindre bitar och lägg i en tjockbottnad kastrull tillsammans med smöret, mjölken och grädden. Smält ihop allt i vattenbad eller direkt på spisen på lägsta värmen, eller eftervärme och rör väl.
• Rör ihop ägg och socker till en luftig smet, arbeta därefter in mjölet lite i sänder.
• Blanda choklad och äggsmet, och vispa ihop dem så de blir väl blandade.
• Man kan endera grädda kakorna i små portionsformar, eller använda en låg pajform med hel botten. Smöra formarna väl och slå i smeten. Grädda mitt i ugnen cirka 6 minuter, eller tills kakorna stelnat på ytan. Tiden kan variera med formen och kvalitén på chokladen.
• Vänd försiktigt upp kakorna och låt dem stelna i kylen. Har man gräddat i stor form är det enklare att låta kakan stelna i formen.

PRESTIGE
RASTEAU
Côtes du Rhône
Villages
1993
PRESTIGE
RASTEAU
Côtes du Rhône
Villages
1993
ROQUEFORT
Tomme
de Chèvre
des Aravis
POULIGNY
Saint-Pierre
SPECIALITE AU LAIT CRU
MINI
CAMEAU
SPECIALITE AU LAIT CRU
MINI
CAKINOIS
SELLES
SUR-CHER
CAMEMBERT DE NORMANDIE
APPELL
CHAVIGNOL
SELLES
SUR-CHER
CHAVIGNOL
FROMAGE PUR CHÈVRE
P. JACQUIN
FROMAGE PUR CHÈVRE
P. JACQUIN
SPECIALITE AU LAIT CRU
MINI

Fransk ostbricka

Winston Churchill var lite ironisk när han påpekade för general du Gaulle att det naturligtvis inte kunde vara lätt att styra ett land där man hade 325 olika ostsorter. Generalen fann sig snabbt och genmälde att vore det enbart 325 ostar så vore styrandet av Frankrike en barnlek, men nu var det många fler än så ...

Inte undra på om det är svårt att välja när ostvagnen körs fram på restaurangen. Här ett litet urval ur det rika sortimentet. Från vänster hittar man:

Camembert från Normandie, Mini Cameau, Chaource från Ile de France, Mini Cakinois, Pouligny S:t Pierre från Loiredalen, Roquefort, Morbier, Bouysset, Tomme de chèvre Aravis är en klassiker från Savoie liksom Reblochon. Selles sur Cher kommer från Loire, Chavignol, Chabiguet, Mini Cacid och Cantal från Auvergne som är en av Frankrikes äldsta ostar. Därefter Le Rondin, Saint-Thibaud som är en vitmögelost, Mont d'Or d'origine från Jura tvättas i vin, Livarot är en kraftig kittost och Brie de Meaux en gammal favorit bland dessertostarna.

mendera en alltför ledig utstyrsel på kvällstid om man vill äta på ett välrenommerat ställe. Paret vid bordet intill är ovanligt tystlåtet, och de verkar heller inte ha lust att titta på varandra. Kanske drog ett åskväder förbi innan man satte sig till bords.

Vi är nyfikna på menyn. Le Fucha de Villeaure presenteras som en förrätt med anor ur buddhisternas vegetariska kök, och följaktligen helt rätt i tiden. Fuchaköket är influerat av Kina, men infördes på 1600-talet till klostret Manpuku nära Kyoto där det fortfarande serveras dagligen. Det vill vi smaka! Det är alls inga små portioner som serveras på tallriken med vackert arrangerade grönsaker. Tunt hyvlade melonstrimlor, rättika fylld med auberginekaviar samt marinerade babyauberginer med lök. Till detta serveras saltströdda bröd bakade på olika sädesslag. Allt omsatt från Österlandets kök till de förutsättningar som ges i Luberonbergen, och floden Durances dalgång. Det är gott och mättande. Den lätt pocherade rockavinge med ostronmousse som följer är däremot lätt som luft, och en örtdoftande skogsduva är svår att motstå.

Våra bordsgrannar har ännu inte kommit på något att säga varandra, och nu börjar de så smått väcka uppmärksamhet. De har beställt var sin meny och var sin flaska vin utan att byta ett ord, och de äter under tystnad. Kyparen gör sitt bästa för att lätta upp stämningen, men han röner ingen framgång. Så kommer ostvagnen, och den tidigare så tystlåtne mannen får plötsligt mål i mun. Upp far han, och stående framför det synnerligen rikhaltiga utbudet deklarerar han högt att han vill ha getosten. Servitören pekar på ett tiotal sorter. Nej, det är getosten han vill ha – jovisst, men vilken av getostarna … Han får en generös tallrik, och sätter sig målmedvetet vid bordet för att avnjuta kalaset. Frun ser tyst på. Paret är nu kvällens underhållning, och gästerna vid bordet på andra sidan höjer sitt glas mot oss och skålar med ett leende.

Till Edouard Loubets filosofi hör att framhäva de ursprungliga smakerna, såväl skarpa som mer subtila. Till desserten serveras vi bär, frukt och en mild chokladcrème men också kakor fyllda med bitter choklad. Det är faktiskt en utsökt avrundning på måltiden. Vi lämnar våra melankoliska bordsgrannar åt sitt öde, och hoppas ovädret ska dra förbi innan kvällen är över.

Nog borde han kunna känna sig nöjd med sina framgångar, denne 25-åring där han står på prispallen. Jodå, inte så illa åkt tycker han när vi åter träffar honom i foajén. Men när vi frågar honom om han nu nått målet, och hur han ser på framtiden blir svaret ändå överraskande.

Le Moulin de Lourmarin är en av den trivsamma byns många krogar.

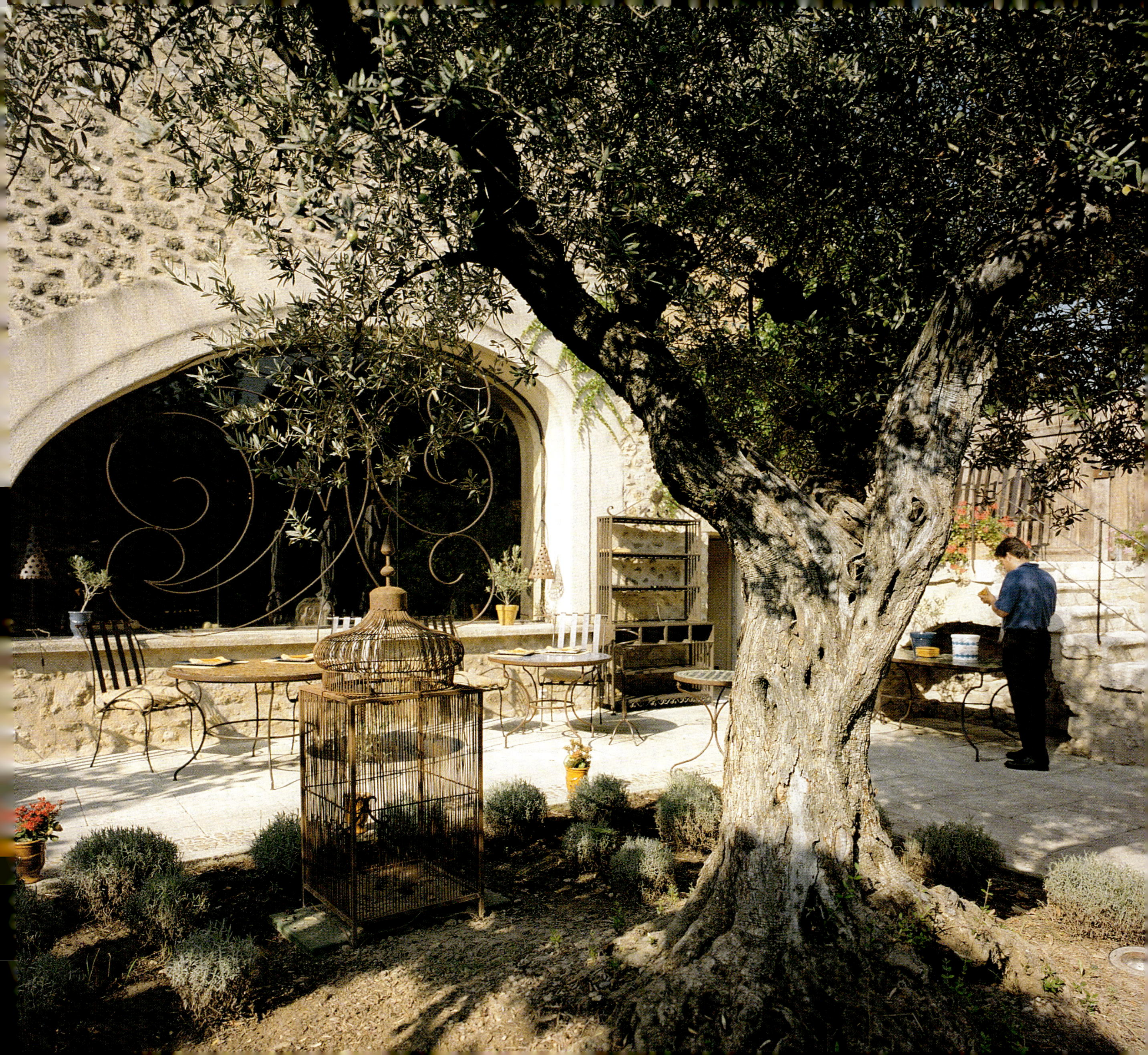

Madame Reine Sammut kallas med rätta drottningen av Lourmarin.

– Jag ska bli internationellt känd och efterträda Paul Bocuse som Frankrikes ledande stjärnkock, deklarerar han frankt och med stort allvar.

Vi kan bara uppmuntrande tillägga – "Hä ä bar å åk!"

Nästa dag avlägger vi visit hos drottningen. Reine Sammut som driver byns andra stjärnkrog brukar kallas "drottningen av Lourmarin". Nyligen har hon flyttat från sina gamla lokaler inne i byn, till nybygget längs vägen mot Cadenet. Helt inbodd är inte La Fenière vid vårt besök, men den har alla förutsättningar att snart bli det. Flyttningen har inneburit att man nu även kan erbjuda gästerna ett fåtal rum. Reine Sammut är en ganska blygsam person, men hennes skicklighet vid spisen behöver ingen ifrågasätta trots att hon egentligen tänkte bli tandläkare. I mer än tjugo år har hon drivit sin restaurang med stor framgång, och hon har faktiskt också gästkrögat i Sverige. Fina Fisken i Trosa fick besök för några år sedan, och kvalitén på vår svenska fisk imponerade på Reine Sammut. Fisk har också en stor plats på hennes egen matsedel, liksom fågel och grönsaker och helst använder hon närproducerade livsmedel. Med sex mil till fiskmarknaden i Marseille får fisken en given plats. Lamm är en självklarhet, medan nöt och gris mer sällan förekommer på matsedeln.

De kvinnliga stjärnkockar vi träffat har en sak gemensamt – deras kokkonst är ofta mindre komplicerad än deras manliga kollegers. Därmed inte sagt att smaken skulle vara mindre utsökt, långt därifrån. Det är bara lite mindre åthävor. Detta gäller också för kosthållet hos drottningen av Lourmarin, som menar att den perfekta råvaran inte kräver så krångliga recept för att komma till sin rätt. Måltiden är också en perfekt komposition – enkel och utsökt. Först serveras zucchiniblommor fyllda med crème fraiche och gräslök, en lika fräsch som lättäten förrätt. Sen följer en piggvar i vackert sällskap med legymer och pesto, och sist en läckert knäckig cannoli fylld med en blandning av färsk fårost och kanderade frukter. Maken Guy Sammut är ansvarig för vinkällaren, men husets kvinnliga *sommelier* är också mycket duktig. Vi kommer att möta kvinnliga vinkypare flera gånger under resan, påtagligt fler nu än för bara några år sedan.

Squashblommor med gräslöksgrädde

Lätt och gott ur Reine Sammuts kök.

4 PORTIONER
16 squashblommor med tillhörande fruktämnen
1 normalstor squash
3 skivor vitt bröd
1 1/2 dl mjölk
1/2 knippa basilika
1/2 knippa gräslök
1/2 knippa färsk körvel
1 knippa persilja
1 gul lök
1 1/2 dl olivolja
2 äggulor
salt, vitpeppar
SÅS:
2 1/2 dl vispgrädde
1/2 knippa gräslök
salt och vitpeppar

• Kantskär brödskivorna snålt och smula brödet i en skål. Slå på mjölken.
• Skölj kryddörterna, låt dem rinna av och hacka dem sen fint. Skölj squashblommorna, ta bort pistillen utan att skada frukten. Skär varje fruktämne i tre skivor som håller ihop upptill, en bit under blomman.
• Koka squashblommorna 2 minuter över ånga, på gallret i en fiskkittel eller grönsakskokare. Låt dem sen rinna av på en handduk.
• Skala den stora squashen och spar skalet. Skär den i skivor tvärs över.
• Skala och hacka löken. Hetta upp olivoljan i en gryta och lägg i löken, squashskalet samt squashskivorna. Låt det hela småputtra en stund tills löken är blank men inte brynt, och squashen mjuknat.
• Lägg över allt i en mixer eller matberedare och tillsätt det smulade brödet, kryddörterna och äggulorna. Mixa till en slät och fin puré, krydda med salt och peppar.
• Låt någon hålla blomman öppen, och fyll försiktigt purén i blommorna. Koka dem på nytt på ånggallret cirka 7 minuter.
• Blanda i en kastrull grädde, finhackad gräslök, salt och peppar till såsen. Sjud sakta upp tills grädden kokar.
• Lägg upp fyra squashblommor vackert på varje tallrik och skeda gräslöksgrädden över.

Naturen har ju försett kvinnorna med bättre smak- och luktsinne, men om det var just för detta ändamål låter vi vara osagt.

När vi denna kväll återvänder till De Guilles har bröllopet inne i byn gått av stapeln, och bröllopsgästerna håller på att samlas på parkeringen. Att restaurangen är abonnerad bekommer oss föga efter vår kungliga visit.

Hälften av bilarna kommer från Italien, något som återspeglas i elegansen främst hos de manliga gästerna. Det är livat och glatt, och mitt på parkeringen står den vitklädda bruden och dirigerar bilarna.

Nästa morgon står ett gäng välutrustade amerikaner cykelberedda under platanerna. Att cykla mellan värdshusen är mycket populärt, och man kan få bagaget levererat mellan anhalterna. Cykling är en mycket stor sport i Frankrike – när Medelsvensson tar på joggingskorna tar Medelfransson fram cykeln. Söndagsförmiddagar kan man vara nästan säker på att stöta på en cykeltävling längs vägen, eller åtminstone cykelklubben på träningsrunda. Lite orolig kan man bli när man ser lätt grånade herrar i åtsmitande cykelbyxor streta tungt i uppförsbackarna. Men det är nu en gång lite finare att dö i träningsspåret än av gräddsås. Det pågår en palaver i receptionen mellan madame och ett par av amerikanerna. De är skyldiga en hundralapp för minibaren, och vill betala med en resecheck på 200 Fr. Det borde ju inte innebära några svårigheter, men fransmän har en mycket väl ingrodd misstänksamhet mot allt som har med bankväsende att göra – och med all rätt! Få institutioner är omöjligare att ha att göra med än en fransk bank. Även i storstäder som Lyon kan det vara stört omöjligt att få växla in resecheckar för mer än ett par tusen franc åt gången. Det är ingen stor summa inför en veckända eller shoppingtur. Madame avser inte att ta emot deras resecheck – det skulle ju betyda att hon måste ge tillbaka 100 Fr i riktiga pengar, och det kommer inte på fråga. Hennes blick antyder vad hon har för åsikt om amerikaner. Vi rycker till undsättning och försäkrar madame att hon visst kan ta emot checken, och att den både är köpt och betald. Något lugnad blir hon. Amerikanerna tackar och beger sig lättade till sitt sällskap, medan madame förorättad tar den föraktliga papperslappen i nypan och beger sig in på kontoret.

Fylld cannoli

4 ST

3/4 dl strösocker
50 g finhackad sötmandel
35 g smör, smält
rivet skal av 1 citron
2 1/2 dl apelsinjuice

FYLLNING:
400 g färsk fårost
1/2 dl florsocker
100 g kanderad frukt
vaniljglass och färska bär
till garnering

SÅS:
500 g jordgubbar
1 dl strösocker
Ugn: 200°

- Blanda med visp i en skål – socker, mandel, smör, rivet citronskal och apelsinjuice.
- Lägg ett bakpapper på en plåt. Bred ut 1 msk av smeten till en rund kaka, cirka 10 cm i diameter. Grädda 5 minuter mitt i ugnen. Ta ut plåten, lossa kakan försiktigt och rulla den genast försiktigt runt ett cannolirör. Låt den kallna innan röret tas bort. Baka fyra stycken.
- Skär den kanderade frukten smått. Blanda fårostmassan med socker och frukt med elvispen. Ställ i kylen.
- Mixa jordgubbarna till puré och smaka av den med socker. Droppa lite puré på kalla tallrikar och lägg på de färska bären, men spar plats för cannolin.
- Fyll cannolin med fårostmassan med hjälp av en tesked eller en tratt.

Här serveras honungsglass till men vaniljglass går lika bra.

FRANSYSKA VISITER

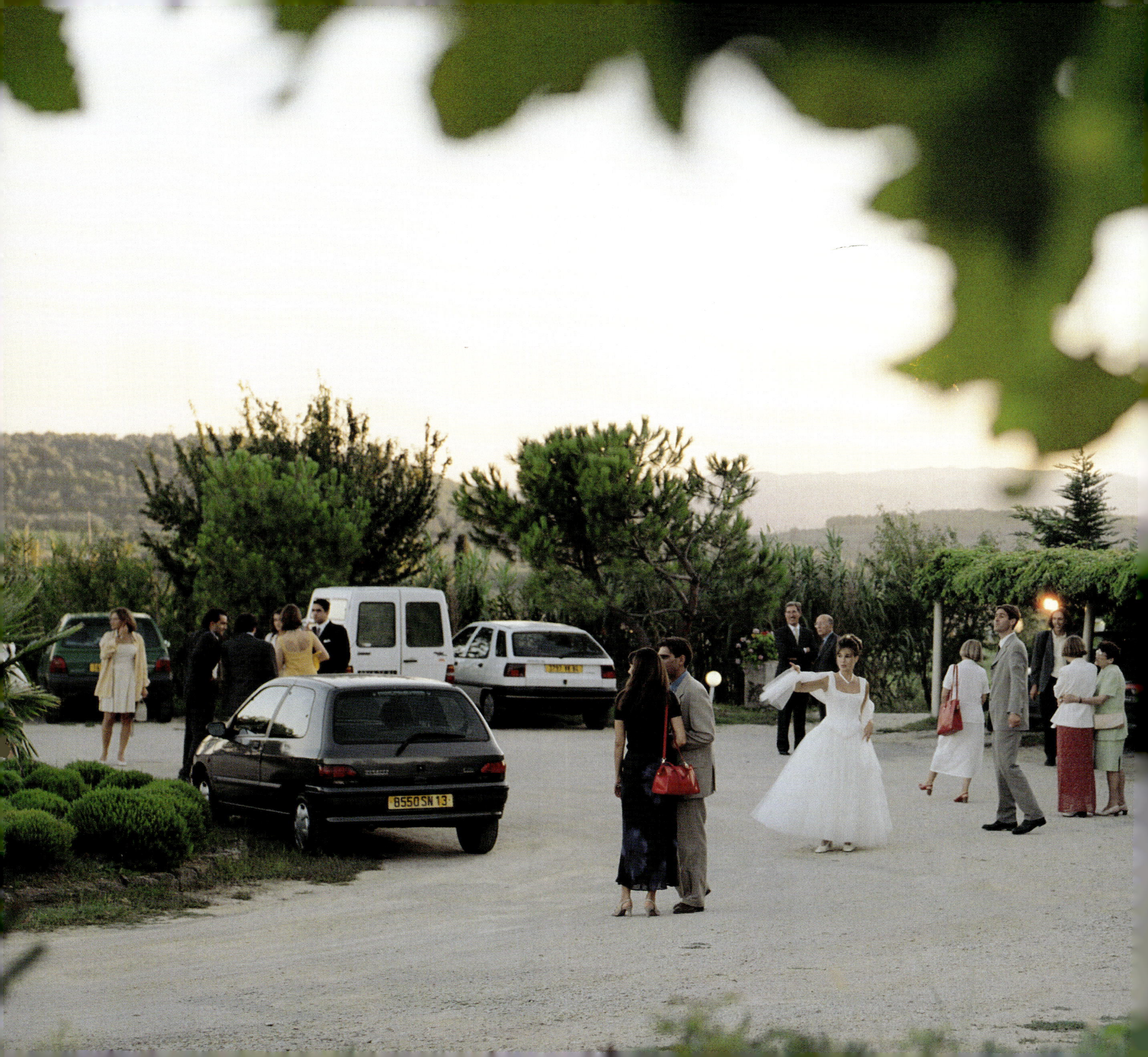
8550 SN 13

*Det är bröllopskalas på gång
mitt i vingården hos De Guilles.
Bruden själv agerar parkeingsvakt.*

OIGNONS doux 10F
LA BARQUETTE PAYS
10F LA barquette d'ail
OIGNONS 10F LA Barquette

Het lördag

DET ÄR MYCKET varmt denna lördagsmorgon då vi kör vägen fram mot Fort de Buoux. Från Lourmarin kör man mot Apt, för att halvvägs svänga av på D 113 mot Buoux. I en djup dalgång sticker klocktornet från klosterkyrkan S:t Symphorien upp ur den omgivande grönskan, mer ser man inte av civilisationen här. En skogsväg visar mot fortet, och vi är tvungna att fråga om vi är på rätt väg. Lite förvånat konstaterar vi att den andra bilen kommer från Tjeckien – ännu har man inte riktigt vant sig vid turister från Östeuropa. Vi hittar parkeringen, och börjar vandringen upp mot fortet. Vägen upp är mycket vacker, särskilt där berget välver ett naturligt tak över grottor i berget. Säkert har dessa varit människors skydd i alla tider. Vid bergets fot blir klättringen besvärligare, och en varm dag som denna kräver bra kondition och säkra steg. Det här är ingen utflykt om man reser med barn, några säkerhetsanordningar runt stupen finns inte. Klippan utgör ett naturligt försvar, och fortet användes som tillflyktsort under flera orosperioder fram till mitten av 1600-talet då Ludvig XIV gav order att det skulle förstöras. Helt lyckades han inte med sitt tilltag, för kvar finns ruinerna av en hel del byggnader och även ett litet kapell. Mest intressanta är kanske ändå de sädessilor som gröpts direkt ur berget. Ett bra matförråd gjorde att fortet kunde klara en belägring under tämligen lång tid om så behövdes. Från klippans yttersta utpost har man en vidsträckt utsikt över dalgången Aigue Brun, något som måste ha varit en betydande fördel för de gamle som framlevde sina dagar i fortet.

Nedfärden från berget är faktiskt minst lika krävande, och solen steker oss obarmhärtigt. Vi hoppas på något drickbart i vaktstugan halvvägs upp, där vi betalt några franc för att passera. Men icke – här serveras inget alls, inte ens ett glas kranvatten står att få. Den gamla kvinnan beklagar, men förbarmar sig till

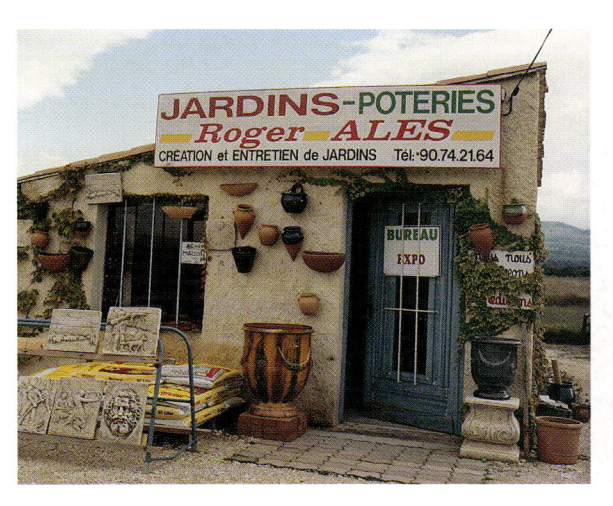

Vackra trädgårdskrukor hittar man bland annat i la Chêne.

T.v. En provensalsk marknad är ett skådespel utan like. Marknadsdagarna är fasta, i Apt är det lördag förmiddag.

slut och delar med sig av det vatten som dagligen får bäras upp till stugan. Det är vårt eget fel. Att ta med en flaska vatten vart än man beger sig är en självklarhet härnere, men svårt att komma ihåg för oss nordbor.

På väg mot Apt passerar vi byn Buoux med ett fint litet värdshus samt en bod som frestar med traktens delikatesser, och vi är inte nödbedda. Vi hittar en kaka, tunn som en paj och läckert gyllenfernissad av en fyllning med honung, mandel och nötter. Lite nödproviant i bilen är aldrig fel.

I Apt är lördagen marknadsdag, vilket betyder att parkeringsplatser är hårdvaluta. Man får inte komma för sent, här är det förmiddagen som gäller. På en provençalsk marknad säljs allt som kan tänkas krävas för livets nödtorft. Man kan ekipera sig, köpa hästskor, en duk till matbordet, fisk till söndagsmiddagen och välja bland de bästa bland ostar. Systemet är väl utbyggt, det lokala näringslivet får ett extra lyft en dag i veckan och alla är nöjda. Redan före gryningen skramlar de ambulerande försäljarna in i staden med sina bilar, och parkerar på den plats där kunderna förväntar sig att hitta dem. En del slår upp stånd, andra som säljer mer känsliga färskvaror har välutrustade kylbilar där man fäller upp sidorna och presenterar utbudet. Att strosa runt är en upplevelse, och man kan alltid passa på och handla en picknicklunch. En getost med sariette och en svart sak vänd i aska visar sig oumbärliga, likaså en präktig vitlökskorv. En burk tapenade – olivpasta, slinker också ner i korgen och utan bröd överlever ingen. Ett vackert pain de lard med smak av bacon blir nog bra. Olivförsäljarens stånd är alltid lika lockande, med olika inläggningar i stora korgar. Jag ber om en liten burk med timjanskryddade svarta oliver. Nej, det går inte – oliverna säljs i plastpåse. Franska språket är svårt, så jag försöker en gång till. Jag pekar på en trave små plastbyttor – en sån vill jag ha med oliver. Nej, nej – de är till för inläggningarna. Vi kommer inte överens, fast jag erbjuder mig att betala extra för byttan. Oliver säljs i plastpåse – basta! Naturligtvis går jag därifrån med oliver, i en plastpåse.

Apt har ett varmt hjärta medan de moderna ytterområdena knappast är någon upplevelse. Men staden är också centralort för de många småbyar som klättrar på kullarna runtom. En hel del svenskar har hittat hit genom åren, och man ska inte bli förvånad om man hör svenska talas i gränderna. Här finns den service man kan tänkas behöva, och eftersom lördag är marknadsdag har även banken lördagsöppet.

På trottoaren utanför Gregoires bar är det trångt om saligheten, men vi lyckas

Fort de Buoux är ett utflyktsmål med inbyggd motion. De sädessilor som gröpts ur berget finns fortfarande kvar.

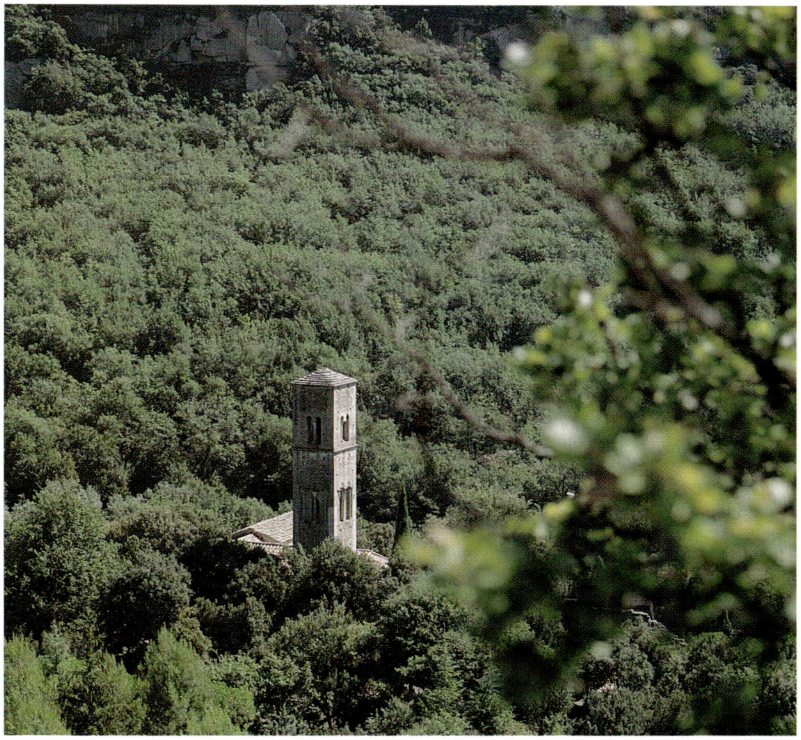
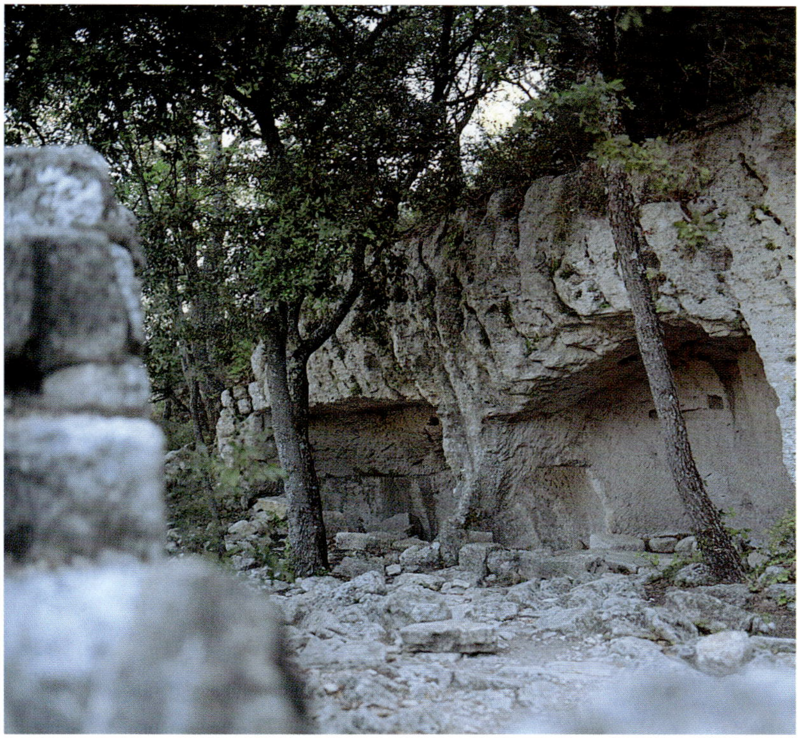
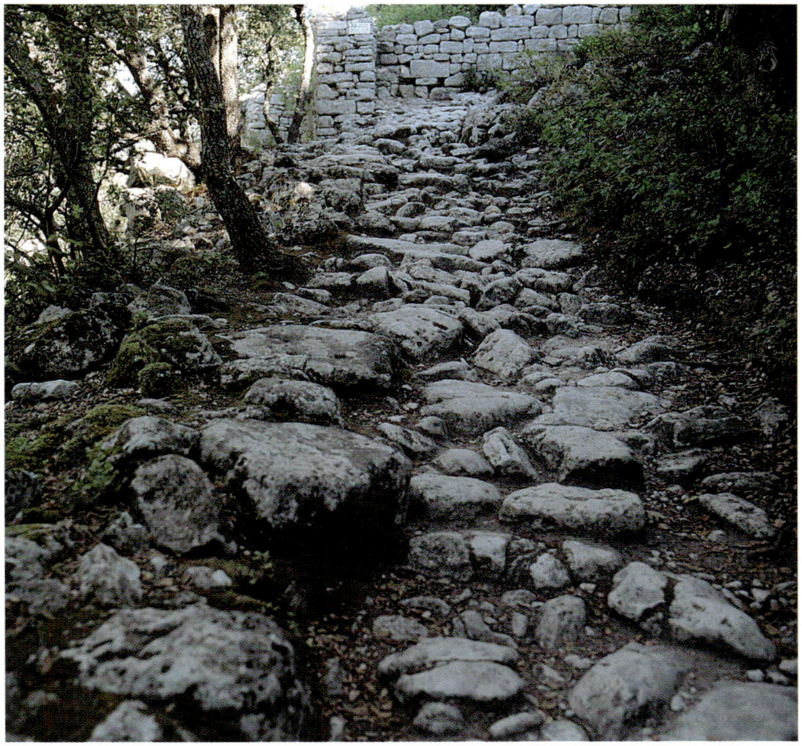
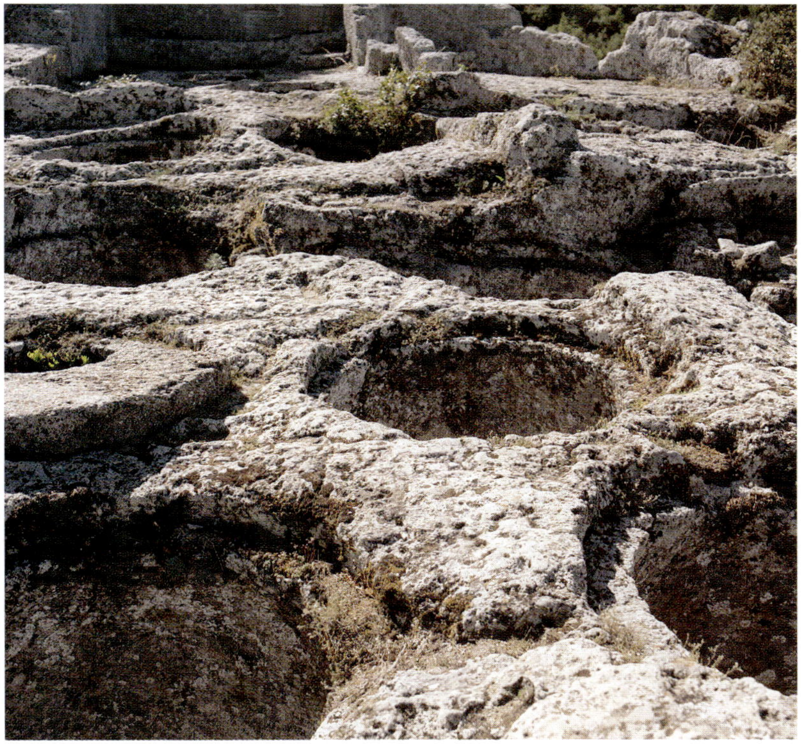

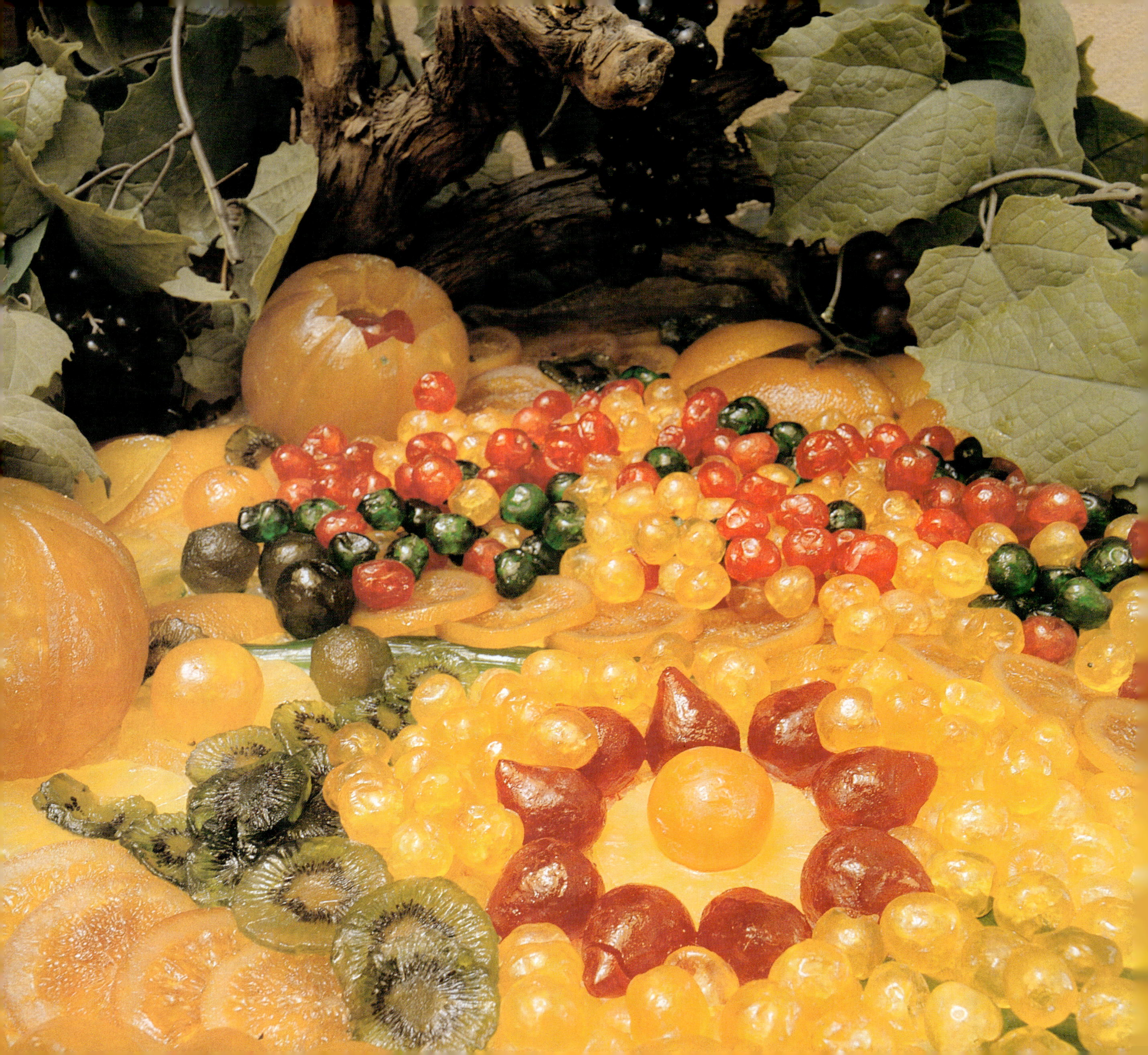

krångla oss ned vid ett av de minimala borden. Baren ligger vid Place de la Bouquerie, i ena ändan av gångstråket. Marknaden sorlar på avstånd, och försäljarna börjar plocka ihop sina varor när vi får in en kall coca-cola på bordet. En mycket mörkhyad man spelar saxofon i skuggan under platanerna, och genom lövverket skickar middagssolen solkatter i den blanka mässingen. Runt borden på trottoaren vandrar en trashank, och spelar hjälpligt på ett musettedragspel. Han får en slant här och där, och dricksen samlar han i kepsen som börjar få ett betänkligt häng bakåt när han placerar den över det långa håret. Bilarna lämnar staden – kunderna fullastade, och försäljarna nöjda med dagskassan. Också trashanken verkar nöjd med dagens arbete och drar vidare. Det glesnar runt borden, servitören torkar visslande ur askfaten – bara saxofonen fortsätter en sorgsen klagan i trädens skugga.

På Gregoires bar i Apt är det fullsatt en marknadsdag.

Apt är också centrum för fruktindustrin. Melonåkrarna ligger tätt i dalgångarna och i utkanten av staden ligger Kerry – ett av de större företagen som tillverkar de kanderade frukter som är Aptregionens egen specialitet. Mest är det röda körsbär som säljs till bageriindustrin, och som cocktailbär över hela världen. Den frukt som säljs elegant förpackad i cellofan är hela, kanderade frukter som kallas *les fruits nobles*. Päron, plommon, aprikoser, fikon och andra mjuka frukter och bär mättas under ett par veckor med en sockerlag som successivt ökas i koncentration från 25–75 %. Det är alltså mycket söta frukter som packas i korgar och presentkartonger för att fresta världens gottegrisar. Kanderade frukter ingår också i det provençalska julbordet. Frukten säljs i presentbutikerna inne i Apt, men det finns också en mycket välsorterad butik inne på fabriksområdet öppen för allmänheten.

Några kilometer bort längs väg N 100 mot Avignon ligger La Chêne, mer att betrakta som en plats än en by. Lätt att hitta på vägens vänstra sida ligger en butik för den som inte drar sig för att släpa hem en vacker trädgårdskruka, eller en oemotståndlig skulptur genom Europa. Lika lätt som jag avstår från tomtar i antikbehandlad plast på trädgårdsmässorna hemmavid, lika svårt har jag att lämna en mandolinspelande kerub i grå stenmassa som inte helt passerat grän-

T.v. Les fruits nobles är sötsaker för verkliga gottegrisar.

Melon med skinka

Meloner finns av hur många sorter som helst, skinka likaså. Hitta en fin melon – sätt näsan till och tryck lätt vid fästet. Om melonen doftar och ger efter lätt är den ätmogen. Välj sen en rökt, saltad eller lufttorkad skinka med fin smak och ni kan servera den läckraste rätt utan att ens ha stått vid spisen.

Skär melonen i stora klyftor och ta bort kärnorna. Strö lite grovmalen svartpeppar på fruktköttet. Drapera 1–2 lövtunna skivor god skinka över melonklyftorna, och garnera fatet med lite vackert grönt. Färdigt att servera!

Melon med mintsocker

Myntan tar fram det bästa ur melonsmaken, passa på när det är melontid. Nätmelon är särskilt god, Galia likaså och fransmännens favorit är den lilla melonen Charentais.

Dela melonen i klyftor och kyl dem – de blir snabbt varma vid bordet.

Lägg en deciliter socker i matberedare eller mixer tillsammans med några blad mynta, och mixa ihop ett grönt socker – eller stöt i mortel. Strö sockret över melonklyftorna vid serveringen.

Melonsorbet

Färgen beror av vilken sorts melon man väljer, men det blir en frisk och god dessert. Kan förvaras i plastburk i frysen.

4 PORTIONER
cirka 8 dl melonkött
3 dl vatten
1 dl strösocker
pressad saft av 1/2 citron
   eller 1 lime

• Koka vatten och socker cirka 10 minuter utan lock, och låt sen sockerlagen kallna helt.
• Mixa melonköttet till fin puré, och späd med den kalla sockerlagen. Smaka av med pressad citron eller lime. Slå upp sorbeten i en vispskål av plast, och ställ den i frysen. Låt den halvfrysa, och rör sen upp den med elvispen. Frys på nytt.
• Ta ut sorbeten en stund före serveringen, och rör den tills den liknar issörja. Skeda upp i vackra fotglas, garnera med en skiva lime och gärna en kvist färsk citronmeliss eller mynta om det är rätt tid. Servera bums!

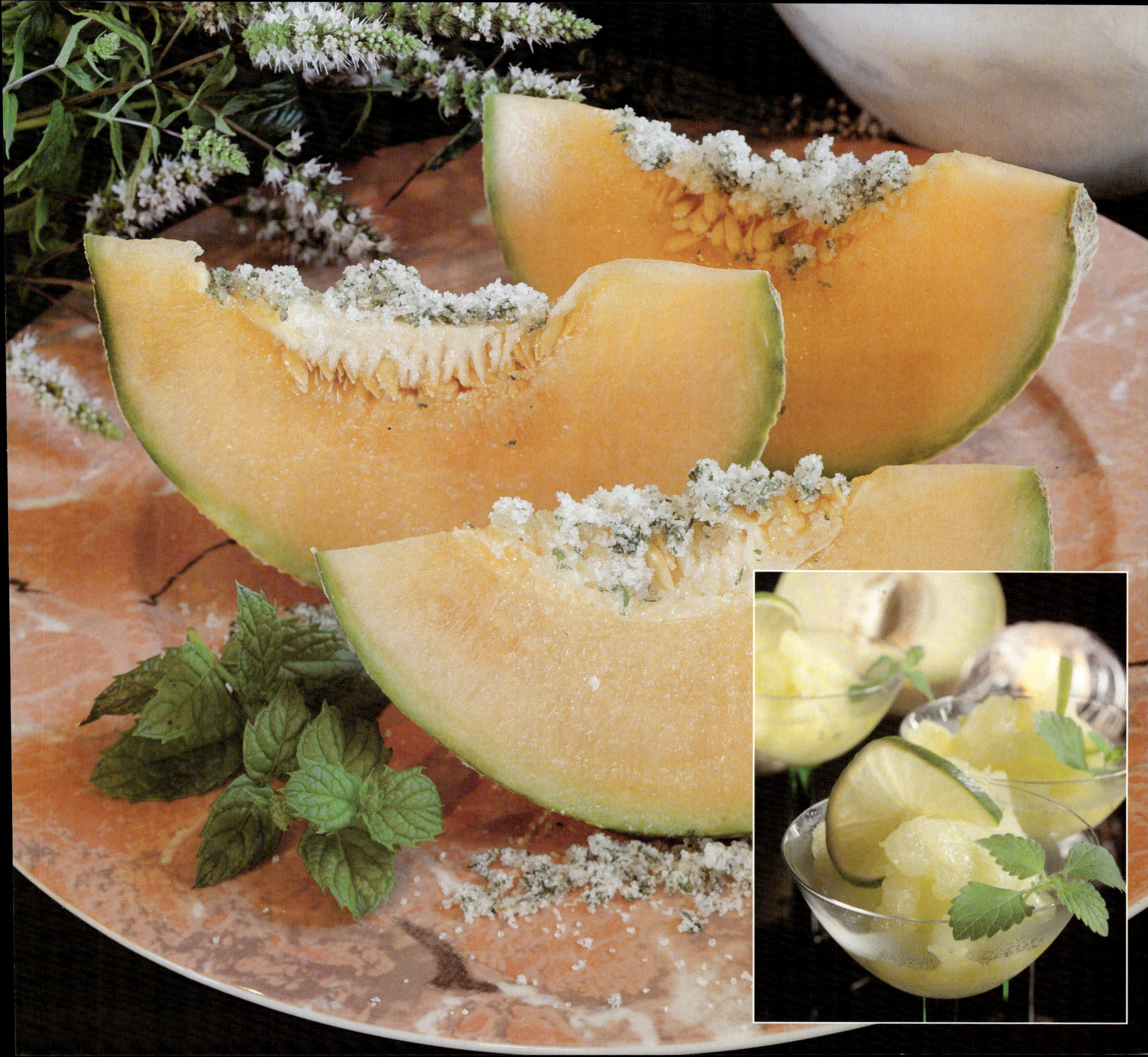

126 Fransyska Visiter

Provençalsk ravioli, Bernard Mathys

Den som är van att göra egen pasta klarar också Mathys ravioli, men man måste gilla att stå i köket. Enklast om man har pastamaskin.

4 PORTIONER
cirka 3 1/2 dl vetemjöl
1 msk olivolja
1 uppvispat ägg
1 tsk salt
cirka 3–5 msk vatten eller
 1 äggvita
FYLLNING:
skal av 2 stora squash
4 stora tomater
olivolja
salt och svartpeppar
10-tal färska basilikablad
1/2–3/4 dl nyriven parmesan
SÅS:
2 röda paprikor
1 stor gul lök
olivolja
1 kvist timjan
några kvistar persilja
1 lagerblad
8 dl hönsbuljong
1 msk smör
salt och peppar
sallat och parmesan
 till serveringen

• Hacka paprika och lök till såsen. Fräs dem med lite olja i en kastrull tills löken är blank men inte brynt. Lägg i kryddorna och späd med buljongen. Koka ihop såsen till knappt hälften, utan lock på svag värme medan resten av rätten görs klar.
• Sikta mjölet till pastan ner i en bunke. Gör en grop i mitten och tillsätt olivolja, ägg, salt och vatten eller en äggvita. Rör med en gaffel tills all vätska absorberats. Tillsätt mer vatten om så behövs för att degen ska bli lagom smidig. Knåda degen rejält cirka 10 minuter på lätt mjölat underlag. Forma en boll av degen. Fukta insidan av degskålen lätt med olivolja, lägg i degen, täck med en handduk och låt degen vila cirka 1 timme.
• Fräs under tiden squashskalen mjuka med lite olivolja i en kastrull.
Skålla, skala och kärna ur tomaterna. Hacka dem grovt. Ta upp skalen, hacka dem grovt och lägg i tomaterna. Tillsätt också salt, peppar och koka sakta tills den mesta vätskan kokat in. Vänd sen ned skalhacket, grovt hackad basilika och så mycket riven parmesan att det blir en ganska torr fyllning.
• Dela degen i fyra bollar. Kör dem genom pastamaskinen flera gånger tills degen är mycket tunn, eller kavla för hand om du är van. Lägg degplattorna till tork cirka 10 minuter på det mjölade bakbordet.
• Klicka 1 tsk fyllning i två rader med 4–5 cm mellanrum på en degplatta. Lägg en annan av degplattorna över och pressa ihop degen runt varje fyllning. Sporra ut raviolin. Strö lite mjöl över när de är klara och låt dem vila en stund, eller lägg dem i kylen. Så långt kan man förbereda.
• Koka raviolin i rikligt med lättsaltat vatten några minuter, eller tills de flyter upp. Ta upp dem med hålslev.
• Lägg blandad sallat mitt på tallriken, och ravioli runtom. Smaka av såsen med en smörklick, salt och peppar och skeda den över raviolin. Mathys har placerat en kaka av smält parmesan överst, men riven parmesan till går också fint.

Halstrad torsk med bönor i pistou

Mathys använder kabeljo, men vår torsk är minst lika bra – och gärna den stora ishavstorsken.

4 PORTIONER
4 portionsbitar torsk
  med skinnet kvar
salt och peppar
cirka 2 1/2 dl vita bönor
  – helst blötlagda
3–4 dl färska basilikablad
2–3 klyftor vitlök
2–3 dl olivolja
färsk körvel och
skållade tomatklyftor
  till serveringen

• Dela fisken i filéer, och ta bort ryggbenet. Koka bönorna mjuka i lite lättsaltat vatten. Låt dem rinna av men spar lite av kokvattnet att värma dem i.
• Stöt vitlök och basilika i en mortel och späd med olivolja till en lagom tjock sås. Smaka av med salt och peppar. Såsen kan även göras i matberedare.
• Salta fisken, och halstra den i en teflonpanna. Mathys halstrar bara på skinnsidan, men det är en smaksak.
• Värm bönorna, och rör i sista minuten ned basilikasåsen. Lägg upp bönorna på en tallrik, placera fisken över och garnera med körvel och tomatkött.

sen för det osmakliga. De första åren vi besökte trädgårdsbutiken i La Chêne var skulpturerna lite slarvigare utförda, och därmed faktiskt bättre. Perfektion är inte alltid till fördel för resultatet.

Svänger man i stället åt höger vid caféet ser man skylten Bernard Mathys fastspikad på ett träd. Vid vägs ände ligger restaurangen med samma namn, och den hör till de bästa runt Apt utan att vara stjärnkrog. Ett stort vackert borgarhus, beläget i en mycket vacker park fick Bernard Mathys att i början av 90-talet satsa på Apt. Själv kommer han från Lorraine, men han har funnit sig väl tillrätta. Porlande vatten, buxbomshäckar, blommande hibiscus i stora krukor och överallt vita rabatter av Flitiga Lisa gör parken till en oas att njuta av en het dag under solen. Matsalen är sparsmakat inredd, nästan italiensk i stilen, men den som vill äter på terrassen. Mathys kök är dock rent provençalskt, även detta innebär en viss italiensk touch. Små, tunna ravioli fyllda med courgette och tomat, och med smak av basilika och parmesan. Kabeljo är lika populär runt Medelhavet som torsk hos oss. Här serveras den i sällskap med vita bönor, och med basilika i såsen. En liten chokladbakelse med passionsfruktsås är den perfekta avslutningen, åtminstone om man anser att en dessert är som allra bäst när den baseras på frukt eller på choklad.

Den som gärna förlägger några dagar härnere tipsar vi om Hostellerie Le Roy Soleil, beläget på slätten nedanför byn Ménerbes – avtag vid Beaumettes från väg N 100. Bra klass utan att vara luxuöst, och med de rätta faciliteterna. En sval pastis vid poolen blir perfekt!

Lummiga träd skuggar Bernard Mathys krog i La Chêne utanför Apt.

Pastis provençale

Den perfekta aperitifen en varm dag.

Slå en skvätt pastis i botten av ett glas, späd med 6–8 delar vatten och lägg i ett par isbitar.

Hos Le Roy Soleil bjuder man svarta oliver och små getostar som tilltugg.

Coquille S:t Jaques med currypuré

Från Le Roy Soleil i Ménerbes har vi lånat det här receptet på pilgrimsmusslor.

2 PORTIONER
1 liten rotselleri
2 rågade matskedar majonnäs
salt, peppar
2 medelstora potatisar
1 tsk curry
1 rödbeta
friteringsolja
10 st pilgrimsmusslor

• Skala rotsellerin och strimla den fint. Blanda strimlorna med så mycket majonnäs att det binder, och smaka av med salt och peppar.
• Skala och dela potatisarna. Lägg dem i en kastrull med bara lite vatten, och tillsätt curry. Koka den mjuk cirka 15 minuter, och mixa sen potatisen till puré. Späd med kokvattnet till en lagom tjock sås. Passera den genom en sil om så behövs.
• Skala och skiva rödbetorna mycket tunt, gärna med grönsaksskärare. Fritera skivorna i het olja som chips, och lägg också i ett par fina blad från sellerin. Låt dem rinna av på papper.
• Fräs musslorna med lite olja i en panna så de får fin färg, krydda med salt och peppar.
• Fördela den mixade såsen på varma tallrikar. Fördela musslorna över. Ta en matsked av den rivna sellerin, pressa ihop den och lägg runtom. Garnera med det friterade bladet och rödbetschipsen.

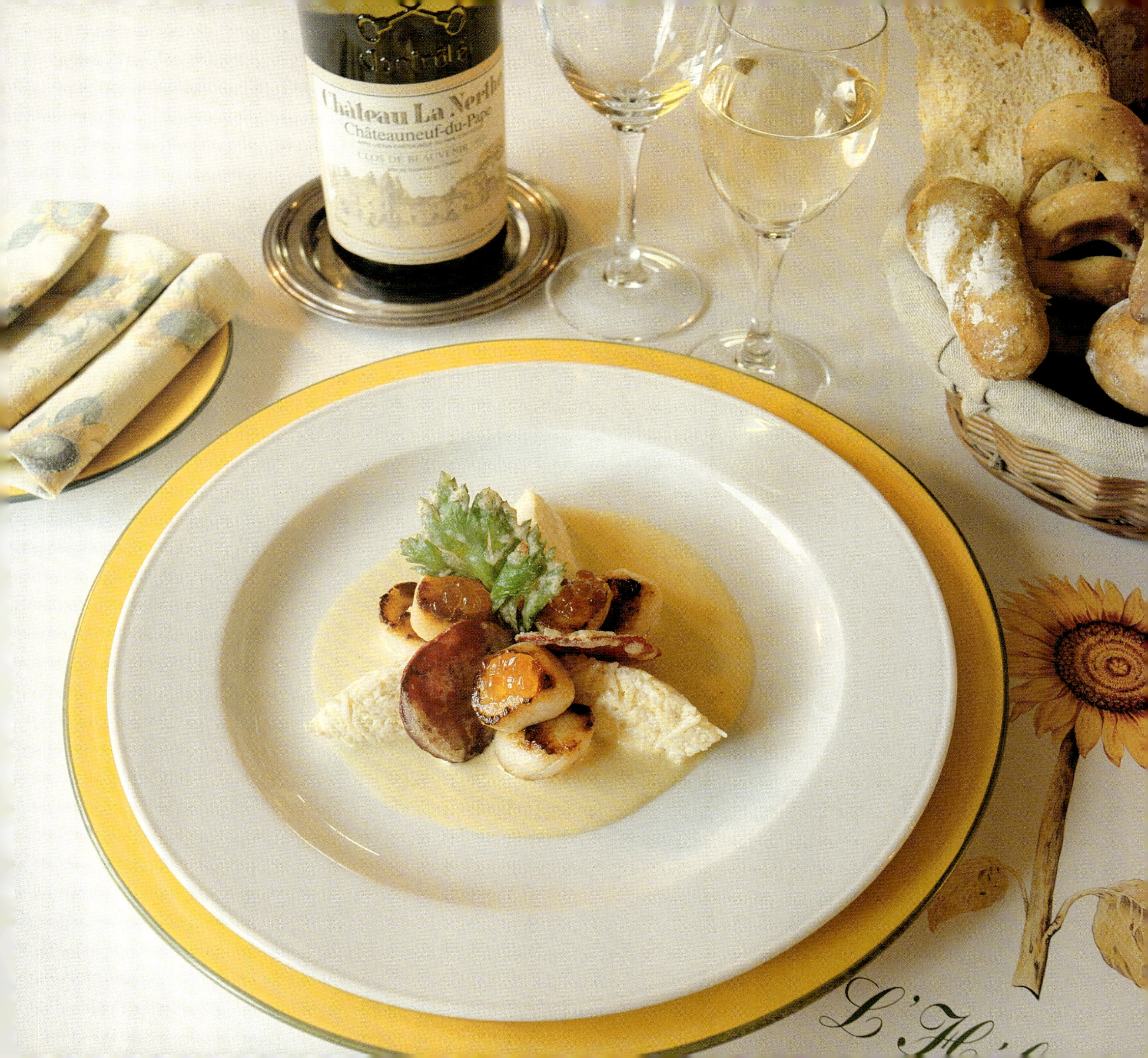
Châteauneuf-du-Pape

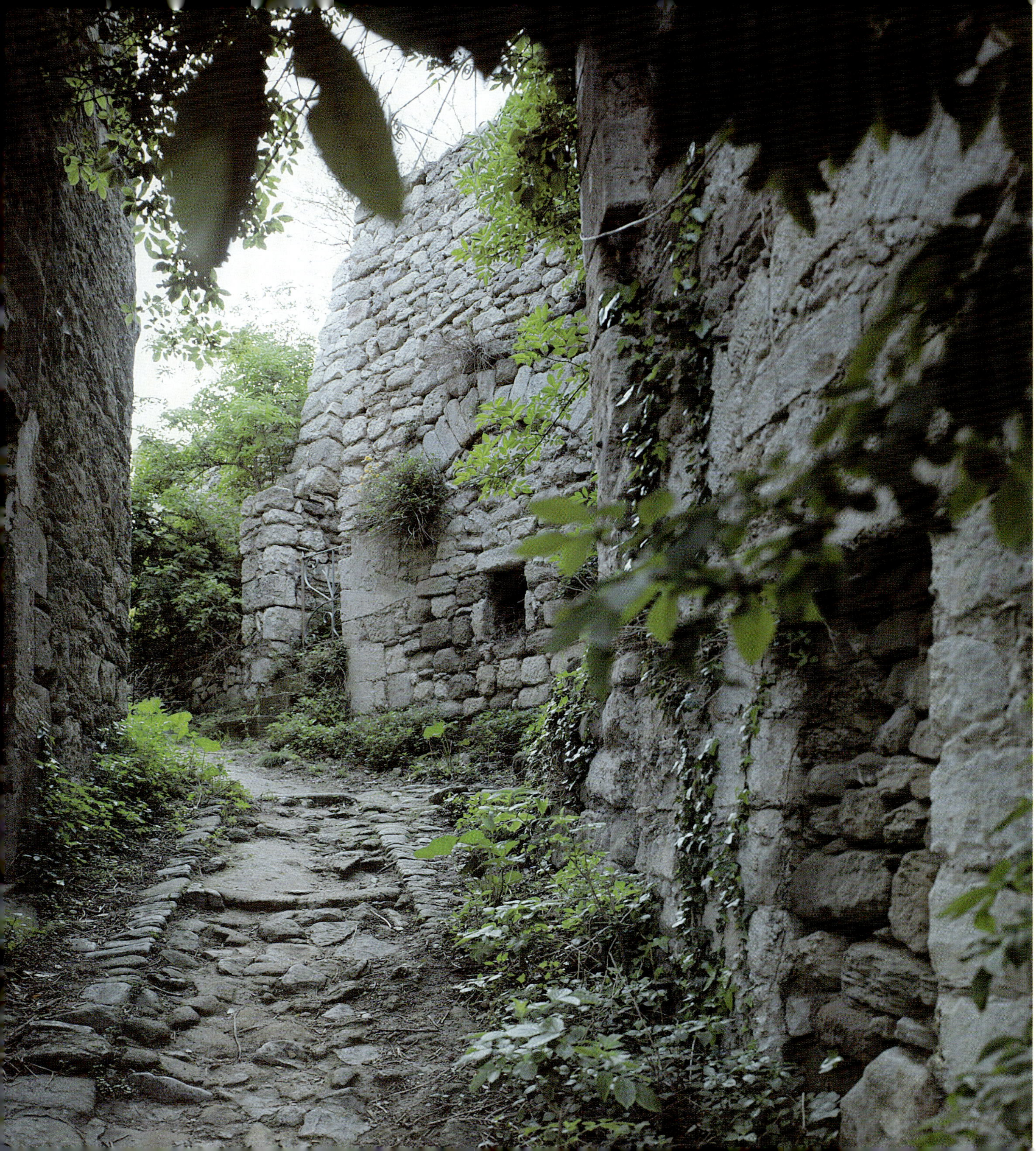

Mästaren på berget

VI ÄR PÅ VÄG för att träffa den gamle på berget, och han möter oss med ett bullrande skratt och det grå håret flygande runt huvudet. Han heter Evert Lindfors, och likt Vår Herre skapar han liv direkt ur leran. Han är barnfödd i Visby, men efter nästan ett halvt sekel härnere räknas han och hustrun Barbara nära nog som äkta provençalare av byborna i Lacoste.

– Jag har alltid levt på mina arbeten, säger Evert när han visat in oss i ateljén bakom fikonträdet. Mina första tavlor sålde jag på gatan efter kriget 1946. Jag hade en vän som sålde tidningar. Vi gick utefter boulevarderna i Paris min vän och jag. Han gick först och ropade "Herald Tribune", och jag kom efter och bjöd med hög röst ut "gouaches à vendre". De tavlorna var mycket dåliga, och Gud förlåter mig icke men jag var endast 18 år!

Den fattige snickarlärlingen från Visby hade tagit tåget till Paris för att utbilda sig på Beaux-Arts i Paris.

Säkert har Vår Herre förlåtit konstnären Evert Lindfors hans ungdoms synder. Därtill har han begåvat honom med en alldeles förunderlig förmåga att ge liv åt leran från den provençalska jorden. Inte bara åt leran förresten – Evert har en fascinerande förmåga att ge liv åt allt han berättar. Intensiv, med glödande kinder och med en blick lika lysande blå som havet runt Gotland en sommardag.

Han minns sin födelseö med ömt vemod, och särskilt starkt är minnet av modern. Kanske fanns länge en aning bitter smak i minnet av uppväxtåren, han hade svårt att återvända. Han ville behålla de vackra minnena, och han var rädd att spegeln skulle spricka om han återsåg sin barndoms gränder. Men tiden har en förmåga att lägga en förmildrande slöja över livets taggigheter, och på senare år har Evert haft flera mycket uppskattade utställningar i Visby.

Även i sitt nya hemland är Evert framgångsrik. På museet i Avignon har han vid vårt besök en utställning som rönt sådan framgång att den ständigt förlängs.

Efter tjugofem år som målare övergav Evert Lindfors färgen och blev skulptör, men han gör det inte lätt för sig. Även om materialet är terracotta är hans skulp-

Lacoste är en gammal by där grå hus och stensatta gränder klättrar uppför kullen.

Van Gogh på väg mot Arles med målarskrinet på ryggen.

T.h. Evert Lindfors i ateljén i Lacoste. Snickarlärlingen från Visby har skaffat sig ett aktat namn som skulptör.

turer ibland både stora och tunga. Ibland så stora att det förefaller omöjligt att bränna dem. Samtidigt finns alltid på hans utställningar ett menageri av mycket små figurer, gärna miniatyrer. Till utställningen i Avignon fraktades tre ton lera, fördelat på ett par hundra skulpturer. Huset i Lacoste är som de flesta av bergens hus byggda i omgångar och avsatser. När de köpte huset för mer än fyrtio år sen var det så dåligt att det måste stöttas. Evert och Barbara lever enkelt, och huset rymmer flera ateljéer. Barbara målar i ateljén ovanför köket, och Evert har flera krypin här och var – han är en mycket produktiv konstnär. Inne i själva berget där man förr odlade silkesmaskar trängs nu i stället hans skulpturer på hyllorna.

– Jag borde mura igen ett av mina rum – de ligger ju ändå inne i berget! Vilken upptäckt för framtidens arkeologer, skrattar Evert förtjust. Hans hemlighet är leran, och hur han lyckas behandla den.

– Den vackraste och bästa leran för modellering fann jag i Luberonbergen, på samma ställe där romarna tagit lera för sina tegelpannor och andra föremål. Det är en vacker lera, alldeles neutral i all sin ödmjukhet med dova grå-vit-rosa toner som inte irriterar formen. En ren lera i motsats till andra leror som var mer orena, blandade med kalk och järn.

– På min rygg bar jag ton av lera. Jag tvättade och preparerade den. De fem första åren blev det mer än tusen skulpturer.

Han började med att förverkliga en idé han länge burit på – att dokumentera livet hos bönderna på landsbygden. Temat var "En dag som alla andra". Jobbet tog tre år, och förunderliga bilder föddes ur leran.

Tunga reliefer som berättade om årets skördar. Av sparris och körsbär, om böndernas hus och deras husdjur. Allt modellerat direkt på platsen.

– Jag tillbringade en hel vecka i ett hönshus, ropar Evert förtjust.

Allt kunde inte brännas. De största och tyngsta relieferna blev kvar ute på åkrarna under den brännheta provençalska solen, för att så småningom återgå till den jord ur vilken de föddes. Många av Everts trogna beundrare minns dock hans skraltiga gamla skåpbil, i vilken han fraktade tonvis med skulpturer

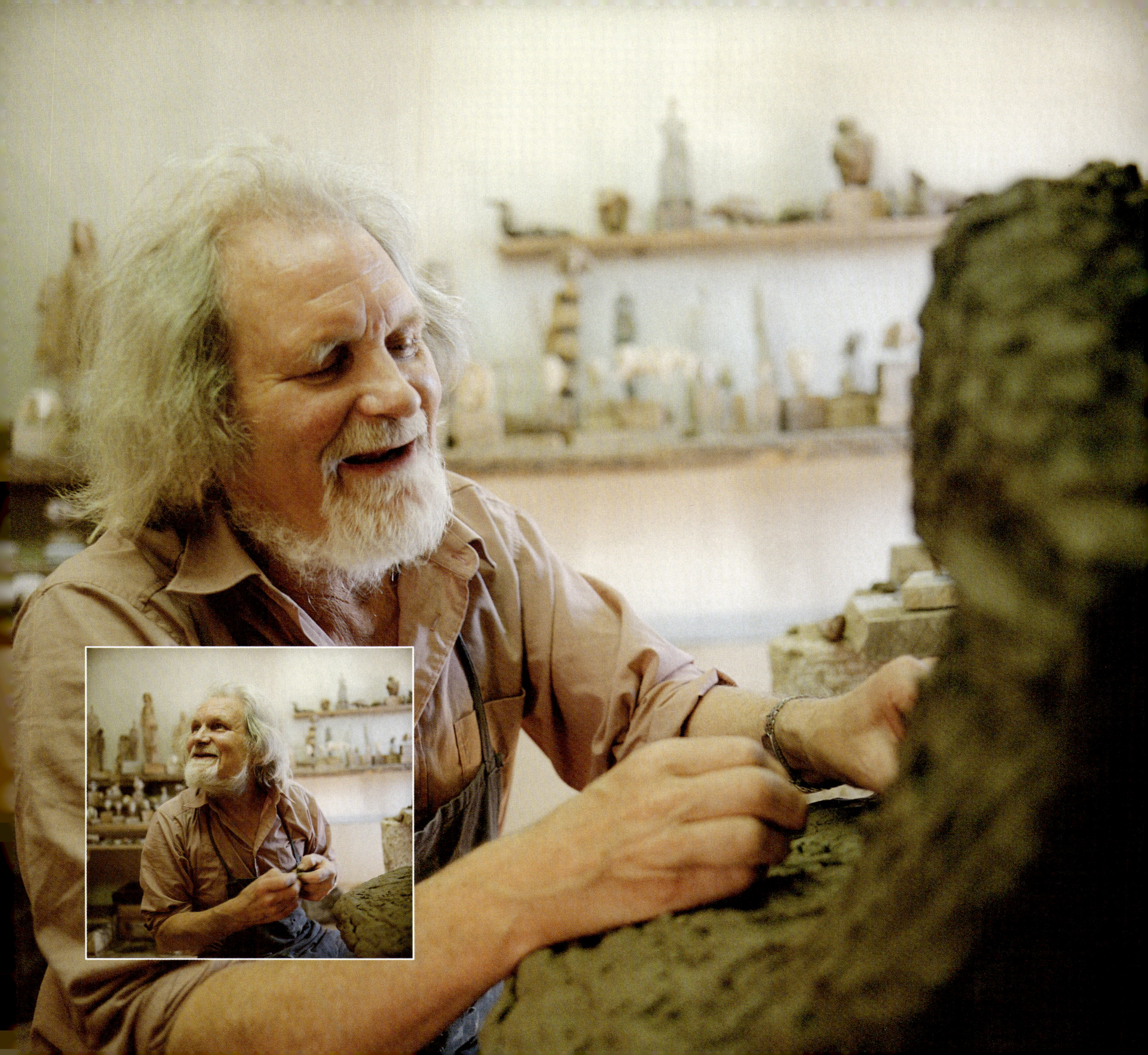

Kampanilen i Lacoste kröns av en typisk provençalsk tornhuv där mistralen har fritt spelrum.

genom Europa till utställningar i Stockholm.

– Jag saknar fantasi, säger Evert när vi pratas vid i ateljén. Jag arbetar efter modell, men fantiserar gärna runt modellen. Eller "imagerar" som han uttrycker det på svensk/franska. När man beskådar de figurer som trängs runt väggarna är det knappast bristen på fantasi som slår en – hans modeller är fantasifulla nog. Han arbetar gärna med djur och köper uppstoppade exemplar av djur och fåglar när han kommer åt, ibland riktigt malätna. Dagens modell har en gång varit en chilensk igelkott påstår Evert.

Han lägger upp en rejäl bit lera – en *grosso modo,* och påbörjar det mödosamma arbetet att plocka fram detaljer ur lerklumpen. Efter några dagars arbete när ögat, hjärtat och handen samarbetat till det bästa finns där ännu en skulptur i samlingen. Och kanske påminner den någonstans om den lilla igelkotten från Chile.

– När den mognat är den klar, svarar Evert på min fråga om hur han vet när han ska sluta.

– Mot slutet kommer modellen att likna skulpturen i stället för tvärtom, och så är det också med de människor jag skulpterar. Men det måste få ta tid.

Inget på jorden har gått snabbt att skapa, säger den gamle mästaren.

De stora skulpturerna har tvingat Evert att utveckla en helt egen teknik för bränningen. Egentligen är det nog som med humlans flykt – det ska helt enkelt inte fungera men gör det ändå. Till de största skulpturerna blandar han chamotte och sågspån i leran. När sågspånet brunnit upp bildas kanaler som gör att leran andas. Han bränner på samma sätt som när man bränner tegel. De mest massiva i 1050°, men med lägre temperaturer i den långa förbränningen.

En kvinna född ur mästarhand – Everts figurer har alla en mycket uttrycksfull karaktär.

Även Barbara skildrar livet i byn och den omgivande dalen. Ingen kan som hon måla mandelträden så levande, att man tycker sig känna doften från blommorna. De träffades på målarskolan i Paris och åren tillsammans har blivit många och kreativa.

– Om jag fick leva om mitt liv – då skulle jag vilja återvända hit tillsammans med Barbara. Hon som målade, jag som skulpterade livet hos bönderna.

Än en gång skulle vi återvända till dem för att berätta om deras slit och möda för att skörda jordens frukter.

Så känner den som har jorden som bundsförvant, och som skapar liv direkt ur leran.

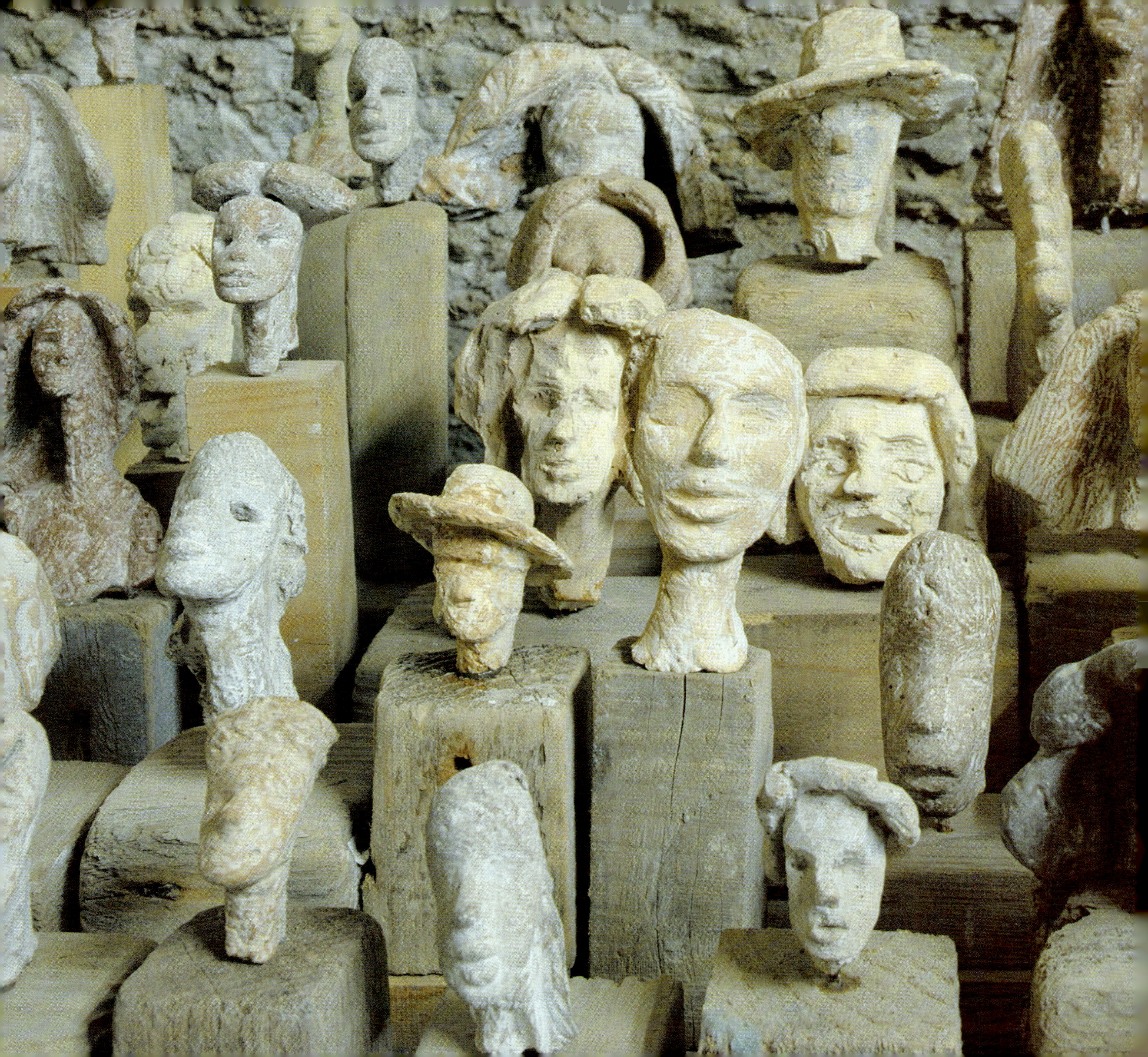

Hyllan i Everts ateljé är ett galleri av människor han mött. Vackra och fula, snobbar och bönder – alla finns de där i berget under Lacoste.

Färska fikon

Fikon växer både vilda och odlade runtom i Provence. Det finns sorter med blåsvart skal, och de som är mer grönvioletta. Färska fikon används både i matlagningen och som dessert under säsongen. Hos oss växer fikonträd bara i den allra mildaste växtzonen, men frukterna importeras. Fikon är rika på socker vilket särskilt märks när de torkas. De färska frukterna har en ganska mild smak.

Kex med fikon och skinka

En god och annorlunda munsbit på ett buffébord.

16–20 ST
100 g mjukt smör
1 krm salt
1 ägg
cirka 3 3/4 dl vetemjöl
1 äggvita till pensling
svartpeppar
cirka 150 g parmaskinka,
  lövtunn
krossad svartpeppar
4–5 mogna fikon

Ugn: 225–250°

- Blanda i matberedaren smör, salt och ägg och arbeta sist in så mycket mjöl att det blir en smidig deg. Lägg degen i kylen cirka 30 minuter.
- Kavla ut degen till en centimetertjock kaka. Ta ut runda kex med mått och lägg på plåt med bakpapper. Pensla ovansidan med uppvispad äggvita och strö lite svartpeppar över.
- Grädda kexen mitt i ugnen tills de är gyllengula 12–15 minuter.
- Garnera kexen med små bitar av skinka vid serveringen, och lägg sist på lite urgröpt fruktkött av färska fikon.

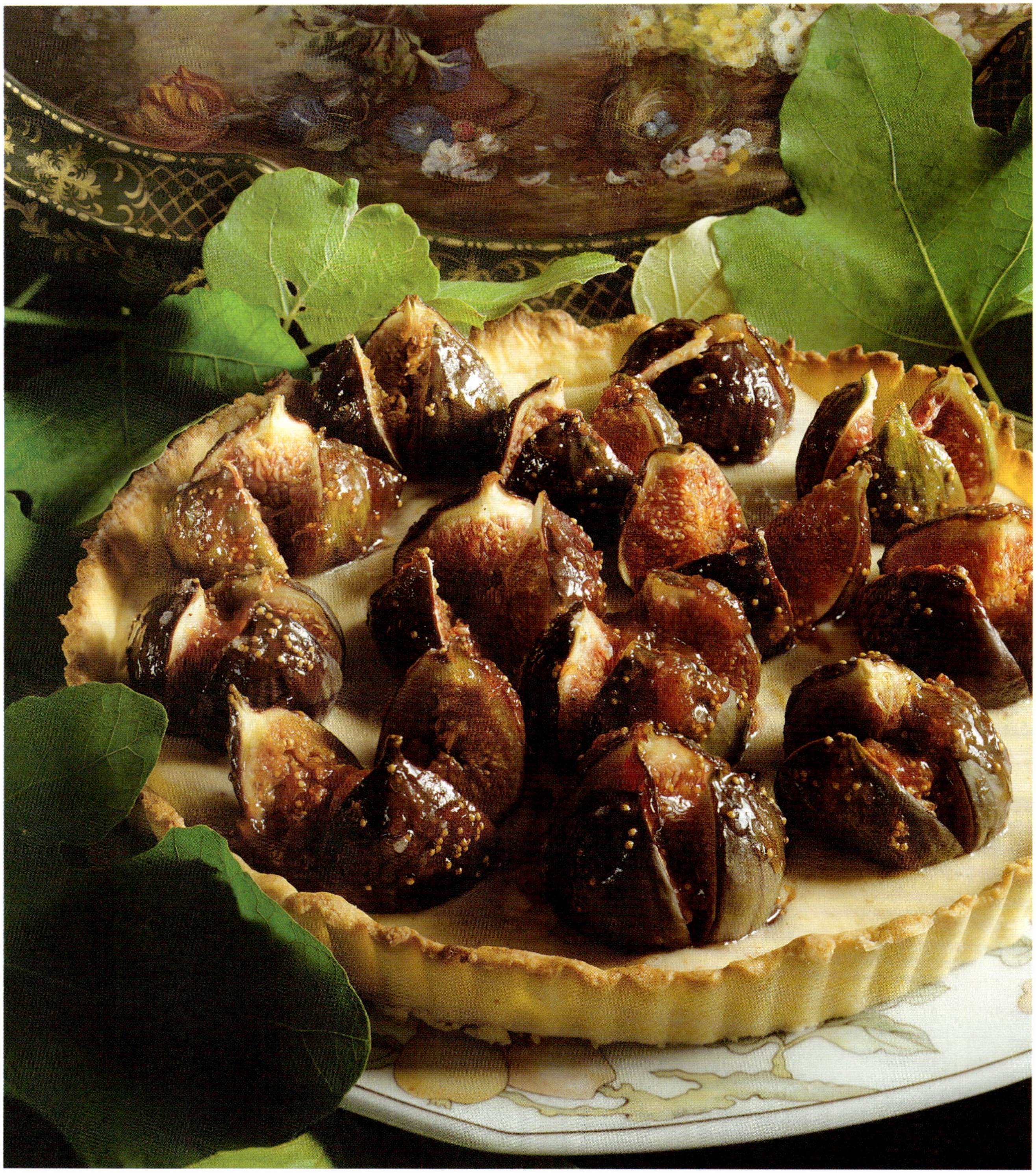

Fikontårta

Den är bara läcker …

6–8 BITAR
2 1/2 dl vetemjöl
2 msk strösocker
75 g smör
2 äggulor
eventuellt 1 msk vatten
FYLLNING:
cirka 600 g svarta fikon
1 1/2 dl strösocker
3 1/2 dl mjölk
1 msk vetemjöl
1/2 tsk vaniljsocker
4 äggulor
2 msk pärlsocker
Ugn: 200–250° grill

• Lägg mjöl, socker, smör och äggulor i matberedaren och arbeta ihop en smidig deg. Tillsätt vattnet om degen känns för torr. Lägg den i kylen en kort stund.
• Kavla ut degen, och klä en låg tårtform. Nagga bottnen. Vik en folieremsa över kanten. Grädda mitt i ugnen 15 minuter i 200°, ta sen bort folien och fortsätt grädda bottnen klar cirka 10 minuter. Låt den svalna.
• Ta undan cirka 100 g av fikonen. Skär dem i bitar och koka med 1/2 dl av sockret i en kastrull till en slät sylt. Mixa om så behövs.
• Koka upp mjölken och dra den av värmen. Blanda i en annan kastrull mjöl, 1 dl socker och vanilj och vispa ner mjölken lite i sänder. Tillsätt gulorna en i sänder och vispa väl.
• Hetta upp på svag värme under vispning och sjud krämen 3–4 minuter, eller tills krämen tjocknar. Ta kastrullen av värmen, vispa ner fikonsylten och låt sen krämen svalna.
• Skölj och torka de hela fikonen. Dela dem i tre delar utan att skära helt igenom. Ställ fikonen i en ugnsform, strö på pärlsocker och glasera dem några minuter under grillen i 250°.
• Slå krämen i tårtbottnen, bred ut den och ställ fikonen vackert över. Dags att smaka av härligheten!

Fikon med lavendelhonung

En mycket god dessert med både kompott och hela frukter.

4 PORTIONER
8 färska svarta fikon
3 msk lavendelhonung
50 g smör
saft av 1 citron
KOMPOTT:
500 g färska fikon
2 1/2 dl strösocker
1 msk lavendelhonung
1/2 tsk malen kanel
vaniljsås eller glass till

• Skala fikonen till kompotten, dela dem i klyftor och lägg fruktköttet i en kastrull. Blanda med socker, honung och kanel och koka sakta under omrörning cirka 10 minuter, eller tills kompotten tjocknar. Låt den svalna.
• Skölj och torka de hela fikonen. Går några skåror i skalet.
• Lägg smör och honung i en kastrull, sjud upp och lägg sen i fikonen. Låt dem sjuda 4–5 minuter, och vänd dem runt i spadet. Ta dem sen av värmen.
• Fördela kompotten på assietter, lägg på två fikon på varje tallrik. Slå i citronsaften i skyn, koka ett par minuter och slå sen skyn över fikonen. Servera genast med vaniljsås eller glass till.

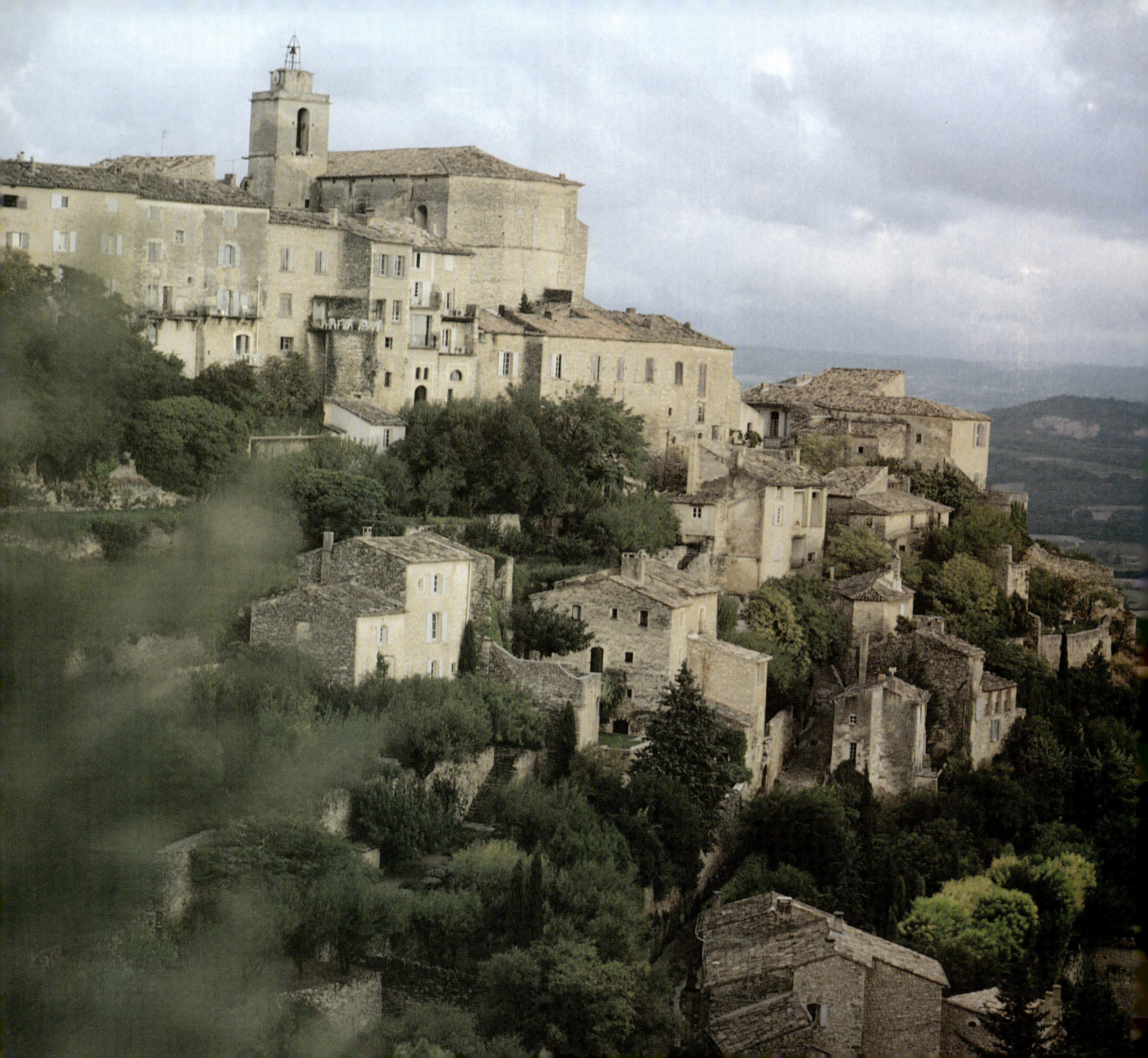

Och här och var små byar

VARJE BY har något att berätta. En historia som sträcker sig långt bak i tiden, för Provence är en mycket gammal kulturbygd. Redan 600 år f.Kr. grundades Marseille av greker och fenicier. Runt 125 f.Kr. var det romarnas tur att lägga under sig landet och bilda sin första provins bortom Alperna. Landskapet kallades Provincia som så småningom blev Provence, och först vid slutet av 1400-talet blev detta slutgiltigt franskt land. Ungefär samtidigt upptäckte Columbus Amerika.

Vid avtaget från N 100 mot Lacoste passerar man Pont Julien, en trespannad stenbro över floden Calavon. Bron byggdes ett par hundra år före Kristi födelse som en del av Via Domitia, och enbart tanken att den fortfarande används ger ett speciellt perspektiv på tillvaron. Byn Lacoste domineras av en enorm slottsruin, en gång hemvist åt den beryktade markisen De Sade som förde sitt makalösa skräckvälde på berget. I mer än trettio år huserade han i de fyrtiotvå rummen på slottet, och åtskilliga av byns unga flickor råkade ut för hans grymma nycker. Innan han fängslades och slottet förstördes under revolutionen hann markisen göra sig känd som erotisk författare vars tvetydiga arv till eftervärlden var begreppet sadism.

På kullen mittemot ligger Bonnieux. Mer elegant, och i dag lite väl uppskattad av framstående parisare som vill ha ett hus i solen. När vi första gången upptäckte byn var det en mycket stillsam oas, där vi hyrde in oss med alla barnen hos madame Mariette mitt i byn. I dag är madame borta, och byn har blivit avsevärt mer turistisk. Har man rätt att beklaga sig – knappast. Byborna behöver inkomster, turisterna vill bo genuint. Men visst kan man sörja det försvunna. Som med de flesta platser som "upptäcks" av turister blir husen efterhand så dyra att ortsbornas barn inte har råd att stanna kvar. Därmed försvinner den kultur och den speciella särart sommarfolket kom för att få del av. Som turist bör man med viss ödmjukhet inse att man är gäst i annans hus, och rätta sig därefter. Men Bonnieux är fortfarande en vacker by, och inte utan vemod minns vi

Gordes var Evert Taubes favoritby i Provence. I dag trängs turisterna, men byn är fortfarande vacker.

Roussillon med sina ockrafärgade klippor drar många besökare. En bit bort från byn sinar strömmen.

T.h. Borien är en stenhydda med lång historia i Luberonbergen. Hos hotel Les Bories har man använt byggtekniken i matsalen.

de många måltiderna med barnaskaran på bykrogen hos Caesar.

Oppède-le-Vieux som klättrar i terrasser, Ménerbes som spelade en viktig roll under religionskrigen, Coustellet med sitt lavendelmuseum, Roussillon med de mångskiftande ockraklipporna – alla byar är värda ett besök, och ni kommer att hitta fler. Det bästa med Provence är att man inte behöver göra något speciellt. Livet kommer till en där man slagit sig ned vid en porlande fontän, eller vid ett bord på bycaféet där man i lugn och ro kan betrakta allt som inte händer.

Känner man ändå för lite äventyr, eller har barnen med på resan, kan man gärna göra ett besök just i Roussillon. Byns färgrika historia möter man långt innan man når fram. Husen ändrar färg, och väl framme i Roussillon ser man att ockrans varma skiftningar gett färg åt byns samtliga hus. Guld, saffran, gult, blodrött – ockran innehåller fler nyanser än vad som kan beskrivas med ord. Roussillon ligger högst uppe på klippan, och givetvis finns utflyktsvägar för nyfikna besökare. *Val des Fées* – feernas dal, *Falaises de Sang* – blodsklipporna eller *Chaussée des Géants* – jättarnas väg. Det är både spännande och roligt, men var inte för finklädd. Det är lätt att få mer än själva upplevelsen med sig efter en

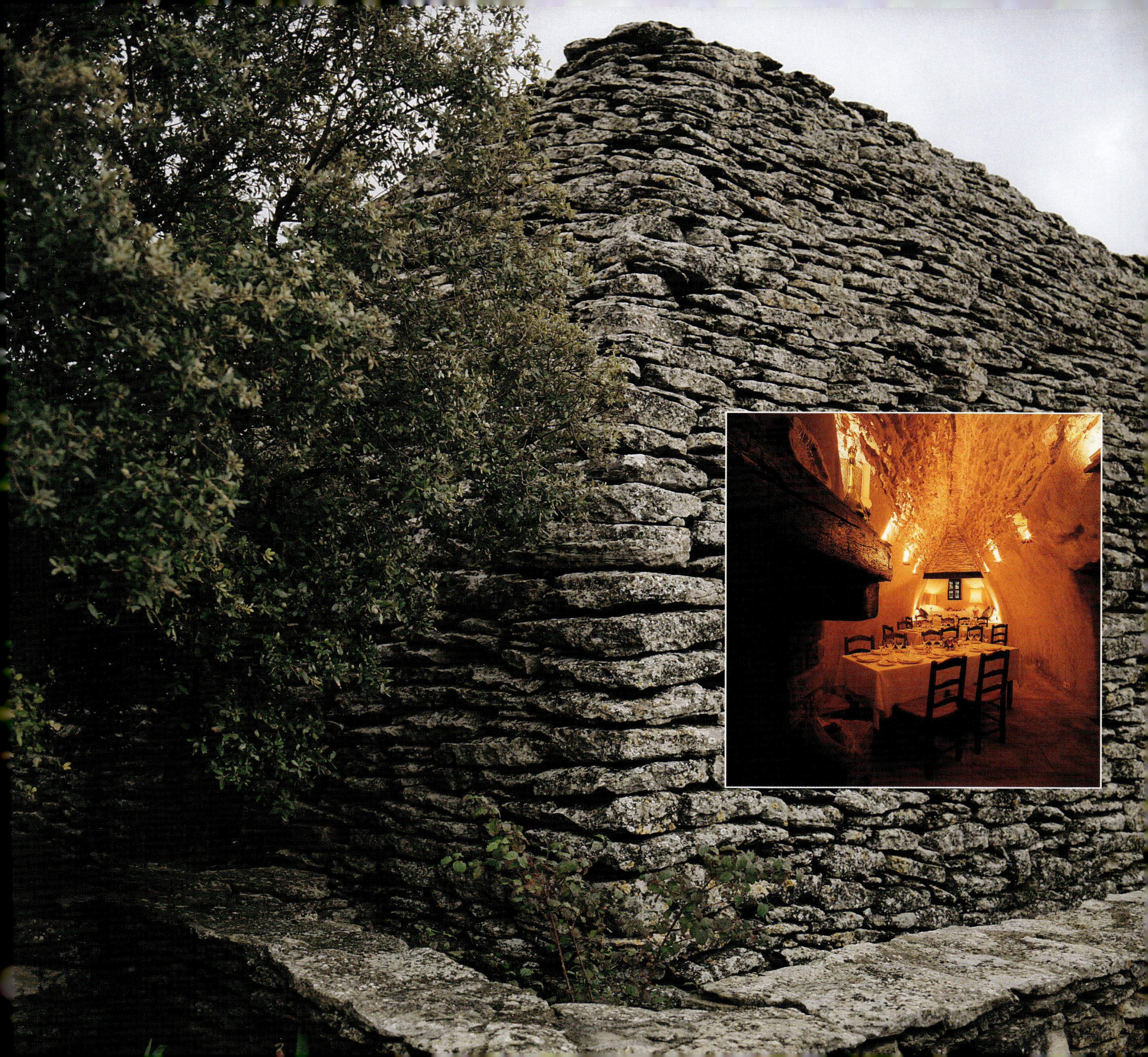

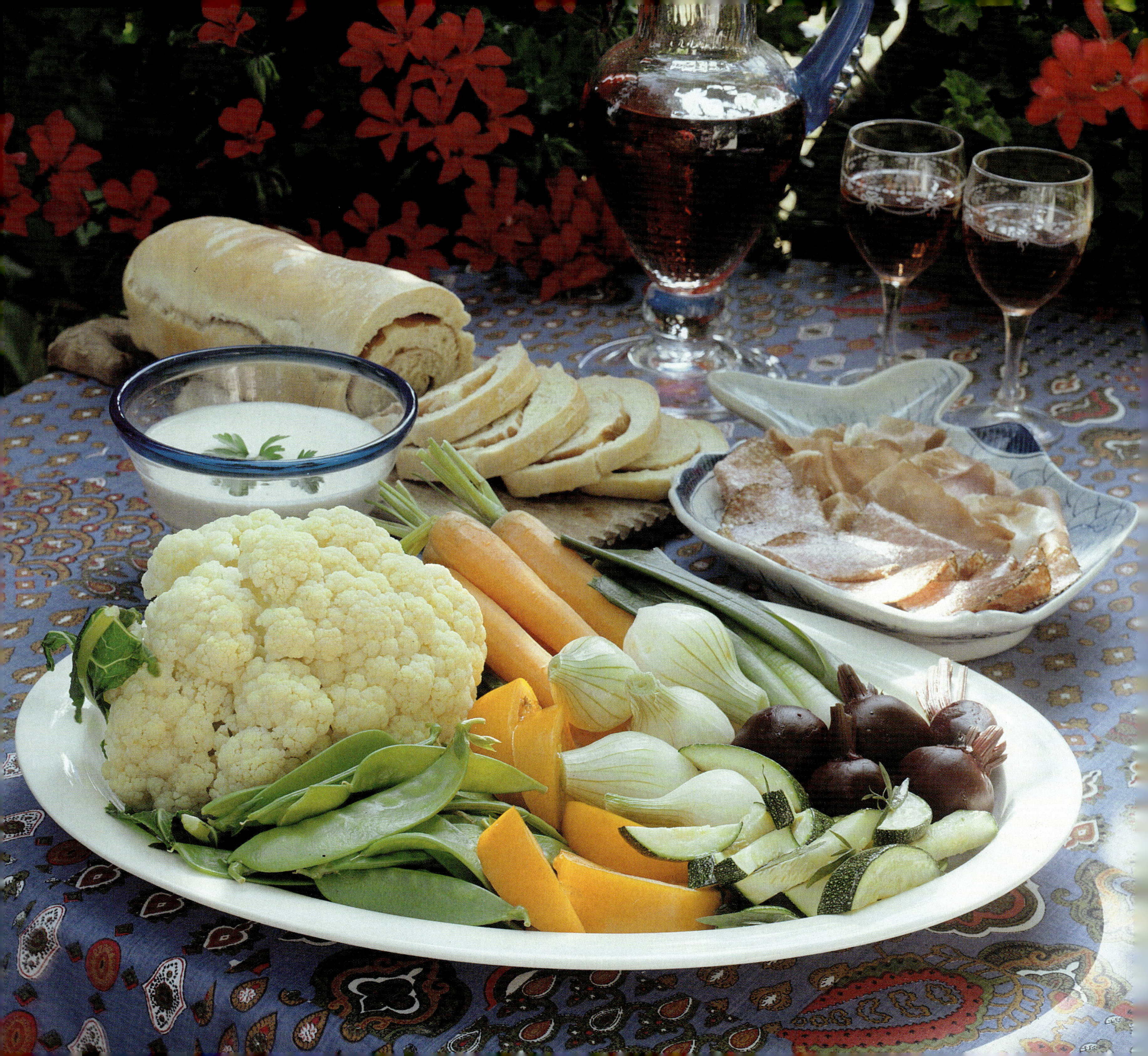

Sommarlunch som i Provence

När sommarens primörer anländer är det lätt att låta sig inspireras av det provençalska köket. Varmt grönsaksfat med aioliyoghurt, lätt tilltugg och ett gott bröd.

4 PORTIONER
1 blomkålshuvud
1 knippe morötter
1 knippe färsk lök
1 knippe små rödbetor
2 purjolökar eller 4 salladslökar
cirka 100 g sockerärter
1 liten squash
olivolja
färsk dragon
2 tomater
tunnskivad skinka och salami
SÅS:
2 dl matlagningsyoghurt
salt och svartpeppar
2 tsk ljus Dijonsenap
1 msk olivolja
2–3 pressade vitlöksklyftor

• Blanda såsen, smaka av den och låt den dra.
• Förbered grönsakerna, skala lök och morötter. Spar rotspetsen och cirka 2 cm blast på rödbetorna, borsta väl men skala inte.
• Koka rödbetorna för sig – de tar längst tid. Sätt på en stor kastrull med lättsaltat vatten och koka blomkål, morötter och lök tills de är mjuka. Ta upp dem och koka sen purjo och sockerärter.
• Skiva squashen, dela skivorna och fräs dem mjuka med lite olivolja i en panna. Strö på lite dragon.
• Skala rödbetorna och lägg upp alla de kokta grönsakerna på ett stort fat. Klyfta tomater, på bilden en gul sort men röd går lika bra. Servera genast med charkuterier och den goda såsen till.

Bröd med skinka

25 g jäst
2 1/2 dl ljummet vatten
1 msk olja
1 tsk salt
7–8 dl vetemjöl
75–100 g skinka,
 lövtunt skivad
Ugn: 200°

• Smula jästen i degbunken och rör ut den med vattnet. Tillsätt övriga ingredienser, och arbeta sist in så mycket vetemjöl att degen släpper bunken utan att kladda. Jäs degen i bunken cirka 30 minuter.
• Arbeta degen kraftigt på mjölat underlag 5–10 minuter. Kavla ut en centimetertjock kaka, lika bred som en avlång bakform. Lägg ut skinka över kakan, rulla ihop och lägg rullen i en bakform lätt penslad med olja.
Jäs ytterligare 20–30 minuter.
• Pensla över med ljummet vatten och grädda brödet strax under mitten av ugnen cirka 25 minuter eller tills det känns klart. Låt det svalna på galler.

Paj med färsk spenat

Passa på när de spröda spenatbladen kommer. Tomater är gott till, charkuterier om man vill ha en mer mättande måltid.

6 BITAR
150 g smör
1 dl grahamsmjöl
2 1/2 dl vetemjöl
cirka 2 msk vatten

FYLLNING:
300–400 g färsk spenat
250 g keso
2 ägg
1 dl vispgrädde
1/2 dl riven parmesan
salt och svartpeppar
1 krm muskot
Ugn: 200 –175°

• Nyp ihop smör och mjöl till en smuldeg, eller gör degen i matberedaren. Tillsätt vattnet och arbeta snabbt ihop degen. Lägg degen i plastfilm i kylen cirka en timme.
• Kavla ut degen och klä en pajform. Vik en folieremsa över kanten, och nagga bottnen. Ställ formen i kylen.
• Skölj spenaten och koka den sen i lite lättsaltat vatten i 5 min. Slå av i en sil och pressa ur vattnet. Hacka spenaten grovt. Blanda med keso, ägg, grädde, parmesan och krydda.
• Grädda pajskalet mitt i ugnen 5–10 minuter i 200°. Ta sen bort folien och slå i fyllningen. Sänk till 175° och grädda pajen klar, cirka 30 minuter.

Körsbärsbladsvin
(*Se bilden till höger*)

En god och annorlunda aperitif som vi smakade i Provence. Plocka när körsbärsbladen är som finast, och de ska givetvis vara obesprutade.

Plocka cirka 100 fina körsbärsblad, skölj dem väl och låt dem torka utbredda på en handduk. Varva dem i en glasburk med 3 1/2 dl strösocker, och slå sen på 1 liter rött vin samt cirka 1 1/2 dl 45-procentig sprit. Är spriten svagare får man ta en skvätt till – det behövs för att konservera drycken. Förslut burken och ställ den en vecka i rumstemperatur. Sila sen från bladen, filtrera drycken och tappa på flaska. Begränsad hållbarhet eftersom alkoholstyrkan inte är så hög.

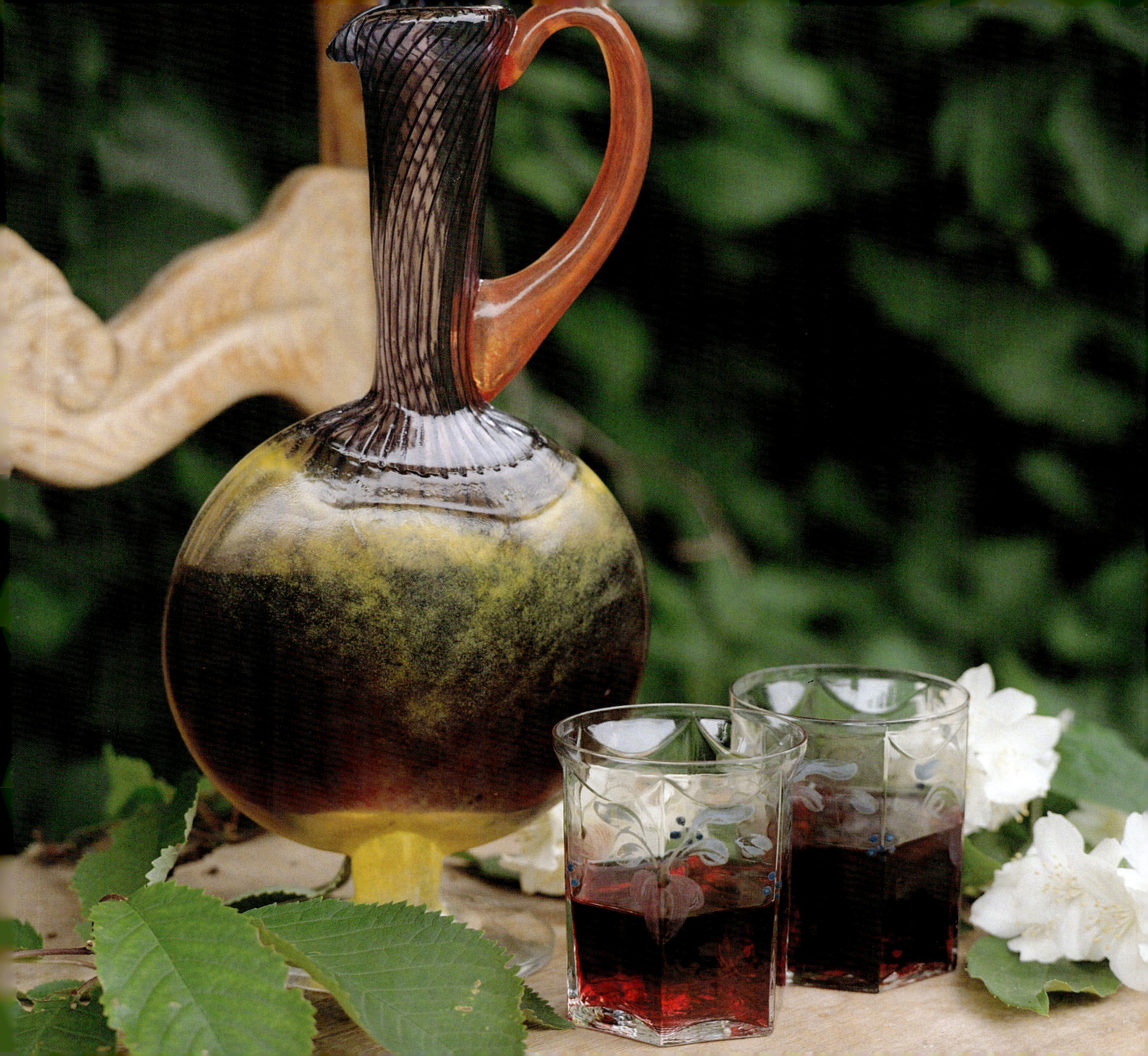

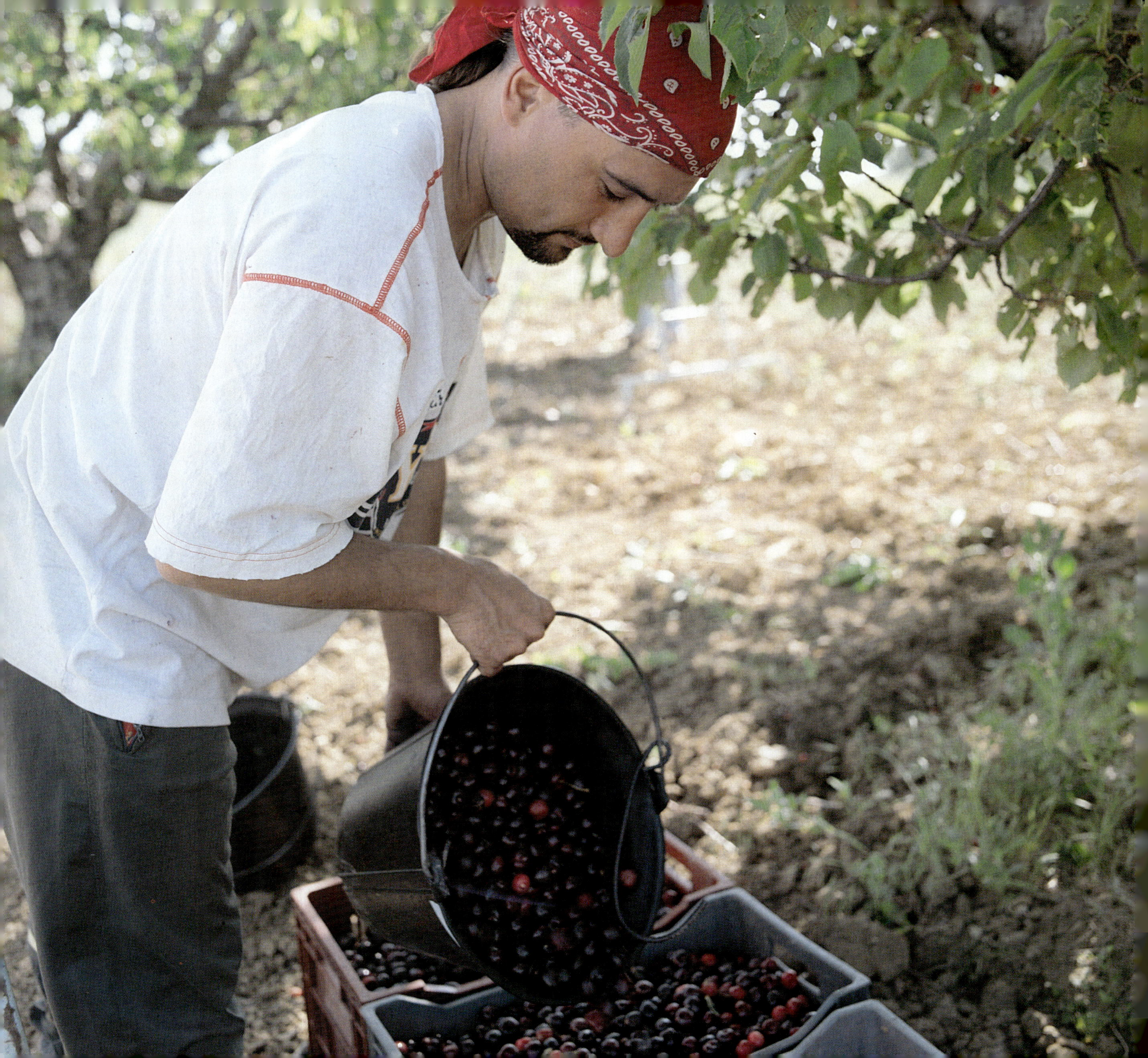

tur runt Roussillon. Orkar man inte med alltför ansträngande utflykter, kan man alltid njuta av de färgrika klipporna från ett fönsterbord på restaurang David. Köket är både gott och närande, men man bör inte ha anlag för svindel.

Gordes var Evert Taubes by i Provence, och säkert var den då precis så genuin och oförstörd som skalden kunde önska sig. Gordes är fortfarande en fin by, men betydligt mer turistisk. Högst upp tronar det gamla slottet, och här ryms också ett intressant museum över konstnären Vasarelys optiska konst. Vill man bo i Gordes är vårt mest prisvärda tips lilla Auberge de Carcarille på slätten nedanför byn. Missa inte kockens gåsleverterrine. Intressant är också en tur till Village des Bories, en renoverad bosättning av historiska stenhyddor. Avtaget är väl skyltat ett par kilometer efter vägen mot Cavaillon. Efter parkeringen har man en rejäl promenad framför sig innan man når fram, vilket kunde anges bättre på platsen.

En *borie* är en kallmurad, välvd stenhydda i en eller två våningar som återfinns i tusental runtom i Luberonmassivet. De kallas också "galliska hyddor", och de är särskilt många i trakten runt Gordes. Samlade i en by, som redskapsskjul på åkern eller som en herdehydda i bergen. Borien förekommer från järnåldern och ända in på 1700-talet. Experterna är däremot inte klara över om de användes året om, delar av året eller kanske enbart som tillflyktsort i orostider. Varken begravningsplats eller någon form av religiös kultplats har återfunnits i närheten. Byggmaterial fanns det däremot gott om, och tekniken att runda taken och bygga motståndskraftigt mot väder och vind lärdes från far till son. Borien hade också fördelen att den hade samma inomhustemperatur oavsett årstid. Les Bories hotell och restaurang ligger efter vägen mot Venasque, och här har man använt tekniken i en av matsalarna. Längs samma slingrande väg ligger Abbey de

Village des Bories utanför Gordes är ett intressant mål. En hel by av de uråldriga stenhyddorna.

T.v. Redan i maj skördas de första körsbären. Frestande mörkröda fylls de i lådor för att sändas till marknaden.

Senanque i dalen nedanför berget. Klostret byggdes vid mitten av 1100-talet av cisterciensermunkar, och dess arkitektur är lika enkel som betagande. Runt klostret odlas lavendel i snörräta rader, och allt andas en stilla frid. Besökare är välkomna.

Det är trivsamt och avkopplande att köra runt i bergen. Nära Murs stöter vi på ett gäng körsbärsplockare som är i full färd med skörden. Aldrig har man skördat så tidigt säger bonden, som har ett gäng spanjorer som gästarbetar med plockningen. Stora, saftiga och mörkröda hänger bären i klasar i träden och vi får med oss ett par nävar som färdkost.

Särskilt sevärda platser bör undvikas på attraktiva tider. För att njuta av skönheten hos Fontaine de Vaucluse bör man alltså undvika helger, och helst besöka platsen en tidig morgon innan bussarna anländer. Vattnet som forsar fram genom byn kommer från en underjordisk flod, som är en av de mest kraftfulla i världen. Grottforskarna letar ständigt efter flodens källa i bergets inre. Platsens skönhet har varit känd i århundraden, och medeltidsskalden Petrarca gjorde den känd för en större allmänhet. Härifrån skrev han passionerade dikter till sin älskade Laura, en hopplös kärlek eftersom hon redan var en gift kvinna i Avignon. Naturligtvis trängs souvenirförsäljarna på en plats som denna, men en stilla morgon kan man ändå instämma i Petrarcas lovord över källans skönhet.

L'Isle-sur-la-Sorgue bör man däremot besöka när det är liv och rörelse, för detta är den stora marknadsplatsen. Torsdagar och söndagar är det marknad i stan, och försäljarna fyller gator och torg. Hantverket har gamla traditioner i l'Isle-sur-la-Sorgue. Här har funnits silkesindustri, väverier, färgerier, pappersindustri och både olje- och sädeskvarnar. I dag finns gott om handlare som erbjuder antikviteter och *brochante* – kuriosa av de mesta skilda slag. Antikmarknaden i l'Isle-sur-la-Sorgue lockar också mängder av besökare, särskilt de som letar de rätta möblerna eller inredningsdetaljerna till sina nyinköpta hus. Vid sidan av denna livliga kommers hittar man de vanliga marknadsförsäljarna av livsmedel och de provençalska tygtryck, som har god åtgång bland turisterna. Staden är omfluten av vattnet från floden Sorgue, vilket gav den nödvändiga energin för de många verkstäderna. Flera av de gamla vattenhjulen finns bevarade.

Låt oss avrunda med en gammal favorit. Längs väg D 99 mellan Cavaillon och S:t Rémy går avtaget mot byn Eygalières. Vi lämnar de skogrika Luberonbergen bakom oss, och närmar oss de nakna Alpillerna. Längs vägen mot Orgon ligger ett vackert kapell på en liten höjd. S:t-Sixte-kapellet är medeltida,

Ön l'Isle-sur-la-Sorgue är en stor marknadsplats som är omfluten av vatten.

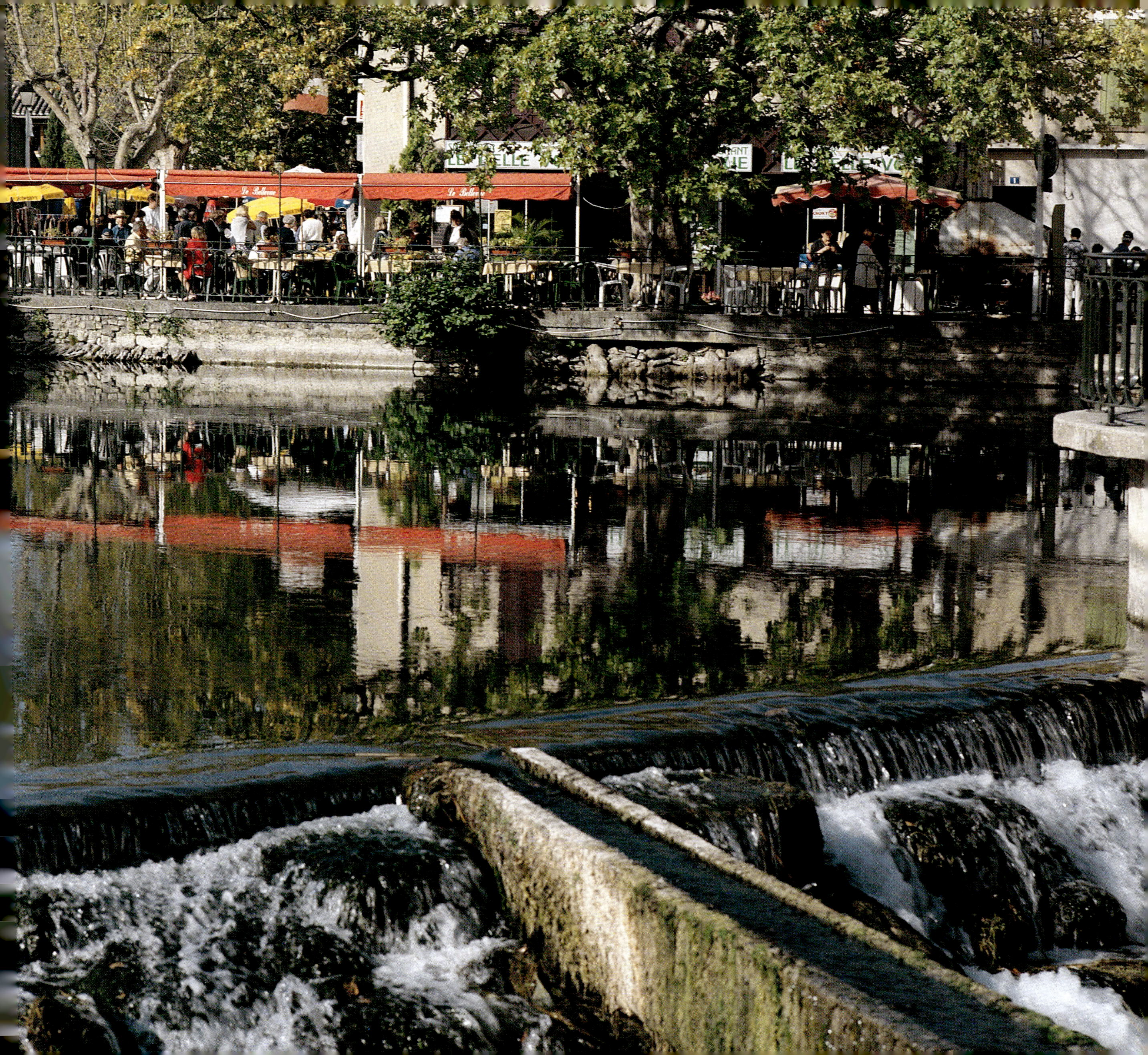

Melon i körsbärsvin

I Provence används vinet även för den här enkla men goda desserten.

Skiva melon, strö på socker och slå på en skvätt av körsbärsvinet. Garnera med ett blad mynta eller citronmeliss.

Körsbär i likör

Läckert av körsbärsskörden. Bären ska vara fullmogna och söta.

Beräkna 1–2 dl bär per portion, lagom för att fylla ett vackert glas.

Skölj bären. Att kärna ur eller inte är en smaksak. Bären kan även prickas med en nål. Lägg dem i en skål och slå på en god likör t.ex. Amaretto – hälften så mycket likör som bär. Låt dem dra över natten, och fördela dem sen i glasen. Strö på florsocker efter smak, och häng eventuellt några klasar över kanten som garnering.

T.h. Söndagar är den stora marknadsdagen för antikmarknaden, men även livsmedelshandlarna finns på plats. Här hittar man allt man inte visste att man behövde.

FRANSYSKA VISITER

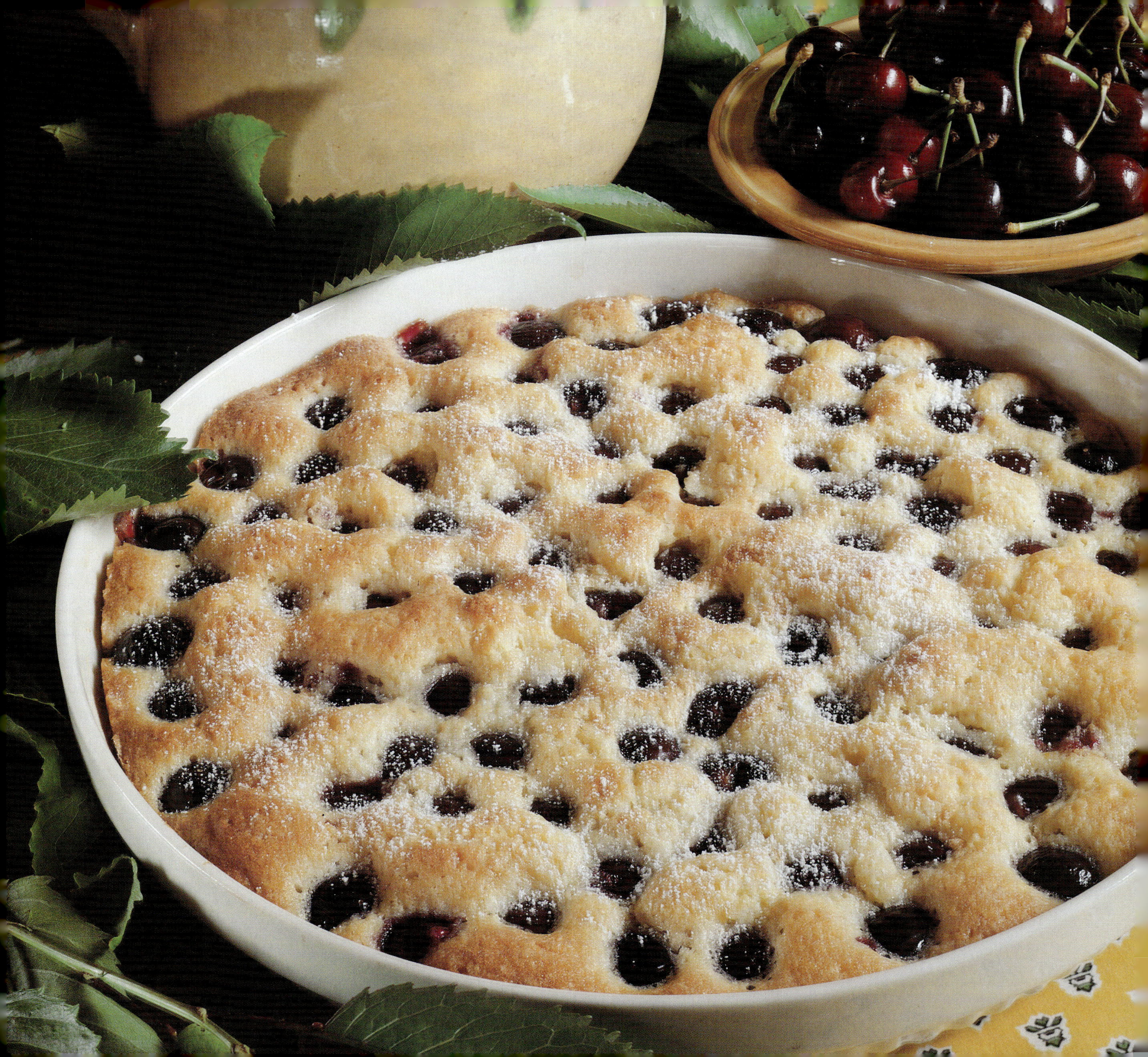

Sommarens körsbärskaka

Varm och nygräddad ska den serveras, med glass eller grädde till.

6–8 BITAR
150 g smör
2 1/2 dl florsocker
rivet skal av 1 citron
2 ägg
2 1/4 dl vetemjöl
1/2 tsk bakpulver
cirka 1 liter mogna körsbär
Ugn: 175°

• Skölj bären och ta bort fästet. Låt dem rinna av på en handduk.
• Rör ihop smör, florsocker och citronskal i matberedaren. Tillsätt äggulorna en i sänder, och rör mellan varje. Blanda mjöl och bakpulver och arbeta in det i smeten.
• Vispa äggvitorna till hårt skum. Vänd ned dem för hand i smeten. Bred ut smeten i en form, cirka 28 cm i diameter. Lägg körsbären tätt över kakan.
• Grädda kakan mitt i ugnen cirka 45 minuter, eller tills den har fin färg. Låt den svalna lite och sikta sen lite florsocker över. Bär den till bordet, och varna gästerna för kärnorna i bären!

Abbey de Senanque hittar man i en fridfull dalgång några kilometer från Gordes.

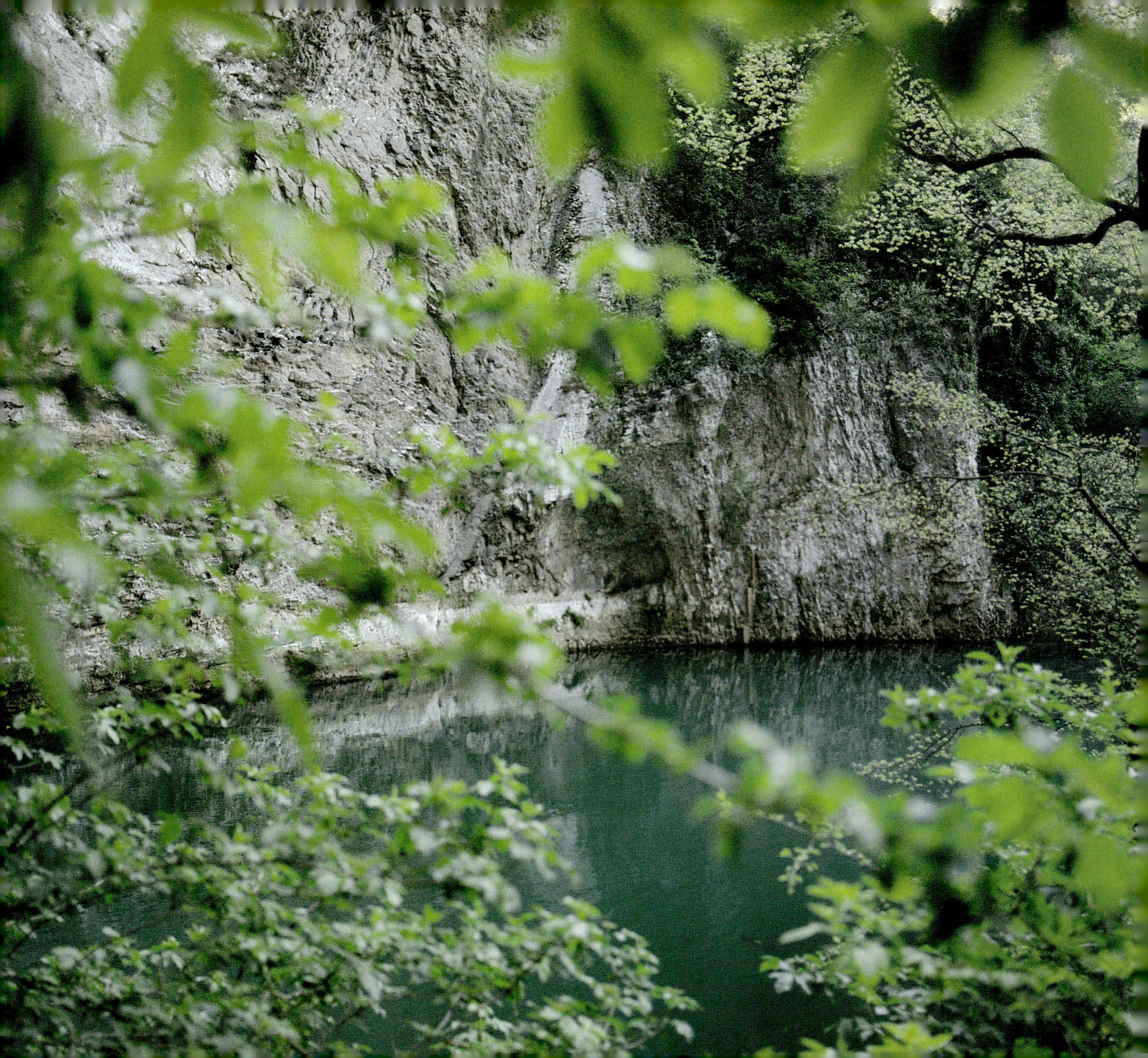

men långt tidigare fanns här ett hedniskt tempel över en källa. Ståtliga cypresser står som vaktposter runt kyrkomuren, och kapellet är ett av de mest fotograferade i den här delen av Provence. Vi hälsar på en ensam konstnär som fällt upp sitt staffli för att måla av kapellet.

– Lås bilen ordentligt, säger han och berättar att han själv blivit bestulen när han gjorde en kort visit runt kyrkan. Nå, otur kan man ha överallt och Eygalières torde tillhöra de mer stillsamma platserna. Eygalières är en by att känna sig hemma i. Lagom stor med runt 1 500 invånare, och smala gator som vindlar sig uppåt. Också romarna kände sig hemma i denna gamla neolitiska bosättning. En legion slog sig ned här för att försöka leda källans vatten till det redan då tätbefolkade Arles.

Runt byn finns flera mycket bra hotell i rimlig prisklass, vi lockas av ett av de enklare. Mas Dou Pastre ligger nära nog mitt emot det gamla kapellet, en dryg kilometer utanför byn. Rummen är enkla men vackra och det finns pool i den charmiga trädgården, ett måste för de flesta hotell som vill locka badgäster från Medelhavet. I trädgården serverar madame Roumanille också frukosten när vädret är vackert, och sällan har vi känt oss så hemma. Restaurang har man dock inte, men det gör oss inte ett dugg. Vi skulle nämligen aldrig lämna Eygalières utan en måltid på Auberge Provençale vid torget inne i byn. Det är inte märkvärdigt, men bra. Först ägdes det av skrothandlaren som samlade sin brochante i lidret mot gatan, och som stekte lamm på spett i den öppna spisen på gården. Jag kan ännu känna doften av de stora buskar av torkad rosmarin som han av och till slängde i elden. Så drog han vidare med sitt skrot, och efterträddes av en riktig krögare. I dag drivs det av sonen, och även om allting förändras med åren så serveras fortfarande samma utsökta *Plateau de crudités* som på gamle skrothandlarens tid. Och för den som vill veta kan jag berätta att det serveras en nära nog perfekt Kir.

Likt ett grönskimrande öga blänker Fontaine de Vaucluse. Ännu har ingen funnit den underjordiska källan.

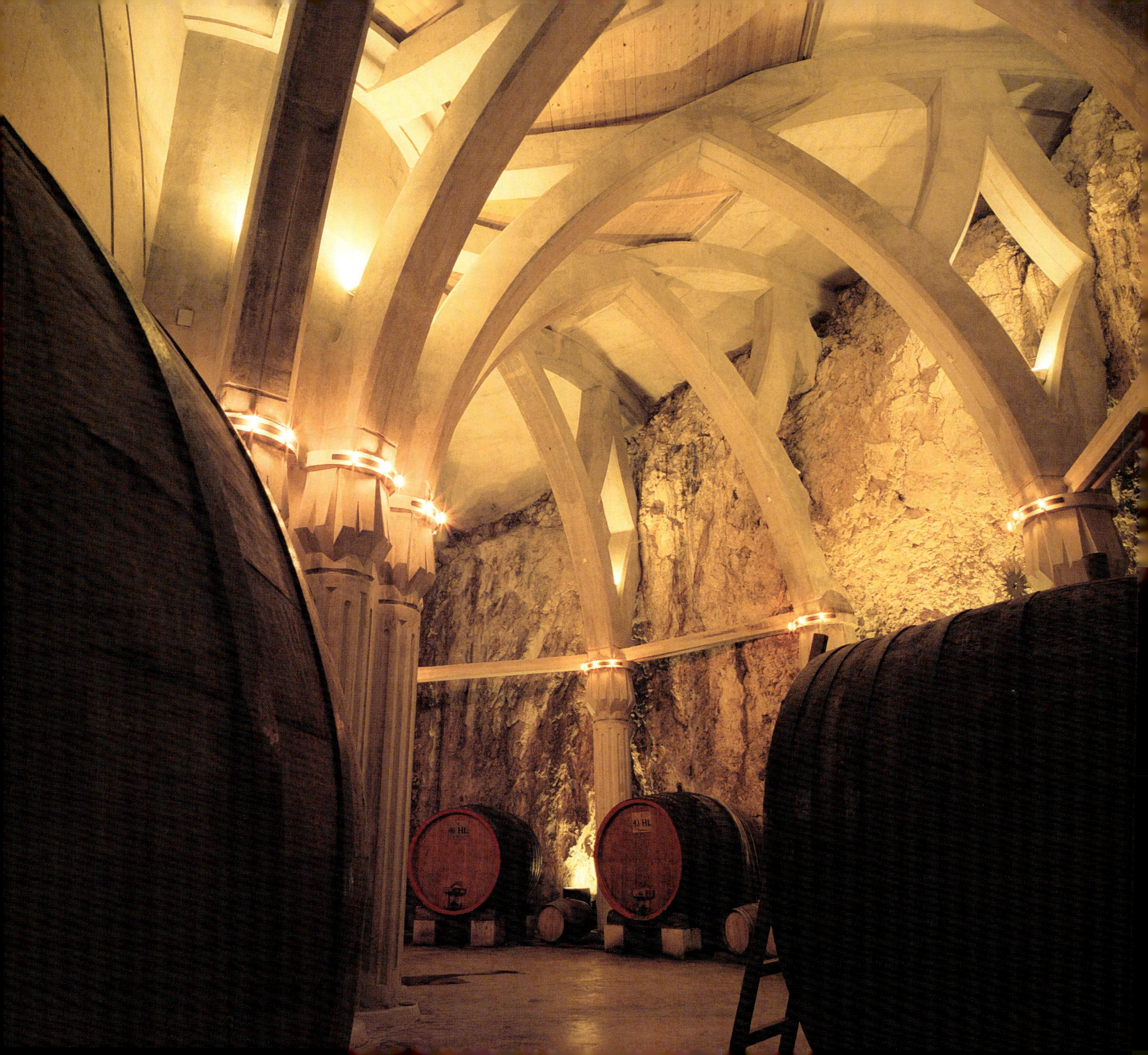

Elegans och poesi

PORTEN ÄR ELEGANT – S:t Rémy och Arles bildar porten mot Alpillerna och Camargue. Bara några mil bort börjar Rhônedeltat med sina stora risodlingar, och namnet Arles lär komma ur det keltiska ordet för sumpmark. Deltaområden förändras snabbare än andra typer av landskap, och Arles var en gång en betydande hamnstad.

S:t Rémy har en air av förfining, och stadens charm har lockat kändisar från van Gogh till dagens kungligheter. 1500-talsastrologen och siaren Nostradamus föddes i S:t Rémy. Kanske är han den av stadens personligheter som bäst lyckats behålla sin ryktbarhet, eftersom hans profetior sträcker sig över århundraden. Den 17 november 1972 – mer än fyrahundra år efter sin död – orsakade han kaos längs den italienska Rivieran. Folk drog upp i bergen med allt de ägde och hade, eftersom Nostradamus förutspått kraftiga översvämningar just den dagen. Tala om långtidseffekt!

Grunden för S:t Rémy är Glanum, en ursprungligen ligurisk bosättning från mer än tusen år före Kristus. Romarna erövrade staden i en fas som kallas Glanum II, och de ruiner som senare åstadkoms av barbarernas trupper härstammar i hög grad från Caesars Glanum III. Mausoleet och den intilliggande arken är en av de mest välbevarade ruinerna från romartiden. När Glanum utplånats växte det så småningom upp en bosättning runt klostret S:t Rémi, vilket i dag är småstaden S:t Rémy med knappt tiotusen invånare. Lite sömnig i solhettan, men med mängder av utsökta butiker längs gator som kantas av buskar av blåblommande rosmarin och doftande timjan. S:t Rémy är centrum för den goda smaken oavsett om man söker konst, hantverk, kläder eller inredning.

En bit längre bort ligger S:t Etienne-du-Gres och Les OlivadeS – ett av de mer namnkunniga företag som producerar *les indiennes*, eller det vi vanligen kallar provençalska tyger. Kör inte in i byn, fabrik och försäljning ligger just när man lämnat byn bakom sig. Tygerna härifrån är maskintryckta och där-

Monsieur Charials vinkällare. Djupt in i berget har han låtit bygga en sal, inspirerad av gamla tiders katedraler.

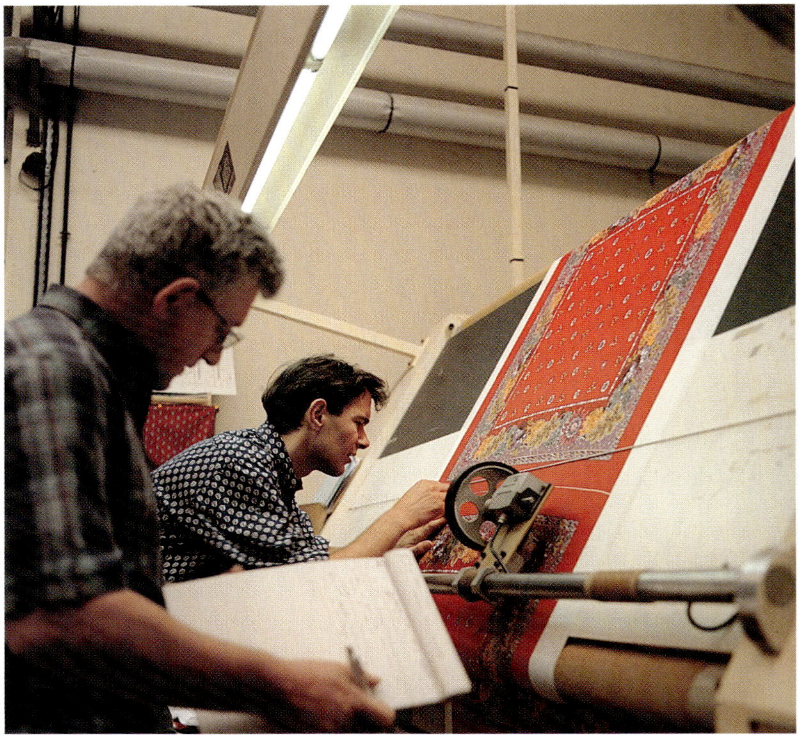
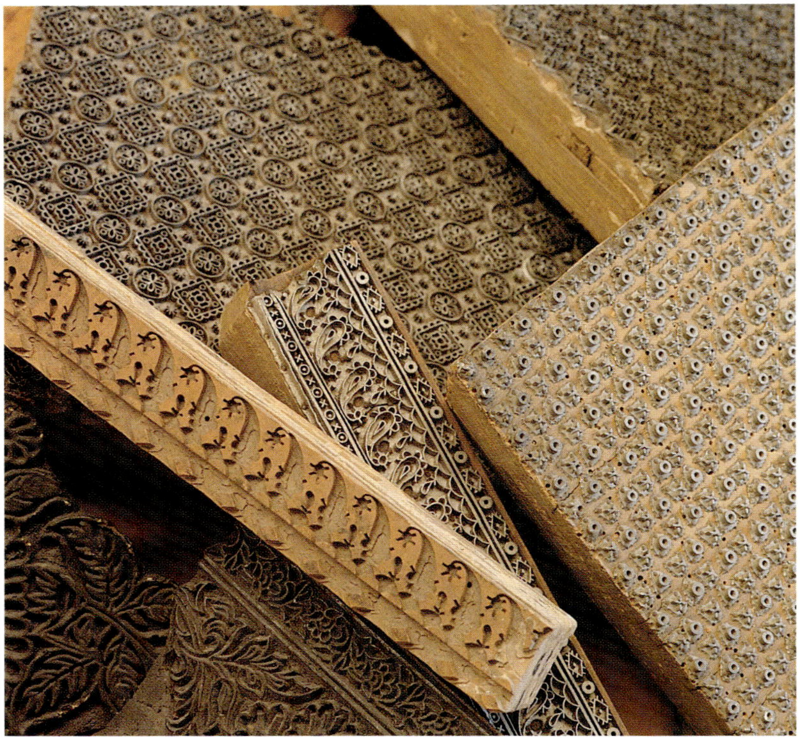
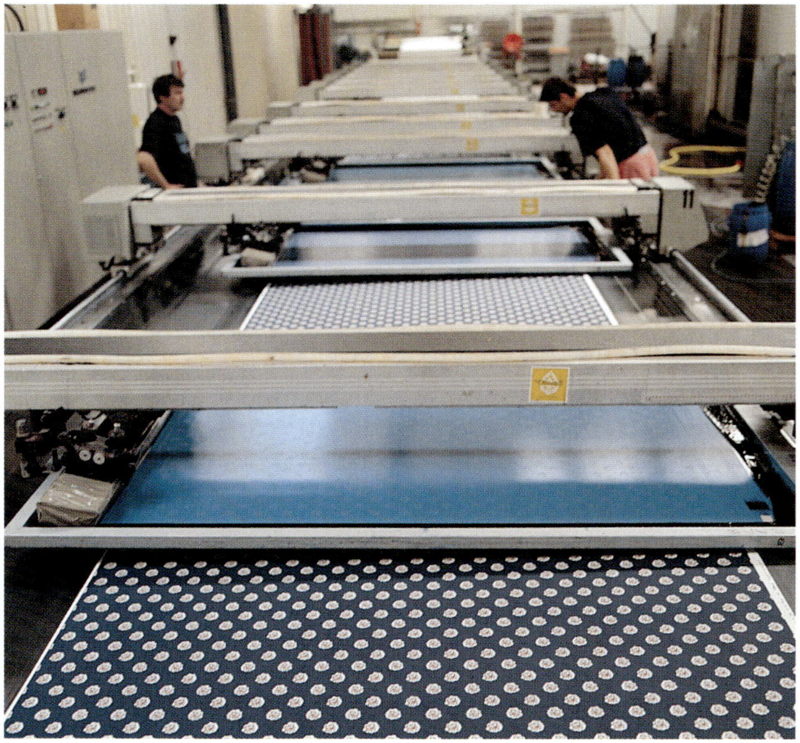
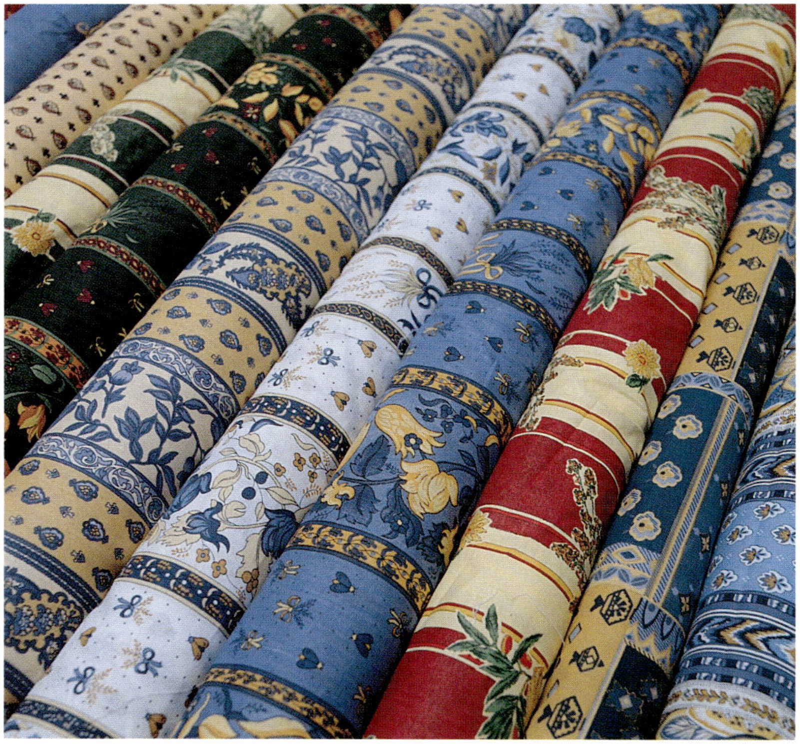

med rimliga i pris. Vill man ha handtryck får man köra vidare till *Souleiado* i Tarascon. Allra billigast är de tryck som säljs på marknaderna, men då är kvalitén också sämre. De mönster som vi i dag finner så typiska för Provence importerades av Indienkompaniet till Marseille på 1600-talet, och de gjorde succé i de förnämsta familjerna i Paris. Runtom i Provence växte det upp industrier för att möta den stigande efterfrågan på de färggranna, exotiska mönstren. Mot slutet av århundradet förbjöds tillverkningen av en av Ludvig XIV:s ministrar. I Avignon, som då lydde under påven, kunde tillverkningen fortsätta några decennier in på 1700-talet innan allt upphörde. Först femtio år senare lyckades markis Pompadour, efter åratal av intensiv lobbying, genomdriva fri handel med de populära tygerna.

Françoise Boudin-Conte är marknadschef för Les OlivadeS – välkänt för sin produktion av les indiennes.

Det är nära nog livsfarligt att gå in i fabriksboden – väl därinne grips man av ett omättligt habegär. Färger av sol och jord, av himmel, hav och olivlundar. Mönsterfloran är rik och varierad, och även om kvalitén vanligen är fin bomull så trycks även mönster på silke. Les OlivadeS ägs av familjen Boudin, och den vänliga och eleganta marknadschefen hör till familjen. Hon visar oss runt i tryckhallen där ett vackert grönmönstrat tyg just passerar valsarna. Det ska till Japan berättar hon, därför använder man en speciell grön nyans som japanerna gillar. Kan man tänka, så nationella vi är även när det gäller färger! Färgerna trycks en i taget, och ett mönster kan innehålla ända upp till femton olika nyanser. USA är en stor marknad liksom Sydafrika, och i Skandinavien upplever de provençalska tygerna en renässans efter en viss dämpning under 80-talet. England ser man däremot som en helt omöjlig marknad – där är det småblommigt som gäller. Konsten är att avstå – men nog blev reskassan lättare efter besöket hos Les OlivadeS.

Utan att känna till något om Les Baux historia begriper man föga av den märkliga stad som klamrar sig fast på en kalkklippa, av naturens nyck avskild från Alpillerna. Klippan, som är 900 m lång och 200 meter bred med djupa raviner runtom, var ett självklart val för de som önskade en lätt försvarad bosättning. I dag är Les Baux en död stad med endast ett fåtal bofasta, men miljontals turister letar sig hit under säsongen och med dem följer givetvis månglarna. Redan under tidig medeltid var Les Baux en stad av stor betydelse

T.v. De vackra tygtrycken från Les OlivadeS görs i byn S:t-Etienne-du-Grès.

Jean-André Charial har axlat manteln på legendariska Oustaù de Baumanière i Les Baux.

T.h. Les Baux - den döda staden på klippan rymde en gång ett mäktigt och livfullt hov.

i södra Frankrike. Här härskade ett gäng stridslystna adelsmän som ansåg sig härstamma i rakt nedstigande led från kung Balthazar, och som bar Betlehemsstjärnan i sin vapensköld. Mistral, Provences egen poet, beskriver dem med orden "krigare alla – vasaller aldrig". Sjuttionio byar och städer runtom kontrollerades av dessa feodalherrar. På 1300-talet uppstod i Les Baux något som kallades "kärlekens hov". Där samlades de skönaste och mest bildade damerna ur de bästa familjerna, och man diskuterade frågor som rörde galanteri och höviskhet. Poeter och trubadurer var högt ansedda i det provençalska kulturlivet, och Les Bauxs sköna damer drog dem till sig. Man tävlade i utsökta fraser och passionerade strofer, och vinnaren belönades med en krona av påfågelsfjädrar och en kyss av den utvalda. Ytterligare ett sekel varade Les Baux storhetstid och staden skulle hinna se många stridslystna herrar som styresmän. Den var även ett starkt fäste för protestantismen, innan Richelieu tröttnade på hela saken och lät förstöra slottet och stadsmuren 1632. Inte nog med det, stadsborna tvingades betala 100 000 livres till staten – plus kostnaden för förstörelsen! En för tiden ofattbar summa. Detta kan man fundera på när man traskar runt i gränderna i dagens Les Baux, och försöker hitta historiens avtryck bakom souvenirförsäljarnas diskar. Mycket är både restaurerat och välhållet, men det kan i sanningens namn vara en smula svårt att känna den romantiska stämningen från trubadurernas tid. Les Baux har i senare tid gjort sig känd genom att ge namn åt bauxit, ett mineral som används vid tillverkning av aluminium.

Första gången vi besökte Oustaù de Baumanière i Les Baux, drevs den trestjärniga krogen av den legendariske gamle gentlemannen Raymond Thuilier. I dag ligger huvudansvaret hos dottersonen Jean-André Charial. Även om stjärnorna minskat till två är det fortfarande ett mycket bra, och inte minst elegant ställe beläget i dalen nedanför staden på klippan. Krogen är naturligt nog mycket välbesökt av gäster som gärna lägger en slant på en god middag, och det har blivit rätt många genom åren. Krogen öppnade 1945, och gamle

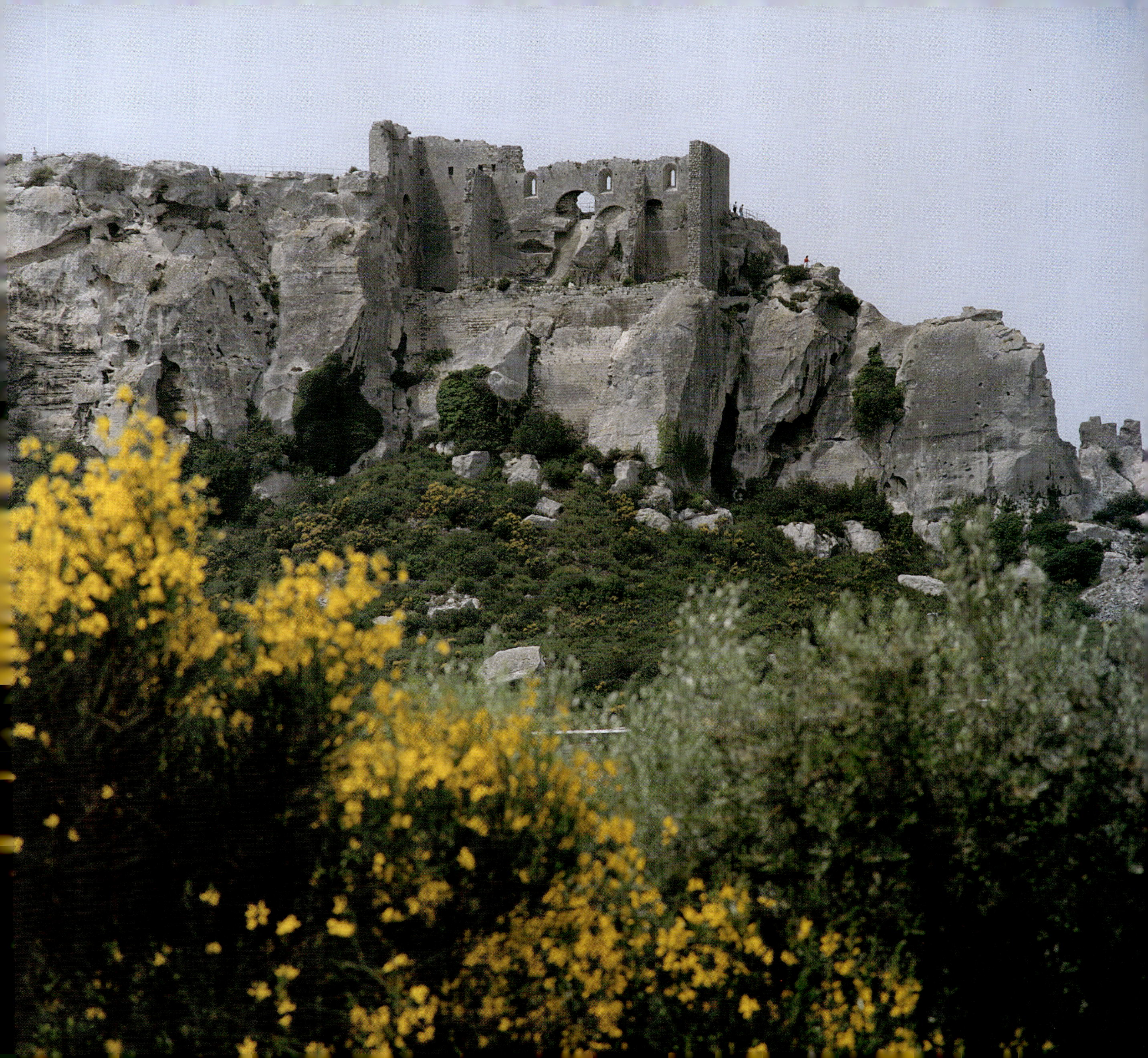

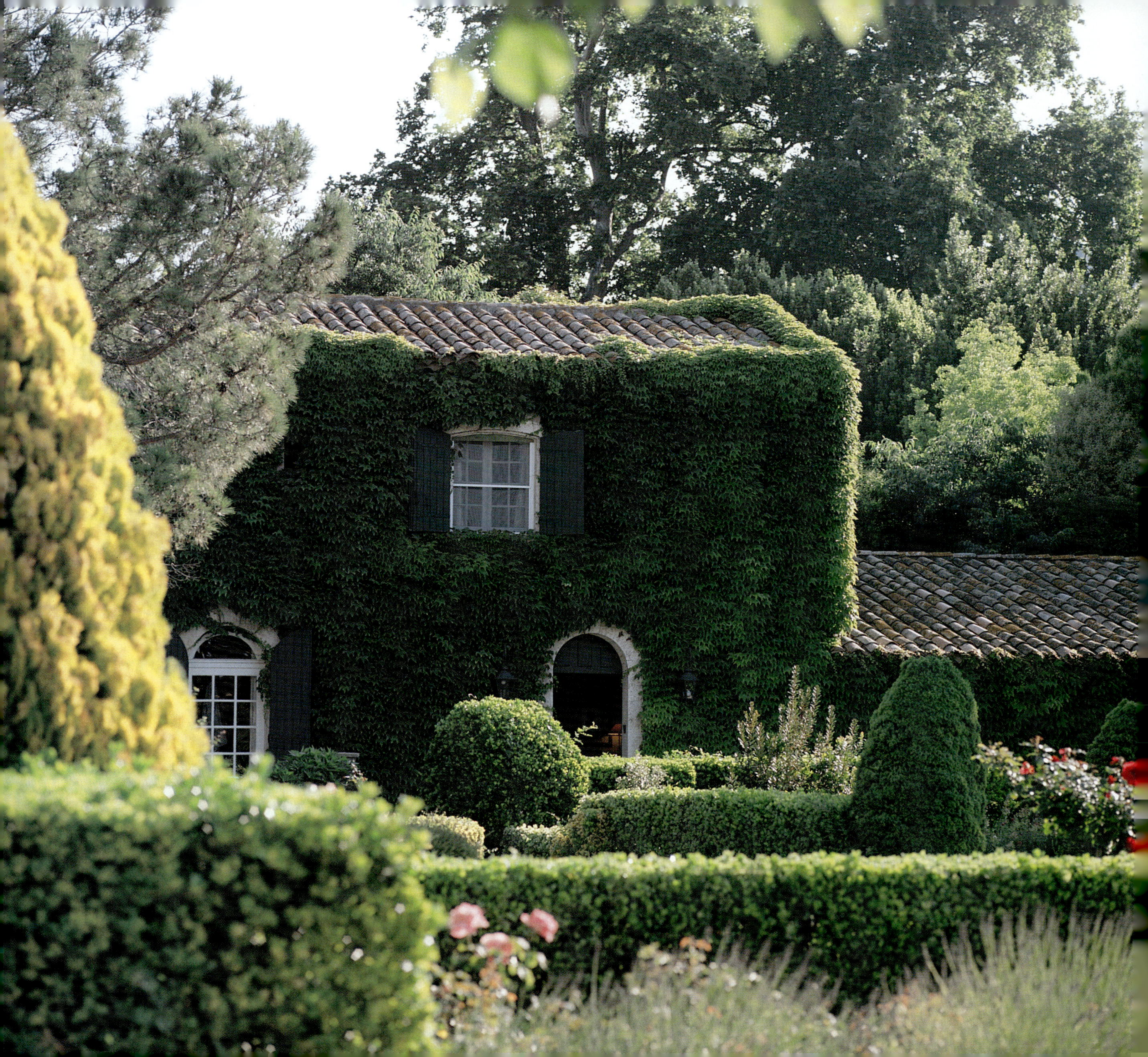

Sallad med havskräftor och haricots verts

På Osteaù de Baumanière är maten ofta lika enkel som utsökt.

4 PORTIONER
1 squash
16 havskräftstjärtar
1 morot
1 majrova
1 rödbeta
400 g haricots verts
1 stor tomat
2 potatisar
olja för fritering
1 sallatshuvud
salt och peppar
1 dl olivolja
sherryvinäger – Xérès
Ugn: 250–275° grill

• Dela squashen på längden. Skär fyra långa tunna skivor att rulla runt kräftstjärtarna. Skär morot, majrova och resten av squashen i 3 cm långa stavar. Ge dem ett hastigt uppkok i lättsaltat vatten, slå av dem efter ett par minuter och spola med kallt vatten. Låt det rinna av.
• Koka, skala och fintärna rödbetan. Koka bönorna så att de har kvar en del av sin spänst. Kyl med kallt vatten. Skålla tomaten, kärna ur och skär i små tärningar.
• Skala och skiva potatisarna i tunna chips. Fritera dem i ett par cm olja i en låg panna eller gryta. Låt dem rinna av på hushållspapper.
• Krydda kräftstjärtarna med salt och peppar, och fukta dem med olivolja.
Linda de långa squashskivorna runt kräftstjärtarna. Fäst med en tandpetare. Grilla dem rutiga på ytan i en panna och stek dem sen färdiga under grillen i ugnen i 5 minuter.
• Gör en dressing av olivoljan, lite sherryvinäger, salt och peppar och slå över bönorna. Arrangera salladen vackert på tallriken, här också med en tunn friterad tomatskiva.

T.v. La Cabro d'Or i utkanten av Les Baux är inget oävet nattläger.

Limesufflé från le Baux

En sufflé kräver ett snabbt handlag, särskilt i slutändan – men i övrigt är det inte svårt.

4 PORTIONER
4 äggulor
3/4 dl strösocker
saft av 2 lime
rivet skal av 4 lime
8 äggvitor
Ugn: 175–180°

• Blanda i en kastrull äggulor, hälften av sockret samt limejuicen. Sjud sakta tills krämen tjocknar. Ta den av värmen, och rör ned limeskalet. Låt den kallna.
• Smöra djupa ugnssäkra skålar eller tallrikar. Så långt kan man förbereda. Vispa vitorna hårt med resten av sockret. Vänd försiktigt ned dem i den kalla krämen. Fördela smeten i skålarna.
• Ställ in dem mitt i ugnen tills de pöst upp och fått fin färg på ytan i 12–15 minuter. Bär dem direkt från ugnen till bordet – något annat är inte att tänka på.

T.h. En flaska från monsieur Charials egen vingård är en trevlig souvenir från Provence.

CHATEAU
ROMANIN
LES BAUX-DE-PROVENCE
1996
CHATEAU
ROMANIN
COTEAUX D'AIX-EN-PROVENCE
1995
CHATEAU
ROMANIN
LES BAUX-DE-PROVENCE
1996
CHATEAU
ROMANIN
1993

Indisk lammsadel från Les Baux

I köket på Ostaù de Baumanière använder man en hel sadel med njurarna kvar. Sadeln benas ur för att därefter fyllas, ett jobb för den händige med en bra kniv. Den *crépine* – bukhinna, som används för att slå in köttet i vid tillagningen får uteslutas, och stekningen görs här mer traditionell.

6 PORTIONER
cirka 1,2 kg lammsadel
salt och peppar
2 lammnjurar
6–10 cl konjak
100 g färsk spenat
50 g färska champinjoner
2 syltade aprikoser
smör
1 dl matlagningsyoghurt
2 tsk gurkmeja
TILLBEHÖR:
2 dl buljong till skyn
varma primörgrönsaker
Ugn: 225°

- Bena ur sadeln, krydda med salt och peppar. Krydda njurarna, stek dem i en panna med matfett på spisen. Slå sist över en skvätt konjak, och tänd på om du är van att flambera – dock aldrig med spisfläkten påslagen.
- Skär spenaten grovt och fräs den hastigt i lite smör. Fräs också de skivade champinjonerna. Skär aprikoserna i små tärningar.
- Fyll sadeln med njurarna, spenaten, champinjonerna och aprikostärningarna och rulla ihop till en fast rulle. Bind om med hushållssnöre.
- Lägg sadeln i en ugnsform eller långpanna. Blanda yoghurt och gurkmeja och pensla över sadeln. Sätt in köttet strax under mitten i ugnen.
- Originalreceptet anger 20 minuters stektid, därefter får köttet vila 15 minuter. Den som är mer ovan använder stektermometer, och tar ut sadeln när termometern visar 65°.
- Vispa ur pannan med buljongen, och sila ner i en kastrull. Koka ihop skyn och smaka av den.
- Skär sadeln i skivor efter att den vilat, och servera med varma grönsaker och stekskyn.

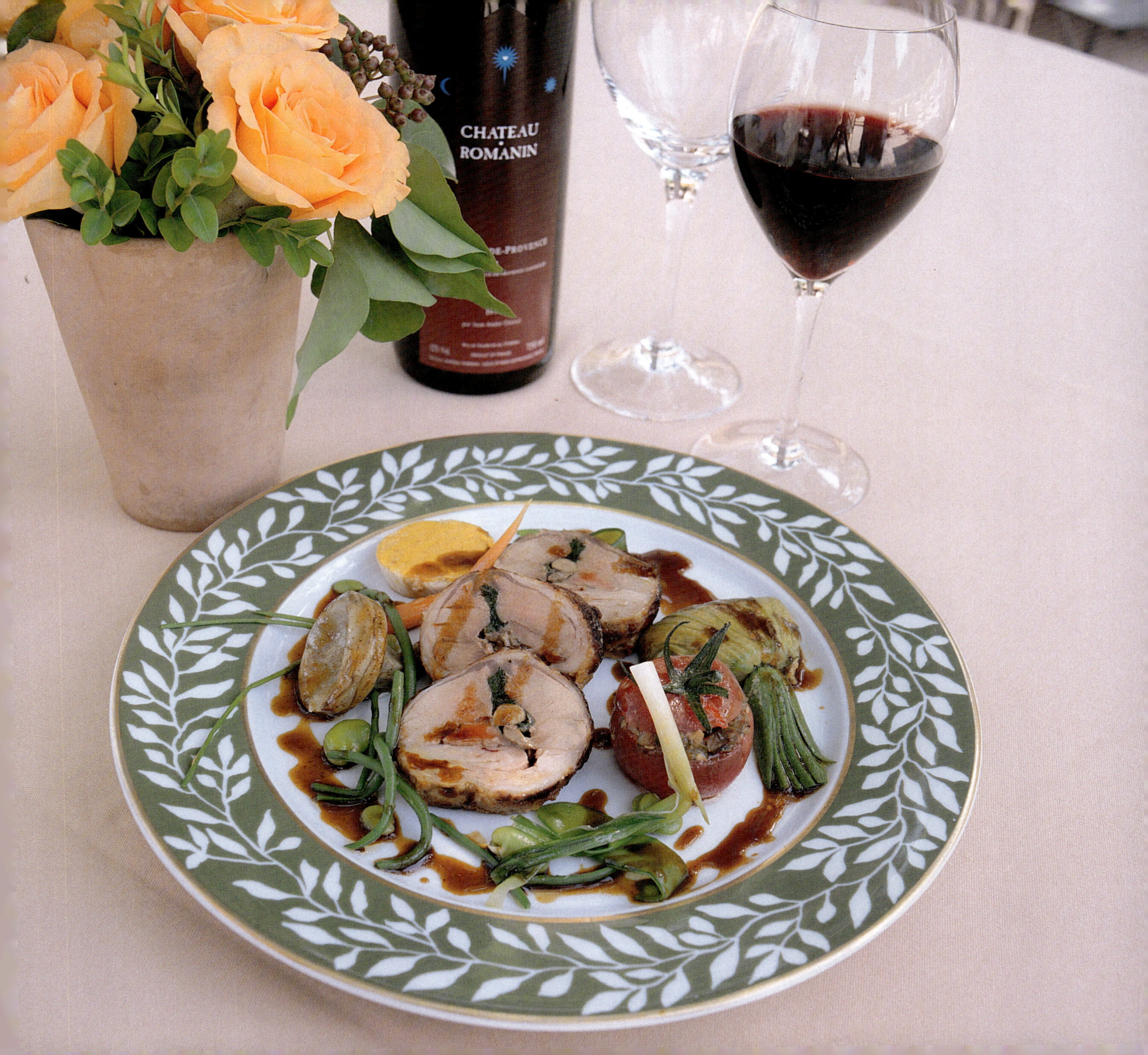
CHATEAU
ROMANIN

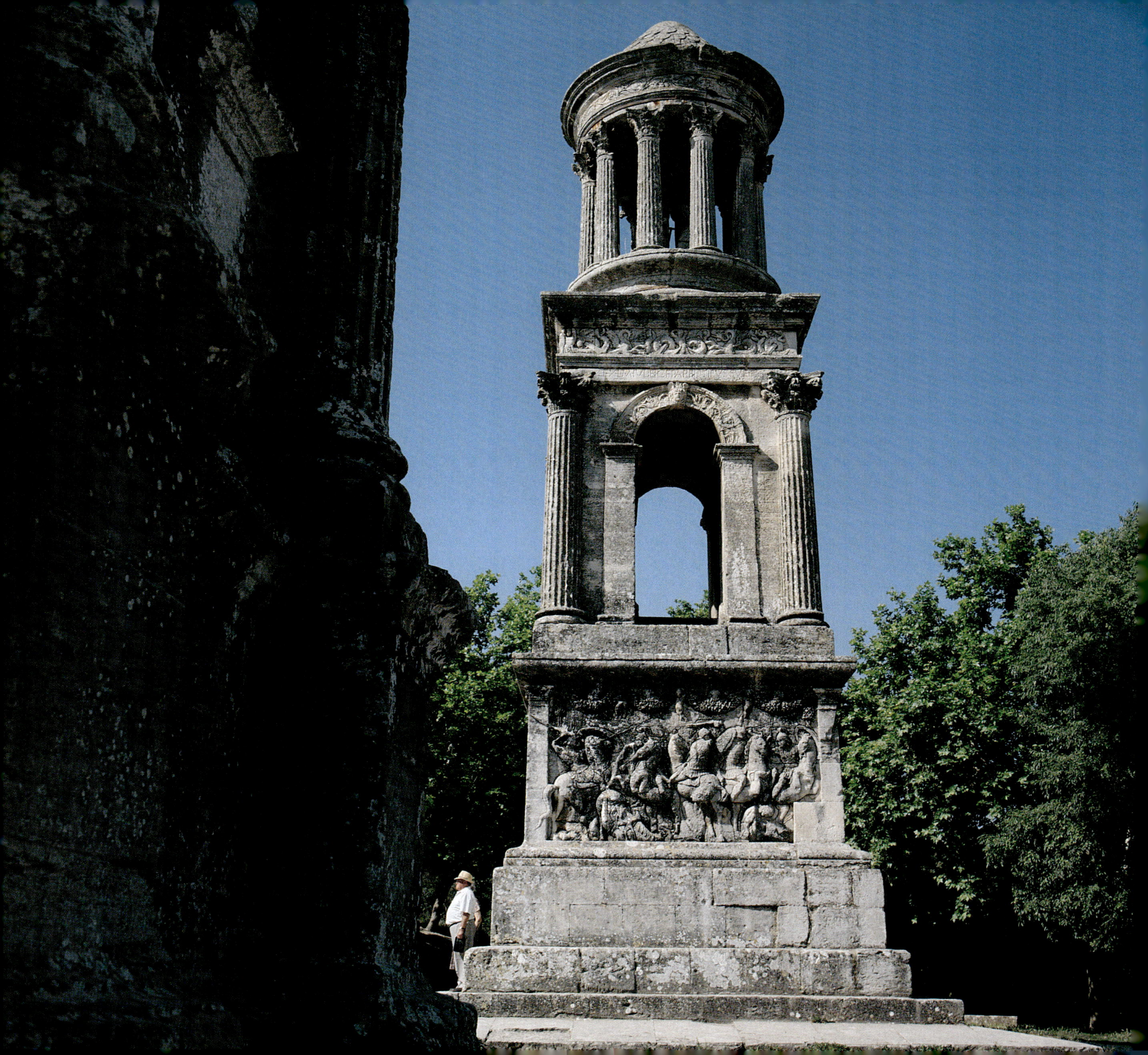

monsieur Thuilier hann se de flesta av Frankrikes stora namn som sina gäster. Kungligheter som drottning Elisabeth av England, och drottning Ingrid av Danmark gjorde visit, liksom Kinas Deng Xiaoping samt en hel del mer eller mindre älskvärda generaler bland världens ledare. När Thuilier dog 1993 hade han skapat ett gastronomiskt paradis, en charmerande plats och en värdig efterföljare till det romantiska hovet på klippan. Den som vill spendera något mindre, men ändå bo alldeles förnämligt hittar La Cabro d'Or med samme ägare någon kilometer längs vägen mot Arles.

En allé av plataner kantar vägen mot S:t-Rémy-de-Provence.

Vi är lite tidiga till lunchen, och på terrassen arbetar just ett filmteam med en reklamsnutt för TV. Den lättklädda stjärnan placeras vid poolen med den mobiltelefon som uppenbart bekostar kalaset. Sminkös, kameraman, scripta, och ett antal assistenter med oklara arbetsuppgifter virrar runt och fyller betydelsefullt hela terrassen. Så anländer regissören, beställaren och ännu fler assistenter. Gesterna blir fler och diskussionen alltmer högljudd. Slutligen enas man om att blondinen ska svara i telefonen, samtidigt som hon vällustigt biter i ett mörkrött körsbär och ser lite lagom intressant ut.

Lunchen är utsökt. Langustinestjärtar på en bädd av vackert grönt som förrätt, därefter en fylld lammsadel med lätt exotisk smak och som avrundning en fräsch limesufflé. När vi ber om recepten för våra läsare ser vi att de är förvånansvärt enkla för att vara ett stjärnkök. Dagens köksmästare gör sig sällan kända för korta och enkla recept, men i monsieur Charials kök komplicerar man inte i onödan. Naturligtvis dricker vi husets rosé, och det smakar alldeles utmärkt. Det gläder monsieur Charial, och han insisterar på att vi måste besöka hans vingård som tydligen är något alldeles extra. Vi vill förstås inte göra vår värd besviken, och för att hitta till Château Romanin kör vi åter den vackra vägen mellan Les Baux och S:t Rémy, och fortsätter därefter mot Cavaillon.

T.v. Mausoleet och arken i S:t Rémy är oerhört välbevarade monument från den romerska tiden.

– Kör av mot flygfältet, sa monsieur Charial när han gav vägbeskrivningen och mycket riktigt hittar vi avtaget åt höger.

Ge inte upp om ni bestämmer er för att leta er hit, för vid vägs ände ligger egendomen. Skyddad av Alpillernas skrynklade grå bergssidor som ger vinden fördelaktiga riktningar och gynnar vinstockarna. Odlingarna bedrivs helt efter ekologiska metoder, något annat vore inte möjligt med en framsynt man som guldkrögaren Charial som delägare. Omgivningarna är onekligen vackra, men mest imponerar ändå den katedral där vinet lagras – för det är verkligen en katedral. Djupt inne i berget har man låtit bygga en sal, inspirerad av gamla tiders katedraler men med helt moderna material, och den är en upplevelse! Produktionen omfattar både rött, vitt och rosé. Det gräver heller inga djupa hål i reskassan om man vill köpa med några flaskor från bergakungens sal.

Trakten runt Les Baux är känd för sin utmärkta olivolja. Mest känd är Mouriès, en liten by längs väg D 17 på Alpillernas sydsida. Redan vid infarten möts man av en skylt som stolt talar om vad som är byns specialitet. Vi är lite fel ute eftersom fjolårets olja nära nog är slut och årets skörd ännu inte påbörjad, men till slut hittar vi ett hus där skylten fortfarande sitter uppe. En alldeles vanlig villa, där frun i huset vänligt lindar de begärliga flaskorna i tidningspapper innan hon ställer dem i en kartong för vidare befordran till ett land hon aldrig tidigare hört talas om.

Arles var huvudstad och religiöst centrum redan under medeltiden, i dag är den huvudstad i risdistriktet. Men människan har bebott Arles långt tidigare än så. Utgrävningar har visat rester från de greker som koloniserade Marseille redan 600 år f.Kr. Till stadens främsta sevärdheter hör den antika arenan, amfiteatern samt museet för kristen konst – Musée d'Art chrétien. Trots att mängder av turister letar sig till Arles har staden ändå lyckats undgå att bli en utpräglad turiststad. Här finns även annat att leva av, för detta är gammal jordbruksbygd. Kommunen är med sina 77 000 ha den till ytan största i Frankrike.

Arles har gjort sig känd för sina folklorefestivaler som anses tillhöra de mest genuina i Provence. I maj hålls festival med Camargues cowboys – *les gardians*, i juli går den stora sommarfestivalen av stapeln och i september kan man besöka risfestivalen för att celebrera skörden. Då skrider sköna damer fram längs gatorna i vackra traditionella dräkter, då spelar tambourinairerna upp till dans och den antika farandolen tråds än en gång av dygdädla jungfrur och höviske män på torget i Arles.

Den antika arenan och amfiteatern hittar man i hjärtat av det gamla Arles, men staden har många sevärdheter.

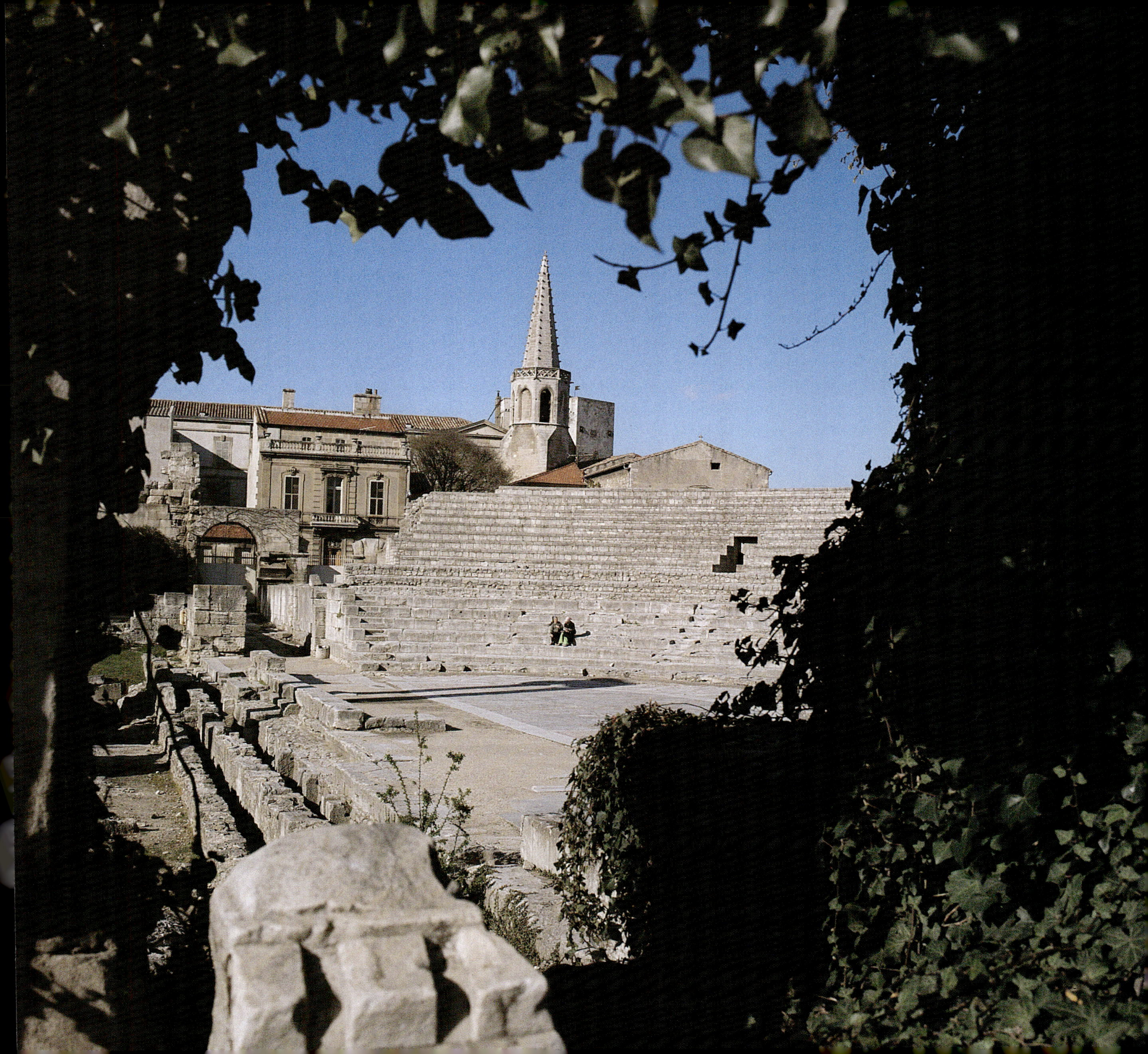

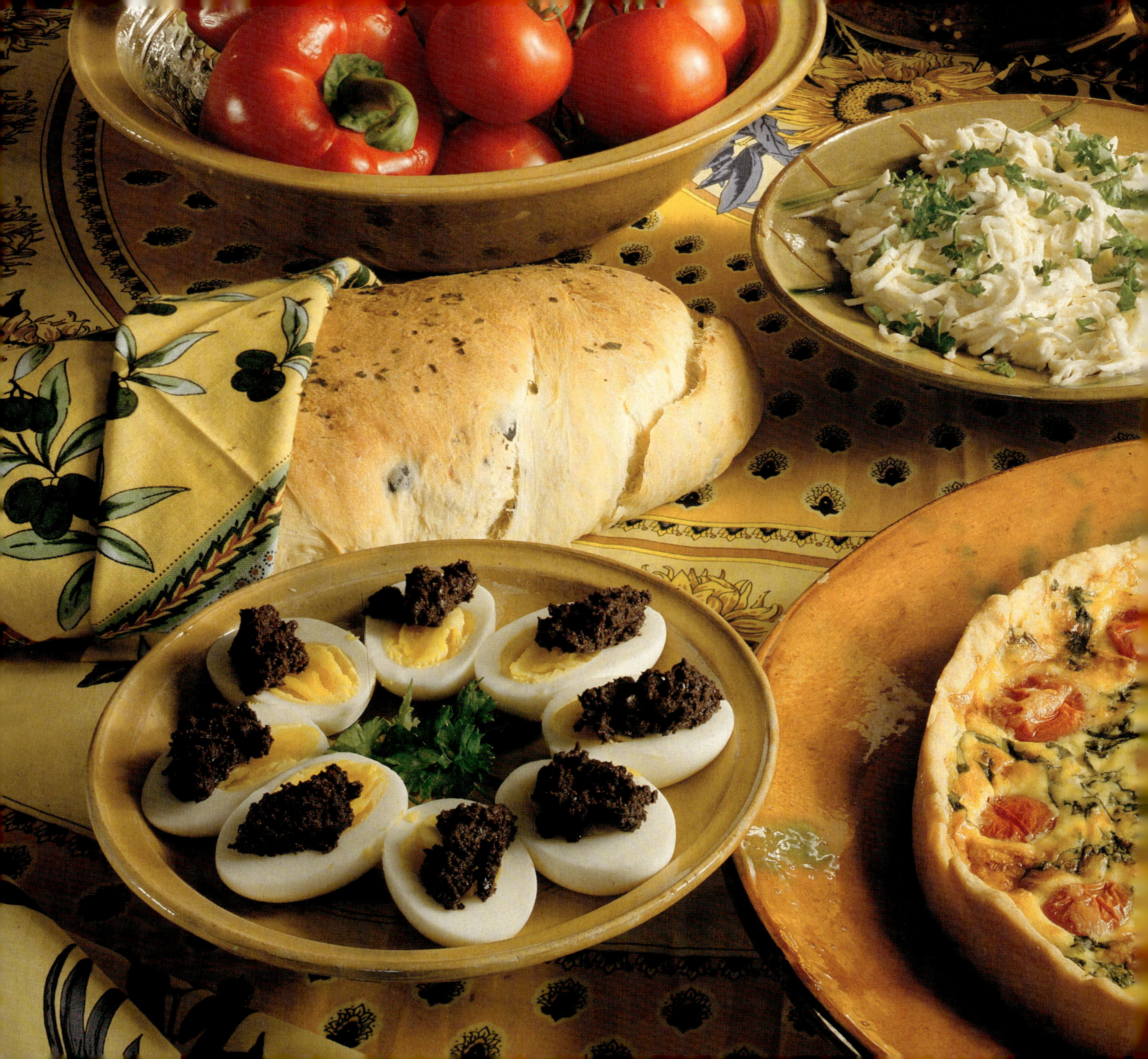

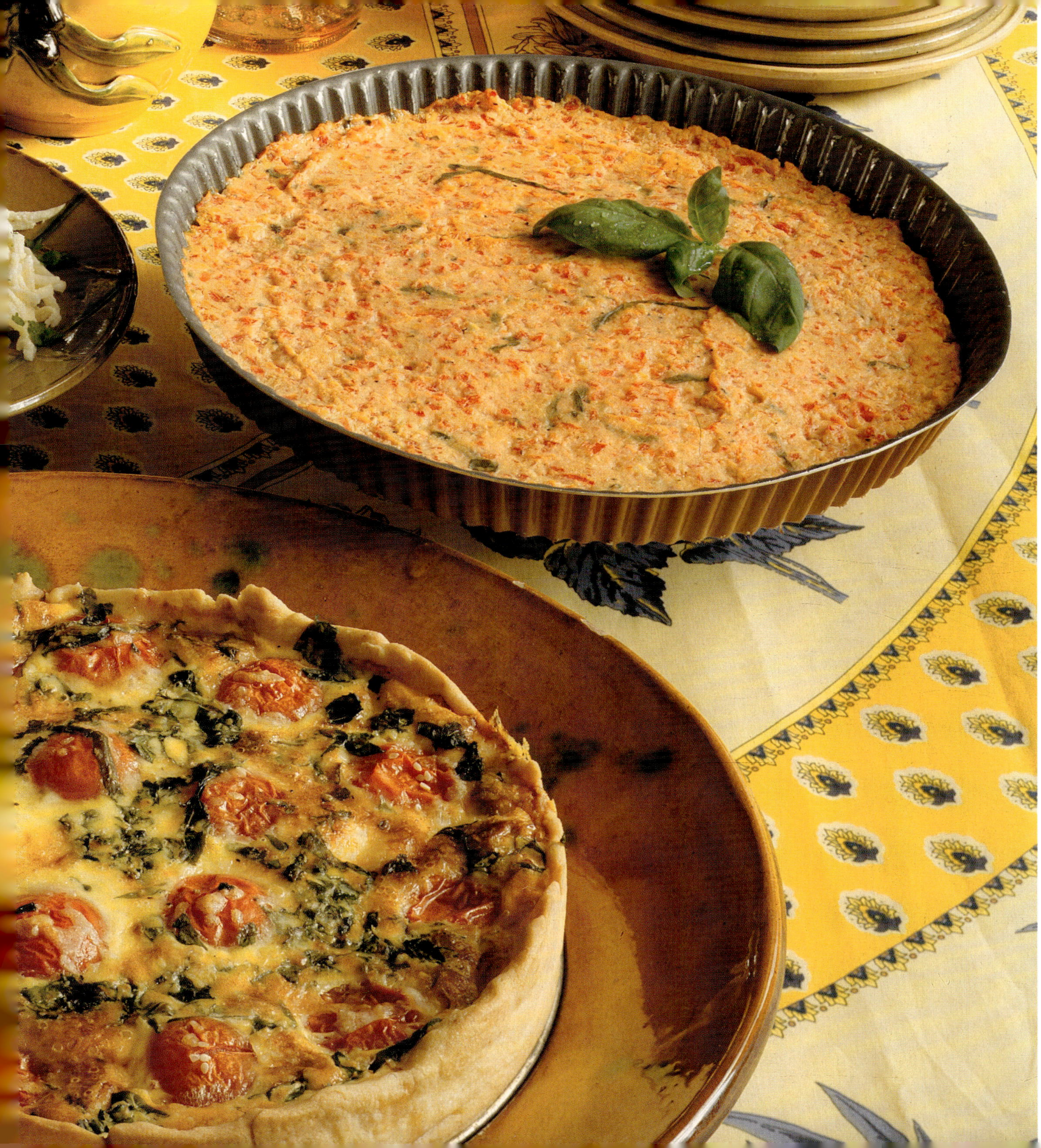

Provençalsk buffé

Lätta gröna rätter ställer man gärna på bordet i Provence. Vill man komplettera buffén finns alltid goda charkuterier att tillgå.

Paj med körsbärstomater

8 BITAR
3 1/2 dl vetemjöl
125 g smör
1/2 dl kallt vatten
FYLLNING:
1 msk ljus Dijonsenap
500–600 g körsbärstomater
2 msk sesamfrön
1 kruka basilika
cirka 100 g riven gruèreost eller grevé
3 ägg
2 dl crème fraiche
1/2 tsk salt
Ugn: 200–175º

• Nyp ihop smör och mjöl till en smuldeg, eller gör degen i matberedaren. Arbeta snabbt in vattnet i degen. Lägg den i plastfilm i kylen en timme.
• Kavla ut degen och klä en springform – en kakform med spännring. Nagga bottnen och vik en folieremsa över kanten. Ställ formen i kylen en stund. Grädda pajen mitt i ugnen 10–12 minuter i 200º.
• Ta sen ut pajskalet och ta bort folien. Bred senap över bottnen och täck med delade tomater. Strö sesamfrön över samt grovt hackad basilika och ost. Vispa ihop ägg, grädde och salt och slå över.
• Grädda pajen klar i nedre halvan av ugnen i 175º 35 minuter eller tills den känns klar.

Tapenade och ägg

Den svarta, salta olivröra som kallas tapenade används till litet av varje. Här ligger den på hårdkokta ägghalvor. Den breds även på råa grönsaker eller på en brödbit – som tilltugg till en drink i väntan på att maten ska komma på bordet. En tapenade kan smaka lite olika beroende på kocken – vår variant är ganska mild i smaken. Enklast arbetas olivröran ihop med kniven i matberedaren.
• Hacka 1–2 klyftor vitlök och tillsätt sen ett 10-tal sardeller – 1/2 kryddburk kapris – 250 g svarta oliver utan kärna – 1 krm timjan och 1 tsk ljus Dijonsenap.
• Mixa till fint hack och tillsätt sist cirka 1 dl olivolja lite i sänder. Kör maskinen hela tiden tills oljan är helt inarbetad. Smaka av. En tapenade kan förvaras i täckt skål i kylen några dagar.

Tomatmousse med paprika

6 BITAR
2 röda paprikor
cirka 3/4 kg tomater
2 msk olivolja
salt och svartpeppar
1 krm timjan
1 klyfta vitlök
15-tal basilikablad
2 hela ägg
3 äggulor
Ugn: 200º

• Skålla delade paprikor och hela tomater i kokande vatten och dra av skalet. Ta bort kärnorna.
• Fräs tomatköttet med oljan cirka 20 minuter. Krydda med salt, peppar, timjan och vitlök och kör det till puré i mixer tillsammans med paprikan. Blanda purén med grovt hackad basilika, äggen och äggulorna.
• Slå lite olja i en låg pajform och pensla ut den till en tunn film. Slå i smeten och grädda i nedre halvan av ugnen cirka 30 min.

Selleri i remoulade

I Provence används den rivna sellerin rå – man kan också ge rivet ett hastigt dopp i kokande vatten och därefter snabbt kyla med kallt vatten. Spänsten finns då kvar men smaken blir lite mildare.
• Skala och grovriv en hel rotsel-

leri. Låt den rinna av noga om den kokas, och pressa ur vattnet.
- Blanda en dressing av 2 dl naturell yoghurt, 2–3 msk majonnäs, salt, svartpeppar och 2–3 tsk ljus Dijonsenap. Den som tycker om vitlök kan blanda ned 1 hackad vitlöksklyfta, men det är inte nödvändigt.
- Vänd ned sellerin, lägg upp i en skål och strö på rikligt med hackad persilja.

Oreganobröd med oliver

Brödet kan bakas enbart med vetemjöl, men det får mer smak med lite rågsikt i degen.

1 ST
25 g färsk jäst
2 1/2 dl ljummet vatten
1 msk olivolja
1 1/2 tsk salt
1/2 msk torkad oregano
1 dl svarta oliver, kärnfria
2 dl rågsikt
cirka 6 dl proteinrikt
   bakvetemjöl
Ugn: 225°

- Rör ut jästen med vattnet och tillsätt övriga ingredienser. Arbeta sist in så mycket vetemjöl att degen släpper bunken utan att kladda. Arbeta degen 5–10 minuter. Jäs den sen övertäckt i bunken 30–45 minuter.
- Knåda degen på bakbordet 5–10 minuter. Bröd med bakvetemjöl blir bäst om degen knådas rejält. Forma ett avlångt bröd, och lägg på plåt med bakpapper att jäsa 20–30 minuter. Stryk lite mjöl på ovansidan.
- Grädda brödet i nedre halvan av ugnen 30–35 minuter, eller tills det känns klart. Låt det svalna på galler.

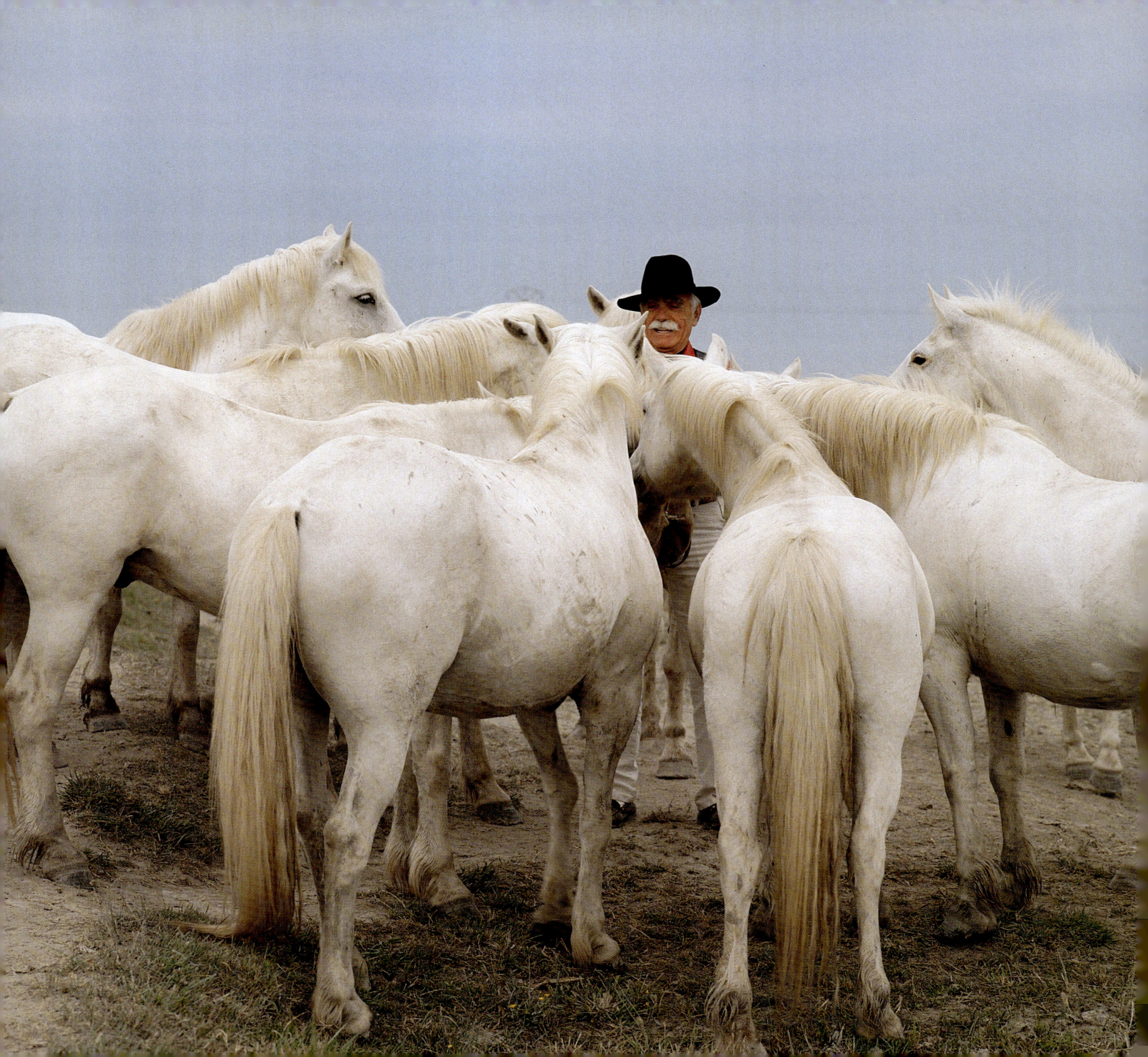

Macholand

SÖDER OM ARLES befinner man sig i Camargue – Provence eget Vilda Västern. Landskapet liknar inget annat, såväl naturen som människorna är särpräglade i Rhônes floddelta. En mycket stor del av området är naturreservat, där djur och växter lever en ostörd tillvaro. Strax norr om Arles delar sig Rhône i två armar i sin färd mot havet. Grand Rhône flyter vidare längs Camargues östra sida, medan Petit Rhône bevattnar den västra. Längs flodbankarna och i deltats norra del, där flodslammet bildat fin matjord, hittar man bondgårdar och odlingsmark. Ris är en stor gröda i Camargue, även om den minskat betydligt sedan guldåren på 60-talet. Längst i söder ligger saltängarna. Saltet är både ett problem och en tillgång i detta flodrike.

Vid utfarten från Arles stöter vi på en *convoy exceptionnel,* och denna är verkligen något utöver det vanliga. En sorts turbin i kolossalformat ska fraktas med långtradarsläp genom staden, och detta artar sig till att bli ett skådespel. Chauffören har knappast någon möjlighet att se slutet på lasten, och turbinen är dessutom så hög att den omöjligt kan passera under några vägbroar. Runtom och ovanpå turbinen sitter medhjälparna som små myror, och vinkar och viftar morsemeddelanden till chauffören. Fransmännen älskar en bra föreställning, något som transportledaren är väl medveten om. På raksträckorna går det undan i 10 km/tim, men vid första rondellen blir det problem. All trafik avstannar, folk kör nära nog i diket i sin iver att hålla undan för vidundret. Ett tag ser det riskabelt ut, det krävs ingen stor lutning för att hela ekipaget ska gå över styr. Åskådarna applåderar när chauffören belåtet leende slingrat sig runt rondellen, och gasar på mot nästa utmaning.

Vi tar av på D 36 mot Salin-de-Giraud, och missar därmed den spännande fortsättningen. De flesta turisterna fortsätter mot S:tes-Maries-de-la-Mer, medan vägen längs Grand Rhône mest lockar fågelskådare och andra naturälskare.

– Kommer du ihåg kvällen i Sambuc, säger jag när vi passerar genom byn som är lång som ett andetag.

De vackra vita hästarna utgör en del av turistbilden från Camargue.

Mas de Peint i Sambuc drivs av Jaques och Lucille Bon.

T.h. Provences svarta tjurar besjöngs redan av Evert Taube. Här är en del av gårdens mäktiga besättning.

Det året hade vi hyrt in oss med hela storfamiljen i en *gîte* nära Etang de Vaccarés, faktiskt mitt i sumpmarken. En gîte kan vara allt från ett enkelt rum till ett hyggligt semesterhus, och standarden varierar. Svenskar som är bortskämda med bra standard bör nog välja bland de högsta klasserna för att bli nöjda. Men detta var en utmärkt inkvartering, med gott om utrymme och bra kök för en mycket rimlig penning. Vi ville uppleva det äkta Camargue, bo på en av de gamla gårdarna och göra utflykter därifrån. Och det var ett annorlunda Provence som mötte oss här i Rhônedeltat, mycket långt ifrån det mondäna livet på Rivieran. Vad vi inte förutsett var invasionen av myggor på kvällskvisten, och grodornas kväkande natten igenom. Det fanns väl i sanningens namn också stunder då man undrade en smula över de dofter som steg upp från grodornas hemvist, men visst var det ett äventyr.

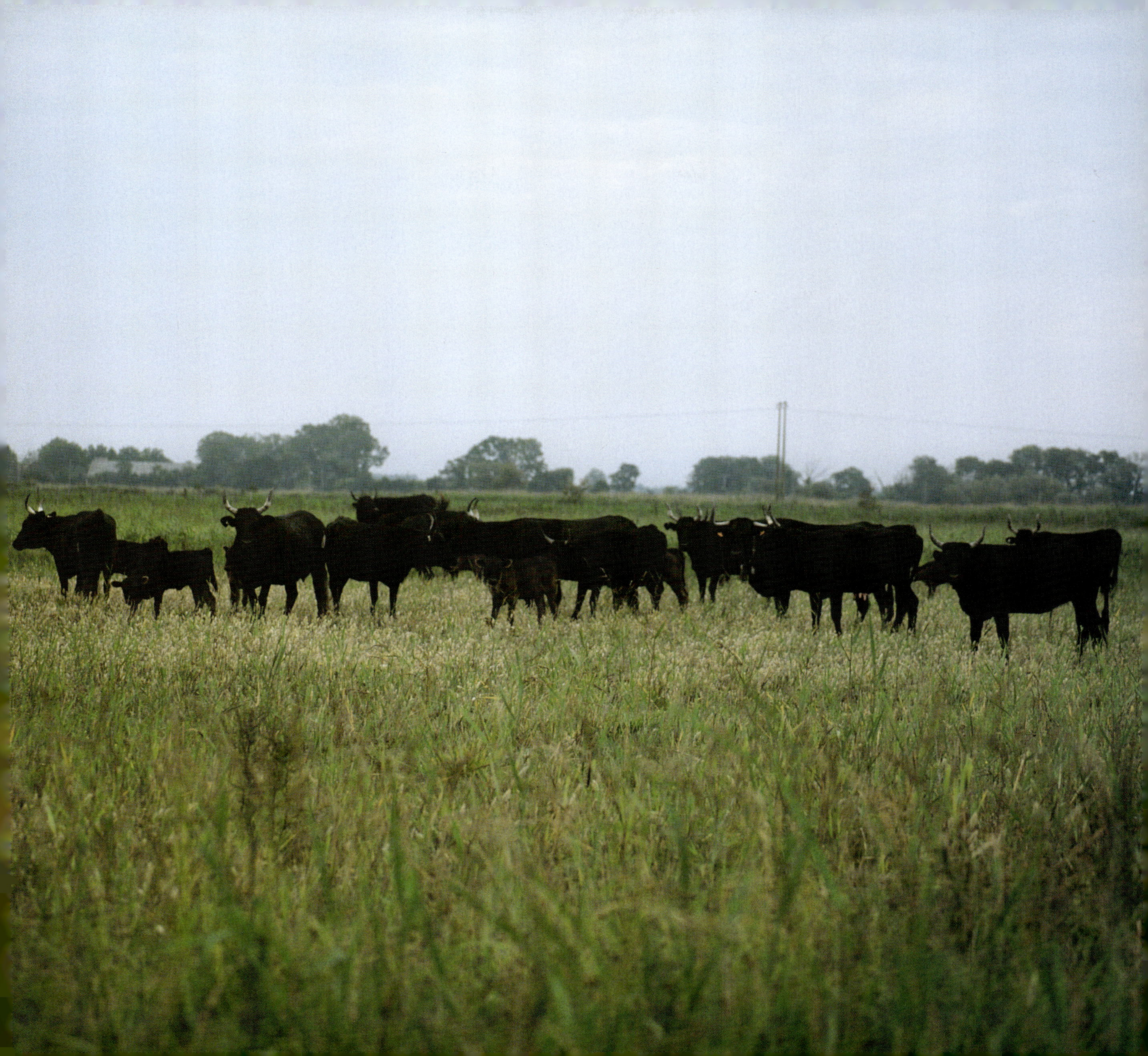

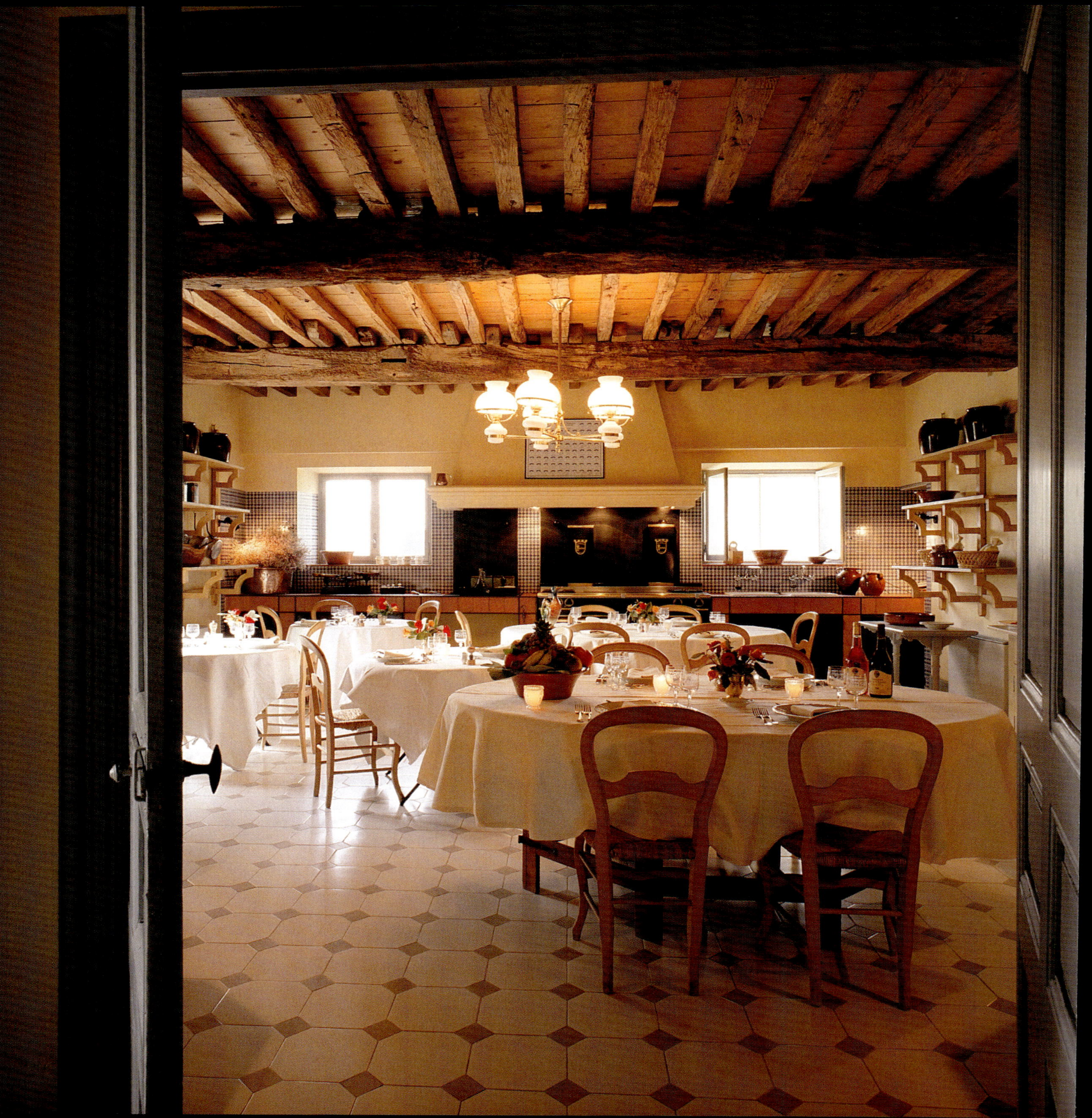

En kväll bestämde vi oss för att äta på restaurang. Jovisst, det fanns restaurang i Sambuc, upplyste värdfolket. Tvärs över risfält och tjurmarker for vi på smala åkervägar i nattmörkret, och hittade så småningom fram till lilla Sambuc och bykrogen där kulörta lyktor lyste upp de vaxduksklädda borden under plasttaket. Här satt byns *gardians* – Camargues egna cowboys, tog en öl och pratade tjurar. Själva fick vi de mindre lyckosamma tjurarna på tallriken i form av rejäla biffar. Det var inget stjärnkök, men alla var mätta och nöjda när vi letade oss hemåt i den svarta natten.

Även denna gång är vi på väg mot en av de gamla gårdarna, men vi kommer att bo bekvämare – mycket bekvämare. Mas de Peint, strax söder om Sambuc är en av Camargues större bondgårdar med runt 500 hektar mark. Men lönsamhet kräver utveckling även här, varför en del av mangårdsbyggnaden omvandlats till ett litet men elegant hotell med konferensanläggning. Jaques Bon, en stilig gråhårsman är född på gården medan hans unga hustru Lucille är arkitekt och kvinnan bakom ombyggnaden.

Vita hästar, svarta tjurar och rosa flamingor är den gängse turistbilden av Camargue – och den är sann. Tjuruppfödningen är betydelsefull för bönderna här, och hästhållningen har mycket gamla anor. Familjen har runt 300 tjurar på sina marker, och ett femtiotal av de vita hästarna. Monsieur Bon odlar vete, och Camargues speciella röda ris som har den egenskapen att det absorberar salt. Efter tre års risodling kan man odla säd eller annan gröda på marken. För trots omfattande dränering och "tvättning" med flodvatten är salthalten i jorden ett problem för bönderna härute.

Mas de Peint har tio rum, standarden är förstklassig och priset därefter. Det är en mycket personlig inkvartering, och man känner sig mer som en betalande

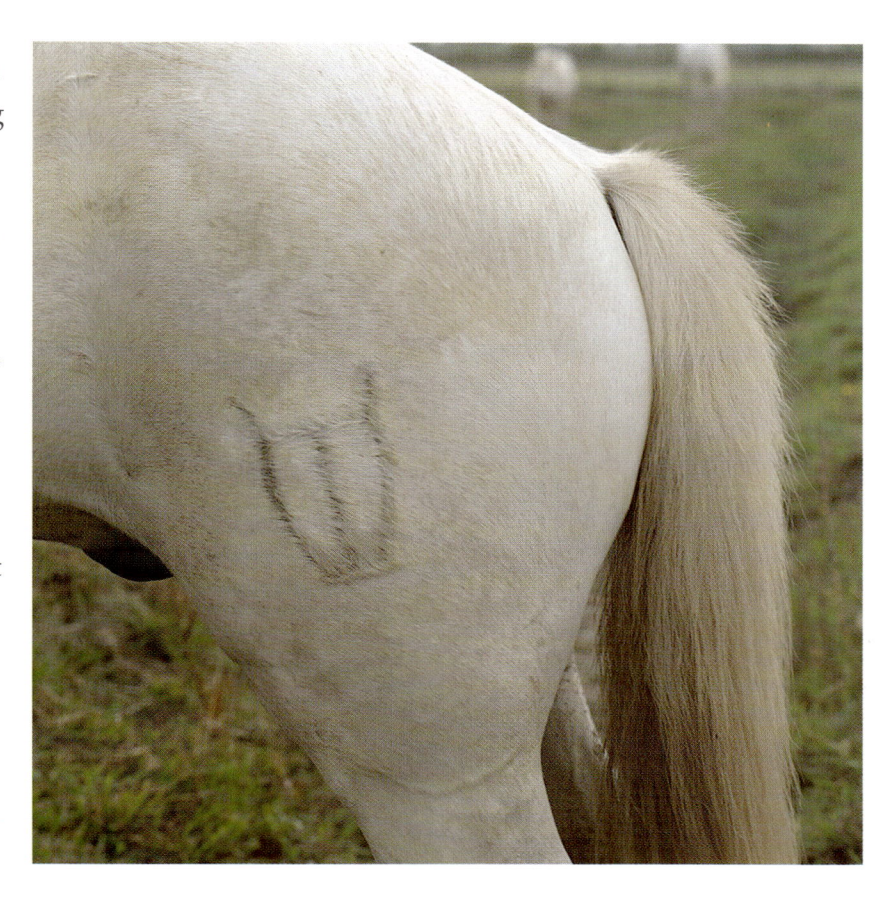

Gårdens bomärke bränns in på både tjurar och hästar.

T.v. Matsalen på Mas de Peint är trivsam som ett lantkök.

Les gardians är Camargues cowboys, och stilen är tuff.

gäst i ett privat hem. Matsalen är inredd som ett stort bondkök, med spis och bänk där kocken förbereder måltiden. Väggarna i biblioteket pryds av bilder på prisbelönta tjurar, och ståtliga män till häst. Camargue är otvetydigt närmre den spanska machokulturen än någon annan del av Frankrike.

Monsieur Bon har lovat oss en åktur runt ägorna, och vi studsar mellan jeepens väggar där han far fram längs åkerrenarna. Vit i håret och den yviga mustaschen, men smal om höfterna som en ung pojke. Har bär smala byxor med revärer, skinnväst, stövlar och den bredbrättade hatt som bärs av alla gardians i Camargue. Det är en typisk arbetsklädsel för karlarna häromkring, varierad av lite mer rymliga byxor med "gubbränder" för herrar med rondör. Hästarna står som vackra, vita sagodjur mot den ljusa grönskan men de är inga primadonnor utan de får göra rätt för födan. Med hjälp av en havrepåse och en lasso fångar han vant in hästarna, som säkert kommit enbart för havren. De är högbenta djur med grovt huvud och ganska kort rygg – en stor ponny, och ättlingar till den förhistoriska Soultréhästen.

– De föds mörka, först efter 4–5 år är pälsen helt vit, säger monsieur Bon, vilket förklarar de gråspräckliga hästarna som man ser i stallen längs vägen.

La course Camarguaise är den lokala formen av tjurfäktning.
Det gäller att fånga kokarderna i tjurens horn innan man själv sitter där.

190 Fransyska Visiter

Gardiane

En rejäl gryta med lamm och potatis när man tröttnat på restaurangmaten.

Bekväm mat, allt finns i grytan.

4–5 PORTIONER
cirka 1,2 kg lamm, rygg eller bog
salt och svartpeppar
2 tsk timjan
olivolja
2 1/2 dl vitt vin
8 potatisar
4 gula lökar
3–4 klyftor vitlök
2 lagerblad
2 smala strimlor apelsinskal
en handfull svarta oliver

• Skär köttet i bitar som till kalops. Krydda med salt, papper och timjan och vänd runt. Bryn köttet i en panna med olivolja, och vänd runt under 20 minuter. Ta sen upp köttet i en skål, vispa ur pannan med vinet och sila över köttet.
• Skala och skiva potatis och lök.
• Tillsätt kött och vinsky i grytan, och koka sakta under lock till köttet är mört, cirka 45 minuter. Lägg oliverna i grytan de sista 10 minuterna så att de blir varma. Bröd och sallad till.

Anchoïde Mas de Peint

Anchoïde är en dip av sardeller och vitlök som serveras till grönsaker eller rostat bröd. Här serveras en vacker salladstallrik till den salta såsen.

PÅ TALLRIKEN:
rädisor
champinjoner
paprika
endiver
sallat
tomater
squash
blomkål
kokt potatis
hårdkokt ägg
ANCHOÏDE:
2 askar sardeller, cirka 20 st
1–2 vitlöksklyftor, pressade
1/2–1 msk vinäger
svartpeppar
1/2–3/4 dl olivolja

• Mosa sardellerna i en skål med rund botten, eller kör såsen i matberedaren. Tillsätt vitlök, vinäger och peppar. Rör sen ned oljan lite i sänder så att inte såsen skär sig. Smaka av med mer vinäger om så behövs. Såsen kan vänta i kylen.
• Lägg upp grönsakerna vackert på en tallrik och servera såsen till.

Ingen tvivlar på att dessa machomän vuxit upp på hästryggen efter att ha sett en uppvisning.

Fylld tomat i gelé

4 PORTIONER

cirka 500 g tomater
4 blad gelatin
1 liten gul lök, finhackad
2 msk hackad färsk dragon
2 msk finhackad paprika
2 msk finhackad schalottenlök
2–3 msk olivolja
3 msk tomatinkråm
1 msk pressad citron
1 msk sherryvinäger – Xérès
salt och svartpeppar

- Skålla och skala tomaterna. Dela dem i fyra delar. Peta försiktigt ur kärnor och saft ner i en liten kastrull utan att förstöra klyftorna.
- Skär försiktigt bort mellanväggarna i tomaterna, och klä sen insidan av fyra koppar eller små skålar med tomatköttet.
- Lägg gelatinbladen i blöt i lite kallt vatten. Blanda lök, dragon och paprika i en skål. Fukta blandningen med olivoljan.
- Blanda citronsaften med tomatkärnorna i kastrullen, och ge det ett hastigt uppkok. Ta det av värmen och smaka av med sherry-vinäger, salt och peppar. Krama upp gelatinbladen och låt dem smälta i den varma tomatskyn.
- Rör ned geléskyn i paprikaröran, och fyll tomaterna. Ställ i kylen i minst 4 timmar. Vänd upp tomaterna på kall tallrik, och garnera med vackert grönt.

Vid tjurarnas *manade* blir vi ombedda att vara tysta och stilla, annars sticker hela hjorden iväg. Att vår värd kan namnen på alla hästarna i hägnet är imponerande nog, men han kan faktiskt också namnen på alla tjurarna. Blanksvarta med uppåtvridna horn blänger de både förvånat och en smula misstänksamt på inkräktarna. Lite lustigt är det att den mest nyfikna kolossen heter Mimosa. En av tjurarna är okastrerad, och honom bör man hålla sig undan för, säger Jaques Bon.

Camargue har sin egen form av tjurfäktning, och den är betydligt mer sportslig än den spanska varianten. Den kallas *la course Camarguaise*, och i denna tävling överlever tjuren. Här är det tjuren som är stjärnan, och det är hans namn som står med stora bokstäver på affischerna. Men givetvis kan inte alla djuren användas för tävlingar. I själva verket är det endast 5 % som det verkligen blir något av, resten är köttdjur.

Manade J. Bon står det på en skylt längs vägen, och detta är gårdens egen arena. Här är man just i färd med att förbereda en *course*, och arenan är fylld av en stor grupp besökare. Lite överraskande är den blåvita Volvobanderollen som talar om varifrån gruppen kommer. Det är faktiskt en kvinnlig speaker som med hes röst förklarar de olika turerna med en Gauloises hängande i mungipan. Men visst ser hon ut som en äkta gardian med jeans, boots, provençalsk skjorta och västernhatt. Först kommer ett par skickliga ryttare, som spränger fram i hård men ädel tävlan om vem som kan fånga en blombukett av några assisterande damer. Att de nära nog är födda på hästryggen råder ingen tvekan om, och vinnaren får en kyss som belöning. Så börjar huvudtävlingen, och först ut på arenan är en liten ungtjur på inskolning. Så särskilt förtjust är han inte, och när *razeteurerna* försöker reta honom blir han tvärt omöjlig, och tar ett skutt över planket tillbaka till den trygga fållan. *En course Camarguaise* går så till att kokarder fästs vid tjurens horn. De unga vitklädda razeteurernas uppgift är att komma så nära tjuren att de med hjälp av en *razet* – ett slags greppräfsa, kan plocka till sig kokarderna inom loppet av femton minuter. På arenan finns också en eller två *tourneurs*, vars uppgift är att manövrera tjuren i lämpliga positioner. Nu är det de breda pojkarnas tur, och in på arenan kommer en bjässe till tjur. Ståtlig och självsäker släntrar han runt arenan – han har varit med förr, det syns. En av razeteurerna gör ett utfall men jagas snabbt iväg över planket. För att klara livhanken måste en razeteur inte bara vara modig, han måste också vara en hejare på att hoppa – och hoppa högt. Den höga barriär som omger arenan är hans livlina, och det är upp på den han måste flyga när tjuren fattar humör.

Le Pèlerinage i zigenarstaden S:tes-Maries-de-la-Mer är en av årets stora begivenheter. En folkfest med religiös bakgrund.

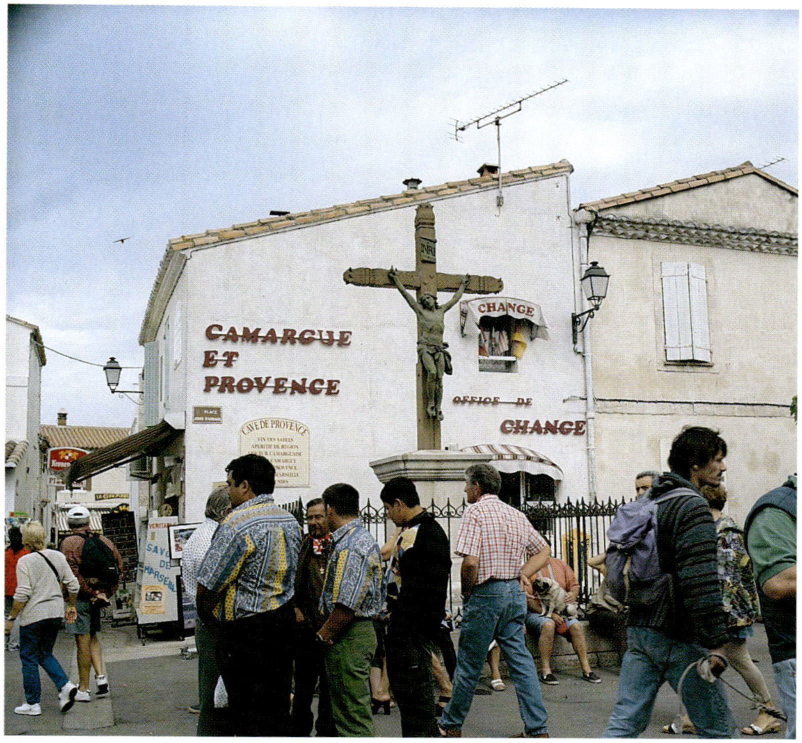
CAMARGUE
ET
PROVENCE
CHANGE
OFFICE DE
CHANGE

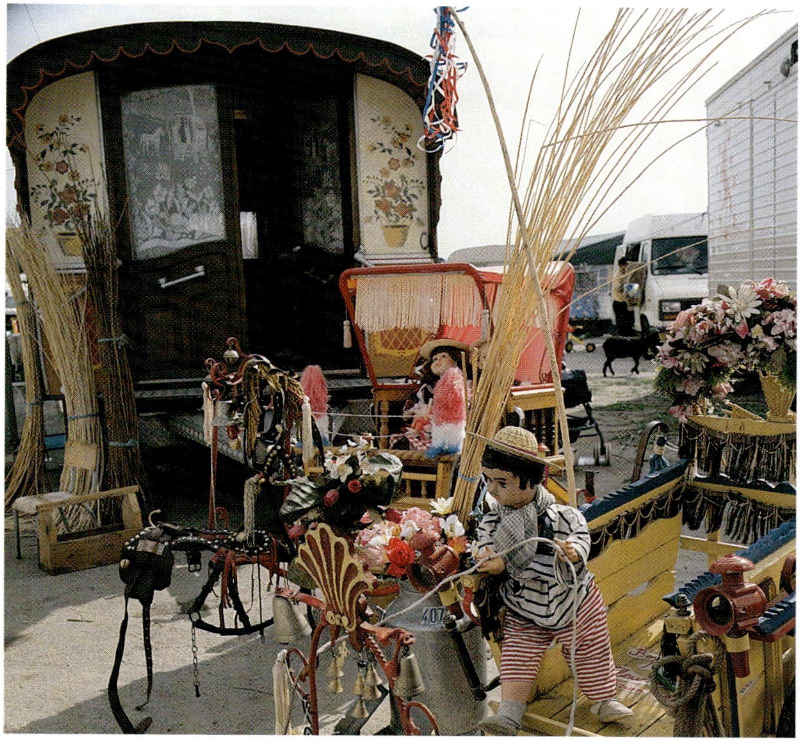

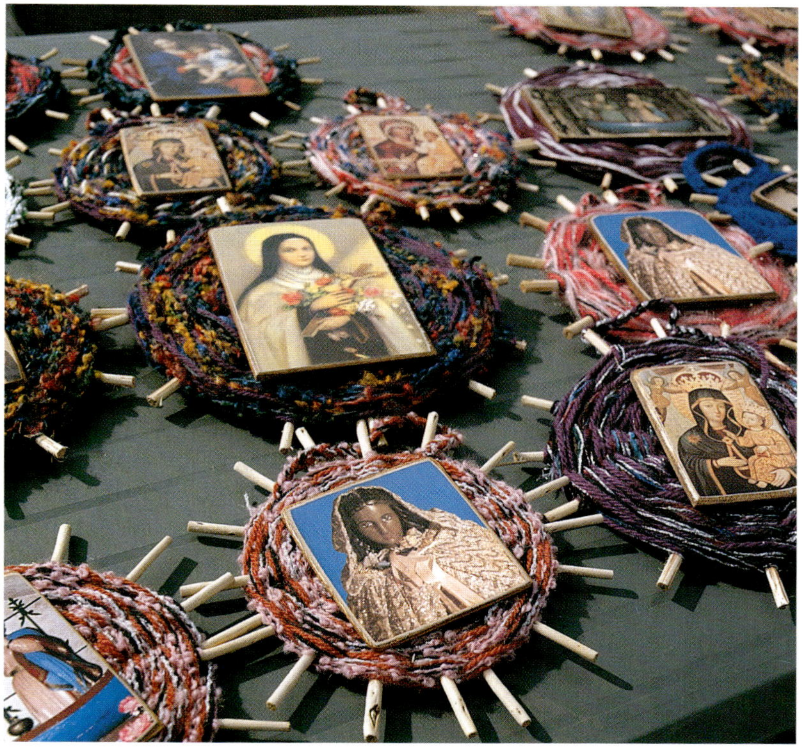

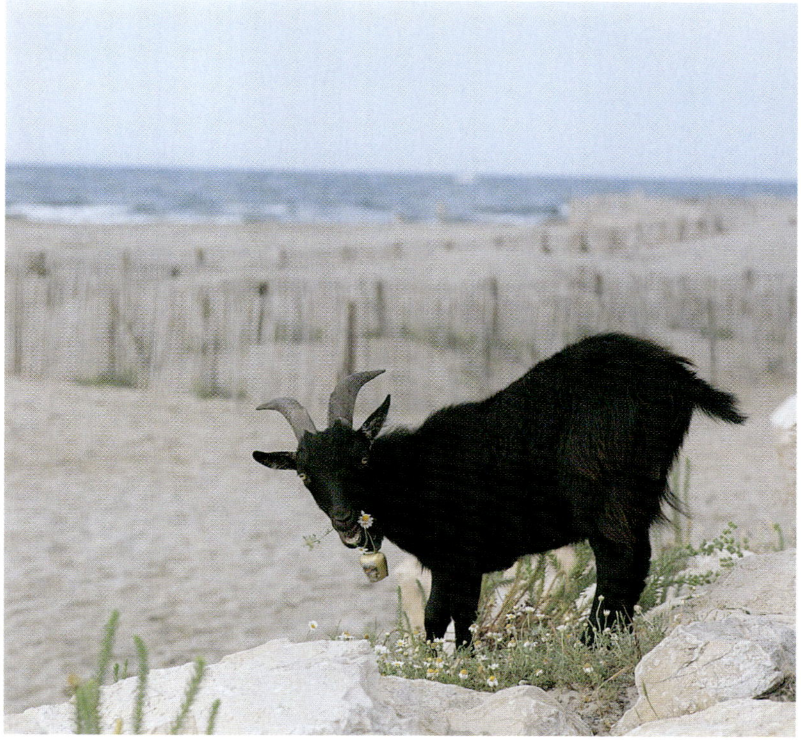

Oxfilé med svamprisotto Mas de Peint

En rejäl biff från de svarta tjurarnas land. Köttet helsteks för att bli vackert rosa inuti.

4 PORTIONER
cirka 600 g oxfilé
salt och svartpeppar
2–3 dl rött vin
färska grönsaker efter
 smak och tillgång

RISOTTO:
10 g torkad svamp
 t.ex. Karl-Johan
2 1/2 dl vatten
2 1/2 dl finhackad lök
25 g osaltat smör
5 dl rött ris
 från Camargue
7 1/2 dl hönsbuljong
2 msk hackad persilja
4 dl vispgrädde
2 1/2 dl nyriven
 parmesan
Ugn: 175º

• Förbered de grönsaker som ska serveras varma till köttet. Lägg den torkade svampen i blöt i vattnet i en halvtimme eller mer. Ta sen upp svampen, och skär den mycket smått innan den läggs tillbaka i skyn.

- Krydda köttet med salt och peppar, och bryn det väl runtom med olivolja i en panna. Sätt i en köttermometer från kortsidan. Stek köttet mitt i ugnen tills termometern visar 57–62º, beroende på önskad genomstekning.
  Köttet kan också stekas helt färdigt ovanpå spisen. Vänd då filén runt då och då med pannan på medelvärme tills köttet känns klart.
- Fräs under tiden löken i en kastrull med lite smör, tills den är blank men inte brynt. Tillsätt riset och rör om någon minut. Späd med hönsbuljongen och svampskyn. Koka sakta under lock cirka 25 minuter, eller tills det mesta av buljongen kokat in.
- Rör ned persilja och grädde i riset, och fortsätt koka i 10 minuter tills riset är mjukt och all vätska absorberats. Dra riset av värmen, och rör ned parmesan. Smaka av med salt och peppar.
- Slå in köttet i folie när det kommer ut ur ugnen. Låt det vila i 5 minuter och skär det sen i skivor. Vispa ur pannan med rödvinet, sila skyn och servera till.

Getostterrine med paprika Mas de Peint

En utmärkt rätt på buffén, eller som förrätt till en middag. Förbereds två dagar i förväg, och görs klar dagen innan den serveras.

CIRKA 10 SKIVOR
2 gula paprikor
2 röda paprikor
olivolja
2 klyftor vitlök, krossade
malen kummin
salt och peppar
1 tsk citrontimjan
  eller vanlig timjan
7 blad gelatin
1 kg färsk getost
100 g svarta oliver, lätt krossade
30 g pinjenötter
1/2 dl vispgrädde
4 små squash
2 msk hackad gräslök
2 msk hackad mynta
Ugn: 275° grill

- Dela paprikorna i halvor och kärna ur dem. Lägg dem med skinnsidan upp i en långpanna. Sätt in dem under grillen tills skinnet skrynklar sig och lätt kan dras av. Skär dem i strimlor.
- Hetta upp olivolja i en gryta, tillsätt vitlök och paprika och låt det småputtra i 15 minuter. Krydda med kummin, salt, peppar och timjan. Ställ det över natt i kylen.
- Skiva squashen på längden, och lägg skivorna i kokande vatten i 2 minuter. Slå av kokvattnet, och kyl med isvatten. Fukta skivorna med olivolja och strö på lite kummin.
- Lägg gelatinbladen i blöt i lite kallt vatten 5–10 minuter.
- Blanda getosten med krossade svarta oliver, pinjenötterna, gräslök och mynta. Hetta upp grädden i en kastrull och dra den sen av värmen. Krama upp gelatinet, och låt det smälta i den varma grädden. Tillsätt grädden i getosten, och blanda väl. Ställ skålen i kylen 15 minuter.
- Använd en terrine eller en avlång bakform, och pensla den med en tunn film olja. Klä bottnen med skivad squash, och varva sen getostmassa med den marinerade paprikan. Lägg squash överst. Täck formen med plastfilm, och ställ i kylen över natten. Vänd upp terrinen, skär vackra skivor och arrangera på tallrik med sallatsblad.

Paprikasås

På tallriken ligger också paprikasås, vilket är gott till men inte nödvändigt. Mixa i så fall skållad och skalad paprika till puré, späd med lite grädde och smaka av med salt och peppar.

Domaine
de la Charité
Côtes du Rhône
1995
E.A.R.L. VALENTIN & COSTE
PRODUIT DE FRANCE

Nu är det strid – tre av de vitklädda grabbarna gör sitt bästa för att bringa tjuren ur fattningen och nå de åtråvärda rosetterna i hans horn. Han skrapar med klövarna i dammet, han fnyser och frustar innan han med ett bröl får krypen att kasta sig upp på barriären. Publiken applåderar, och ur högtalarna skräller Toreadorarian ur Carmen som en honnör till den gamle kämpen, som nu lite högdraget kan dra sig tillbaka med hedern i behåll. Det är inte helt ofarligt att agera razeteur, men i ett macholand som detta blir också denna manbarhetsrit fullt begriplig.

S:tes-Maries-de-La Mer är zigenarnas stad, och alldeles speciellt den 24–26 maj varje år då den årliga zigenarfestivalen – *le Pèlerinage*, går av stapeln.

– Lås bilen och håll i väskorna, varnar oss våra värdar innan vi ger oss iväg. Och visst är det trångt, mycket trångt på gatorna denna dag. Stadens namn kan ungefär översättas med "de heliga Mariorna vid havet", och detta är förknippat med en gammal provençalsk legend.

Maria Jacobe, Maria Salome och deras svarta tjänarinna Sarah drev iland med sin båt just där staden i dag ligger, och i kyrkan förvaras deras helgonbilder. Varje år i slutet av maj fylls staden av zigenare, som under rituella former bär helgonbilderna på en pilgrimsfärd till det hav som förde dem dit. De båda Mariorna är stadens skyddshelgon, den svarta Sarah är zigenarnas.

Utanför kyrkan samlas folk i väntan på att mässan ska ta slut, att försöka tränga sig in är en omöjlighet. Staden fylls av dofter från de olika stånd med mat som kantar gatorna. Det puttrar av paella och fisksoppor, man säljer små snäckor, anchoïde och lassvis med läckra sandwiches med spännande fyllningar. Ingen behöver lämna S:tes Maries hungrig denna dag – både magen och själen får sitt. Vi drar oss ned mot stranden för att om möjligt få en skymt av processionen. Här samlas alla de tillresta med sina vagnar, och det är livat och glatt. Några av vagnarna är elegant utstyrda och det säljs helgonbilder på den svarta Sarah, men ingenstans ser vi de färgsprakande zigenardräkter vi förväntat oss att få se. De två första dagarna är till för de religiösa ceremonierna, medan den tredje dagen egentligen inte alls har med detta att göra. Då avhålls en profan fest med ryttare, dans på stadens gator och tjurtävlingar till minne av markisen Baroncelli – och kanske är detta den mest färgrika tillställningen under festivalen.

I köket på Mas de Peint förbereder Daniel Egreteau middagen, och vi passar på att be om några recept för våra läsare. Visst – generöst delar han med sig av

Det är inte vit sand, det är berg av det salt som utvinns ur havsvattnet vid Salin-de-Giraud.

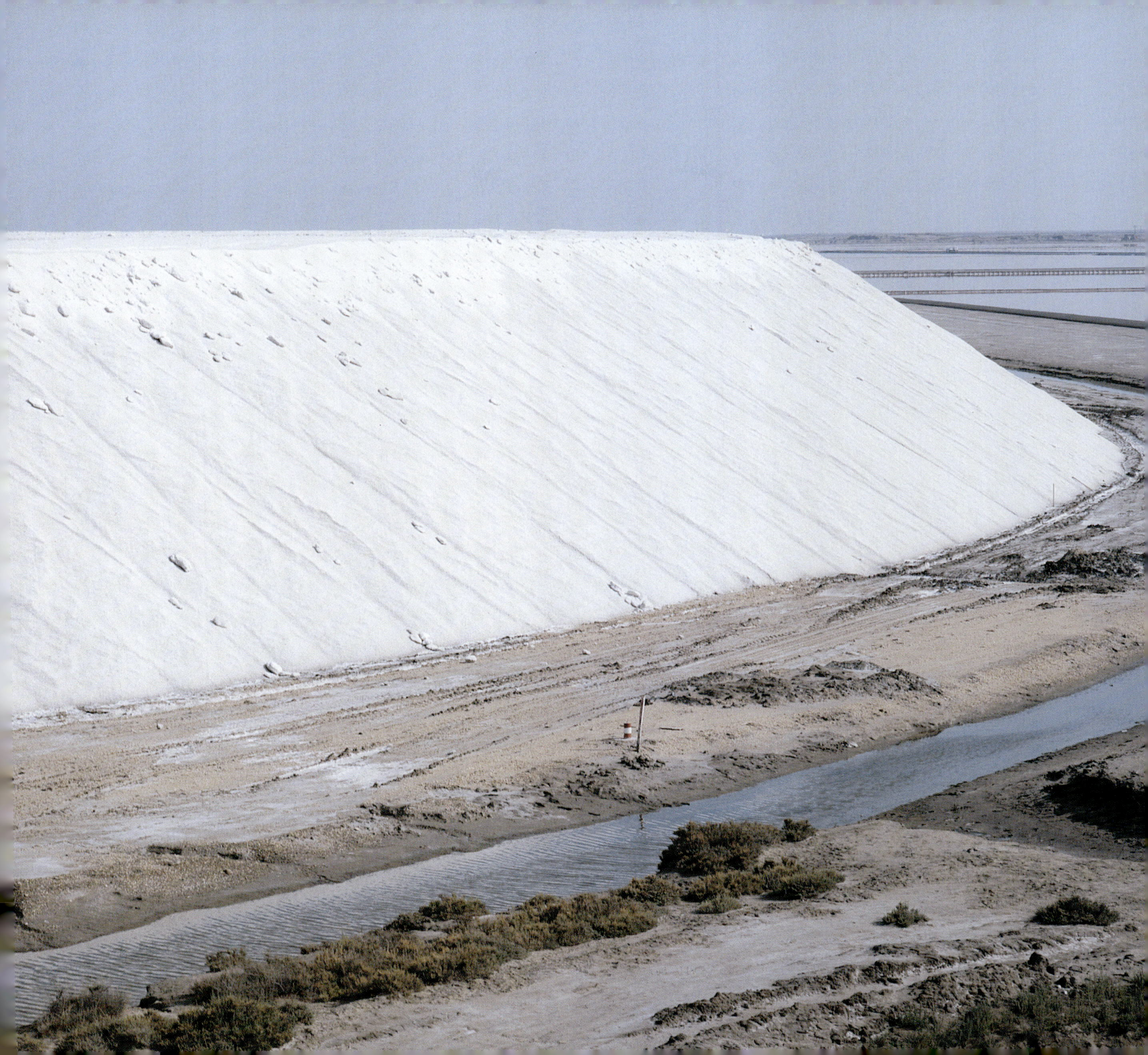

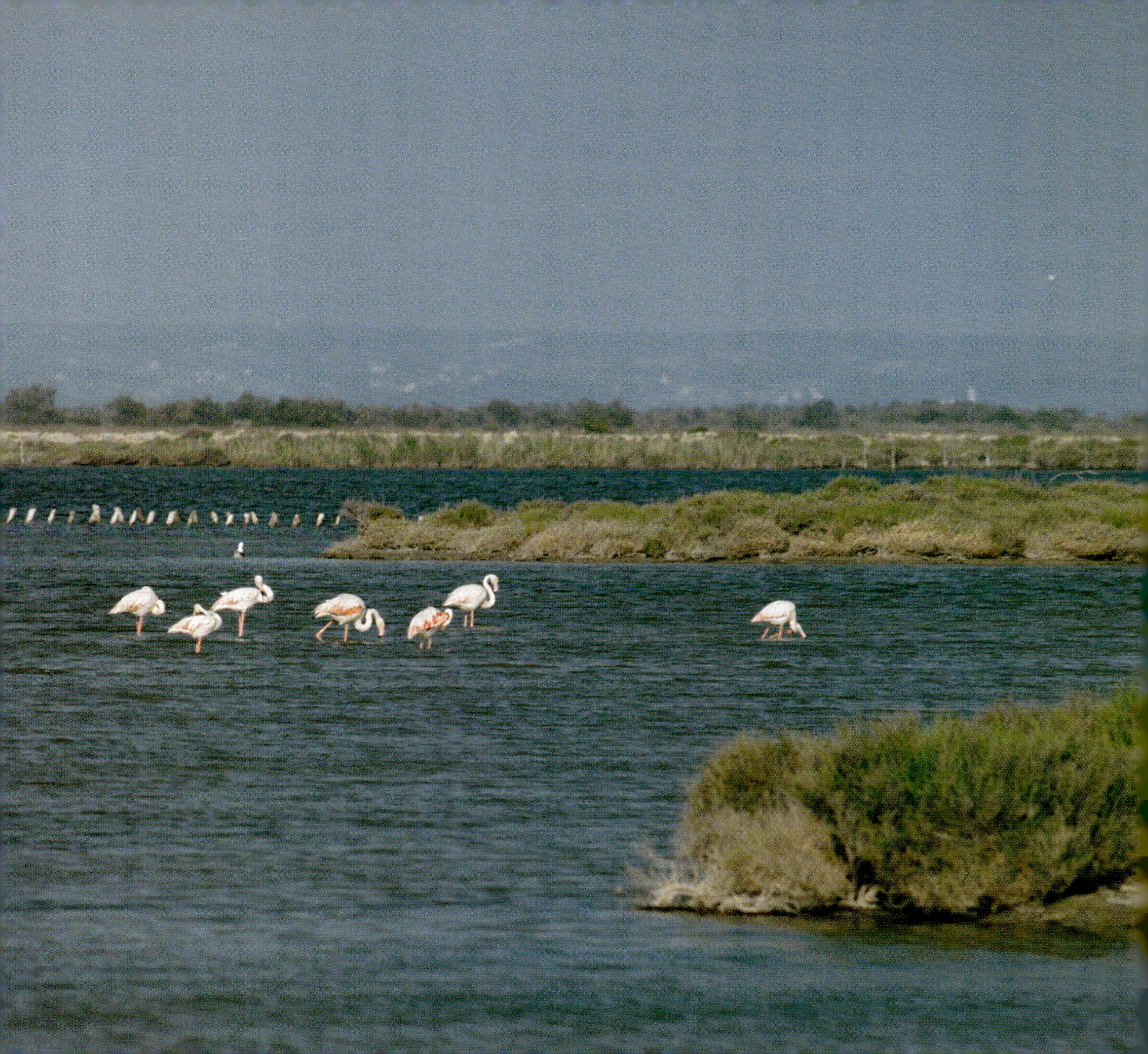

sina paradrätter. En *anchoïde* att inleda måltiden med känns fräscht. Säsongens grönsaker med salt dipsås. En isad fylld tomat är inte heller fel i värmen. Vi enas om att oxfilé, serverad med rött ris och goda tillbehör, är den perfekta huvudrätten från Camargue. Men så får vi syn på en getostterrine med paprika som inte är att motstå – väl bekomme!

I kvällningen beger vi oss till Plage de Piemanson för att försöka få en skymt av Camargues skyggaste kändis – den rosa flamingon. Här breder marskland och grundvattensjöar ut sig till ett landskap som lockar mängder av fåglar, såväl stationära som flyttfåglar norrifrån. Lite enklare är det att söka sig till fågelreservatet i Etang de Ginès nära Pont de Gau, men det här är mer spännande. Vid Salin-de-Giraud kantas vägen av enorma saltberg som ger brödfödan åt invånarna. Saltutvinning ur havsvattnet är ett sätt att få något positivt ut av saltproblemet. Det kan vara lockande att ge sig ut i marsklandet på egen hand, men trots allt är detta ett vilt och osäkert land. Däremot arrangeras ridturer med gardians som vägvisare för den som klarar sig till häst. Många av småvägarna är knappt farbara med bil, andra är förbjudna för motortrafik. Är man rädd om fordonet bör man nog hålla sig till de stora stråken, även om vägarna som leder ut på bankarna åtminstone tidvis är fullt farbara. Ortsbefolkningen vet alltid besked.

Det är ingen invasion av flamingor just denna kväll, men vi hittar en mindre koloni som värdigt stegar runt i lågvattnet på jakt efter något ätbart. De är ståtliga fåglar, som exotiska blommor i det vilda Camargue.

Vi börjar längta tillbaka till det trivsamma köket på Mas de Peint, men då vi hittar en öppen mack bestämmer vi oss för att tanka. Vid sidan av de stora vägarna vet man aldrig när mackägaren finner det lämpligt att hålla stängt. Söndagsförmiddagar är riskzon. Macken ser ut som en pump i en gammal västernfilm, och mackägaren lyser upp när vi betalar kontant. Kontokort är ett otyg tycker han. Han visslar glatt och vrider om nyckeln så snart han släppt ut oss genom dörren.

Passa på i kvällningen. Då flyger den rosa flamingon in till grundvattnet vid Plage de Piemanson för proviantering.

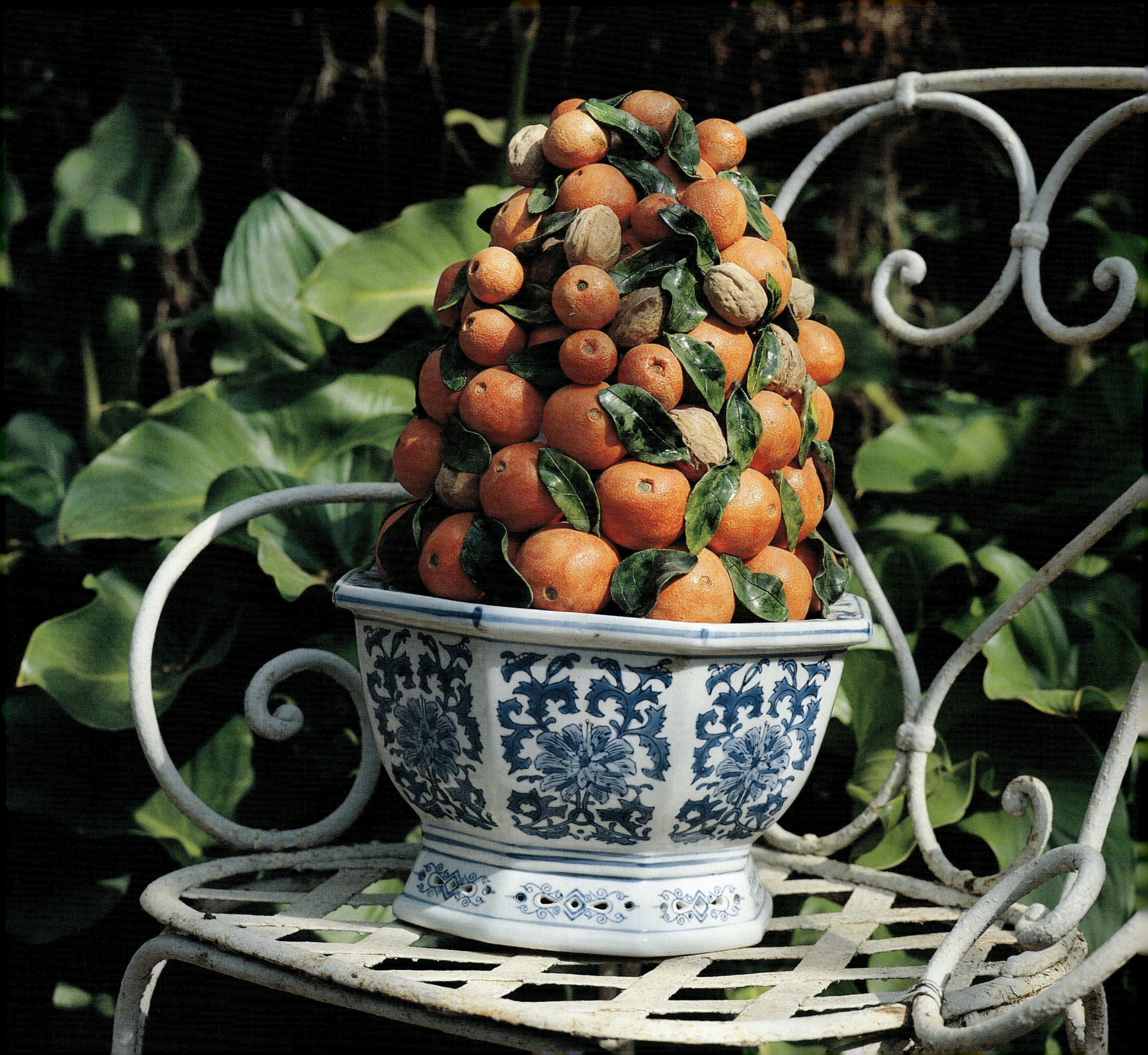

Lurendrejeri och livets källa

PROVENCE är ett begrepp som ibland används en smula vidlyftigt, vilket inte är så konstigt då det egentligen avser ett historiskt landskap. När fransmännen talar om Provence menar man främst departementen Var, Vaucluse och Bouche du Rhône. De utgör hjärtat av Provence. Gränstrakterna mot Drôme och Ardèche räknas ibland också till Provence. Därutöver finns Haute-Provence som omfattar den södra delen av de franska alperna. Det betyder att när man ibland tror sig befinna sig i Provence så gör man det inte, och när man är helt säker på att man inte är där så är man det ändå. Med Rivieran avser fransmännen den italienska sidan. Det vi kallar franska Rivieran heter i Frankrike alltid la Côte d'Azur, och räknas turistiskt inte till Provence. Det kan vara en smula förvirrande.

Den plats dit vi nu tänker ta er ligger dock garanterat utanför Provence gräns västerut, närmare bestämt strax utanför staden Béziers. Kvinnan som bor här kan inte beskrivas som annat än en riktig lurendrejare – ett faktum som Christine Viennet lever gott på. Hennes alster är till för att behaga och bedraga. På Château Raissac där hon bor, har hon också sin verkstad. Från Béziers följer man vägen mot Murviel. Christine Viennet är norsk/svensk fransyska och sedan många år bosatt härnere.

Slottet ärvdes av en excentrisk gammal onkel, och det krävde sina år av upprustning. Onkeln var galen i spel och litteratur och bekymrade sig föga om så ointressanta saker som renovering. Lugnt spände han upp ett paraply, och läste en god bok när regnet strilade genom taket.

Christine är keramiker och arbetar i den teknik som kallas *trompe l'œil* – att lura ögat. Under 1600–1700-talen blev den mycket populär både bland målare och keramiker, men redan under 1500-talet arbetade Bernard Palissy med

Förrädiskt naturtrogna är de frukter som fyller Christine Viennets skålar och fat.

tekniken. Hans beskyddarinna var Katarina av Medici, och verkstaden låg i Tuilerierna i Paris.

– Jovisst, är jag inspirerad av Palissy, säger Christine och visar några suggestiva fat med ormar och växter i relief.

Men större delen av hennes produktion – och den är enorm, utgörs av mer vardagliga ting. Känn dig blåst om du försöker nypa ett frestande rött körsbär, en immig druva eller en nybakad croissant från något av faten – Christine har än en gång lyckats med sitt bedrägeri. Själv skrattar hon hest när hon berättar om utställningen på den parisiska guldkrogen, där man fick lov att flytta apelsinträden eftersom gästerna försökte plocka av de onaturligt naturliga frukterna. Runtom i ateljén trängs hennes alster. Fruktfatet från salongen, skålen med spritärter, löken, kålhuvudet, middagsfisken eller frukostbrödet – allt förrädiskt naturtroget och mycket dekorativt. Att man så lätt låter sig luras beror också på att hon placerar sina alster på gammalt porslin. Fat och skålar som hon hittar på auktioner och loppmarknader. Varje vrå av ateljén är fylld av porslin. Och husets fru är en arbetshäst som kan sätta sig i ateljén redan vid fyratiden en sommarmorgon, för att få arbetsro innan husets övriga plikter tar vid. Kanske är hon en nordisk huldra, slottsfrun på Château Raissac. Utan tvekan uppfyller hon människans eviga önskan att låta sig bedragas.

Det finns små och stora underverk – Pont du Gard är ett stort. Akvedukten över floden Gard som byggdes århundradet före Kristi födelse är i tre våningar, tvåhundrafemtio meter lång och höjer sig nära nog femtio meter över marken. Pont du Gard är fortfarande efter tvåtusen år i mycket bra skick, här kan man tala om byggnadskvalité. Syftet med akvedukten var att leda vatten från ett område nära staden Uzès i nordväst, mot det tätbefolkade Nîmes. Detta är naturligtvis ett av de mest välbesökta turistmålen i Provence. Parkeringen är stor och lockar även dem som lever mindre hederligt. Lämna inget i bilen!

Längre norrut kör vi över Rhône vid Pont-S:t-Esprit, också den gammal men åtskilligt yngre.

Ännu en flod lockar oss, och denna dag avser vi att följa floden Ardèches slingrande lopp motströms. Strax norr om S:t Esprit rinner Ardèche ihop med Rhône, och flödet varierar rejält med årstiderna. När vårfloden kommer farande med en hastighet av upp till 15–20 km/tim, drar den med sig enorma vattenmassor och orsakar stora översvämningar. Från väg N 86 tar man av på D 901, och därefter D 290 mot S:t Martin och la Haute Corniche.

Kålhuvuden, bröd och croissanter, en skål med immiga druvor – det är lätt att låta sig både charmas och luras.

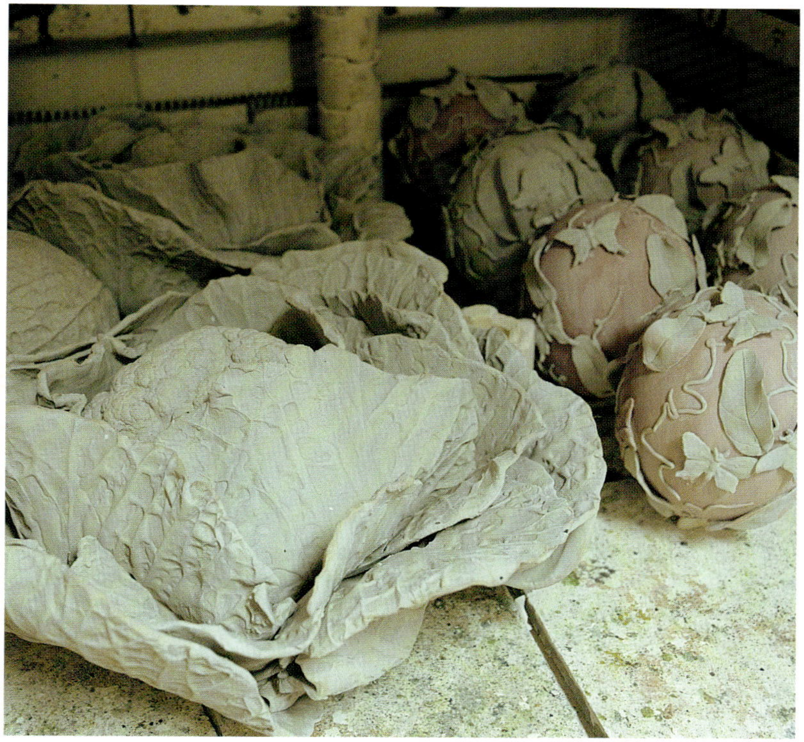
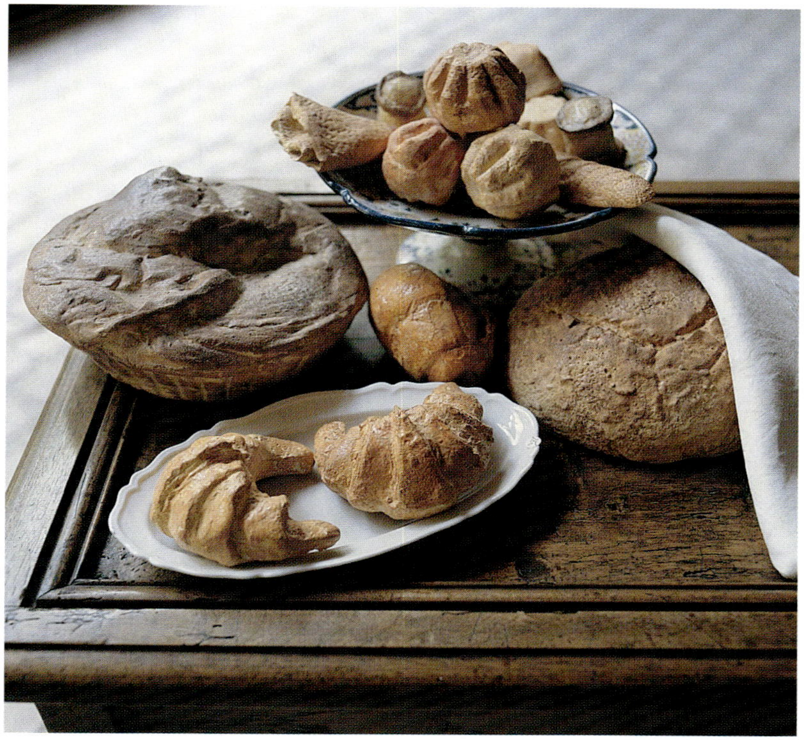
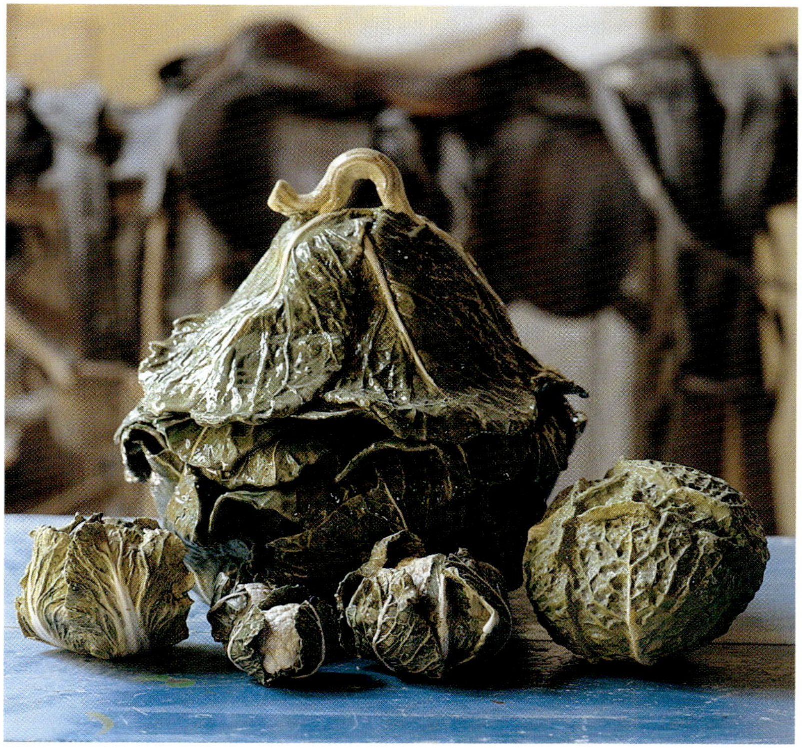
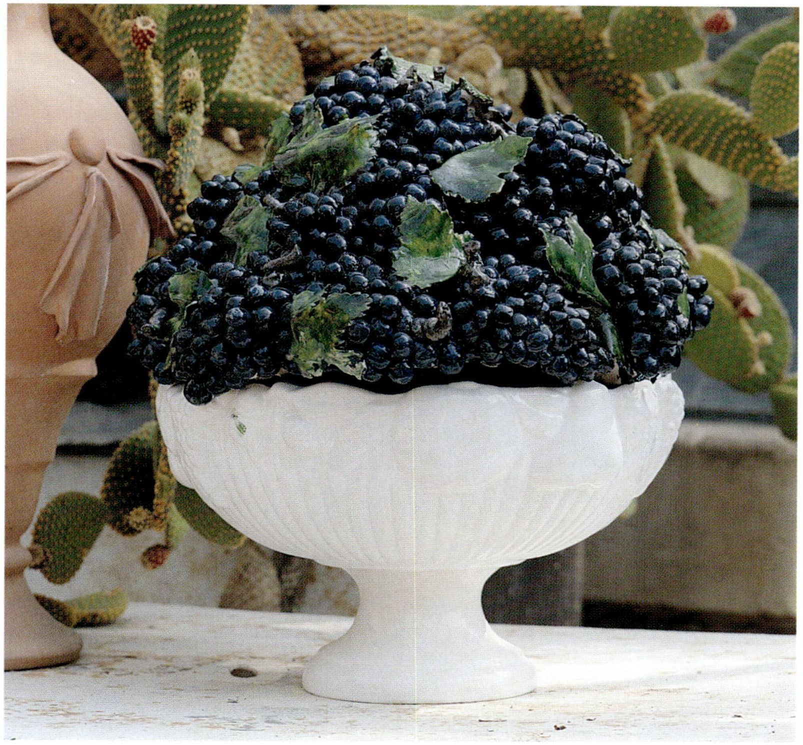

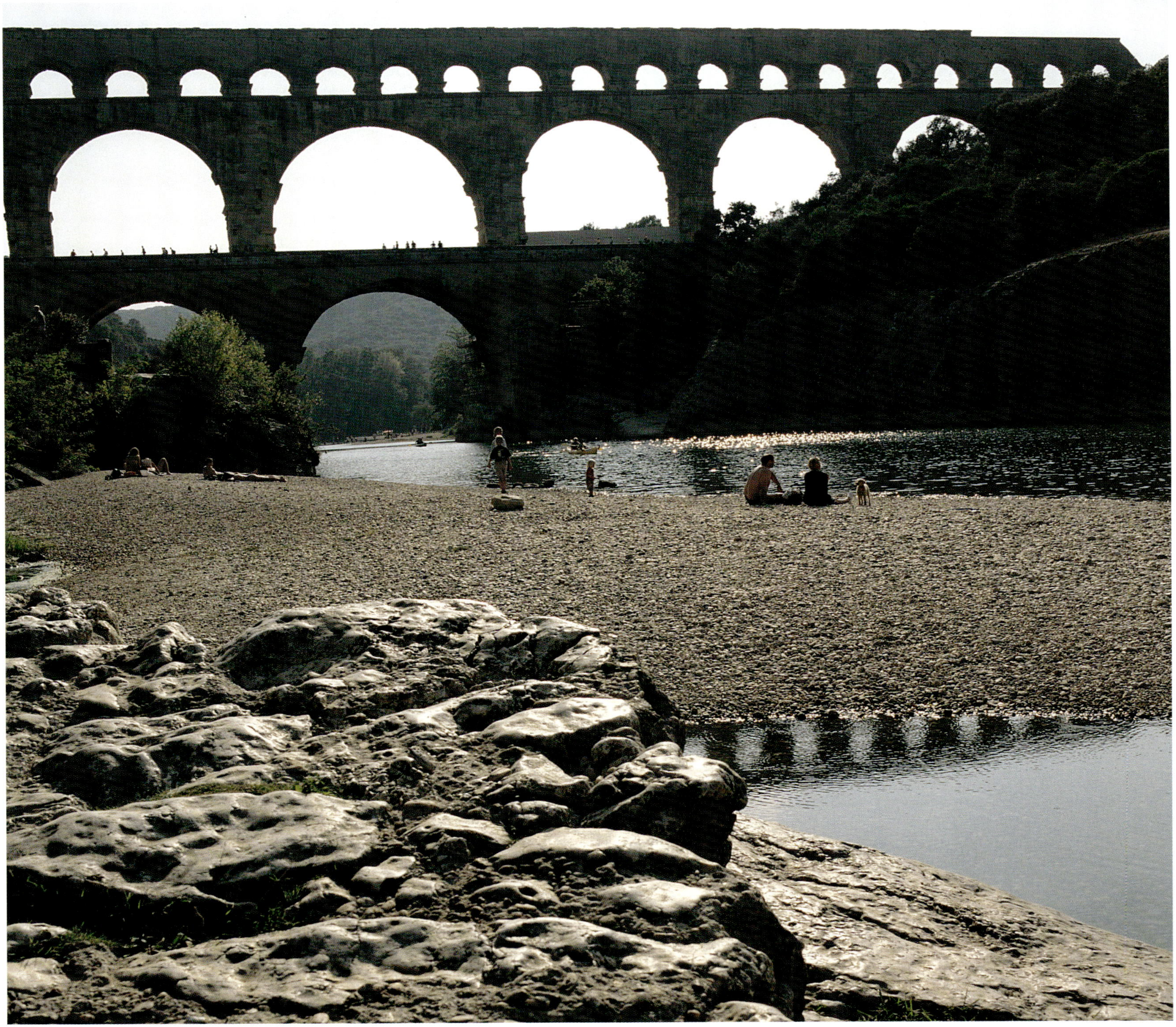

S:t Martin är en liten by med runt femhundra själar. Doften från bybageriet får mig att omedelbart stanna bilen för proviantering. Boulangerie Artisinal erbjuder nybakat bröd med kastanjer eller oliver, samt det lite grövre *pain de campagne*. Även fransmännen har upptäckt värdet av ett varierat brödsortiment, och den tid är förbi när endast det vita brödet fyllde bagarnas hyllor. *Allumetten* tvärs över gatan bistår med en väl mogen camembert, och en påse svarta oliver med provençalsk kryddning. Så är lunchen räddad. S:t Martins butiker borde ha goda dagar, för det är här man får fylla förråden inför bergsturen – glöm inte film till kameran! Från S:t Martin har man en fin vy över den medeltida byn Aiguèze på toppen av berget. Flodens vackraste del är runt 50 km lång, och sträcker sig från S:t Martin upp till Vallon-Pont-d'Arc. Detta är också kanotisternas paradis, och de flesta uthyrarna finns runt Vallon. Även vandrarna trivs här, och många företar den långa vandringen längs floden till fots.

Det vore orättvist att jämföra den här bergsturen med den runt Canyon du Verdon. Ingen behöver få svindel längs den här vägen. Landskapet är mer vidsträckt och saknar de brantaste klippstupen – storslaget, men på ett annat sätt. De olika utsiktspunkterna är väl skyltade, och den allra vackraste delen – la Haute Corniche sträcker sig mellan Belvédère de la Coutelle och la Madeleine. Men vi stannar redan vid Ranc-Pointu där vi hittar en plats med utsikt över floden. Bättre kan en lunch knappast avnjutas.

Den som gillar utflykter i underjorden hittar intressanta grottor vid S:t Marcel och la Madeleine. Men i dag är det målet som är mest intressant, och det ligger strax innan vi når fram till Vallon. Vid Pont-d'Arc har floden gröpt ur berget så att det välver sig över vattnet, en valvbåge i naturens egen katedral. Kanoterna paddlar fram i sakta mak, och några badare simmar mitt i floden. Det är på tok för frestande en dag som denna. Vägen ner till floden går längs med den fint belägna campingen, och även om detta inte är någon imponerande playa så är vattnet det. Rent, svalt och grönskimrande känns det som att bada i livets källa – man kan bli religiös för mindre! Vill man inte åka samma väg tillbaka passerar man Vallon, och kör sen några kilometer söderut. Avtaget D 217 mot Labastide-de-Virac för mot södra banken. Här kommer man inte lika nära floden, men Belvédère du Méandre de Gaud kan vara värd en avstickare, och utan tvekan Aven d'Orgnac med sina underjordiska salar. Men innan dess är det dags för en fika i ekarnas skugga på serveringen invid floden. Små upplevelser är också upplevelser.

Pont du Gard är som Eiffeltornet – man måste ha varit där.

Salviamarinerad squash

Grönsakernas kameleont som kan se ut nästan hur som helst. Den kan vara grön, gul eller randig – rund eller lång, och den har flera namn. Provençalarna använder lika ofta italienskans zucchini som franskans courgette. Den här inläggningen äts som hors d'œuvre eller som tillbehör.

3 medelstora squash,
　cirka 300 g st
olivolja
2–3 klyftor vitlök
5–10 färska salviablad
1/2–1 tsk salt
1 1/2 krm svartpeppar
3/4 dl röd vinäger
cirka 1 1/2 dl torrt vitt vin

- Skär squashen i centimetertjocka skivor. Fräs dem med olivolja i en stekpanna tills de tar färg, men inte är helt mjuka. Låt dem rinna av på hushållspapper.
- Skala vitlöken, torka ur pannan och slå i lite ny olja. Fräs vitlök och salviablad i oljan, och ta sen upp dem.
- Varva squash, vitlök och salviablad i en burk eller hög form och strö lite salt och peppar mellan varven.
- Slå vinäger och vin i pannan, koka upp och sila skyn över squashen. Täck med lock och ställ inläggningen kallt. Vänd

runt någon gång så att skivorna ligger i marinaden.
• Ta bara upp det som går åt och lägg inte något tillbaka i marinaden så är den hållbar en dryg vecka i kylen.

Snäcksquash med fyllning

Snäcksquashens form gör att den passar bra att fylla. En del är mer klotformade, då får man skära av lite i bottnen för att de ska stå stadigt. Här är tips på två goda fyllningar.

4 PORTIONER
2 medelstora snäcksquash, cirka 250 g st
• Skär av fästet på squashen, och sjud den cirka 10 minuter i lättsaltat vatten. Ta upp dem, dela dem i halvor och lägg dem på ugnssäkert fat.

Provençalsk fyllning

1 stor gul lök
6 medelstora tomater
2 msk olivolja
2 klyftor vitlök
2 krm salt
1 krm svartpeppar
1 krm timjan
1 dl smulat vitt bröd
1 dl hackad persilja
2 dl riven lagrad ost
Ugn: 225°

• Skala löken och skär den i små klyftor. Skålla, skala och kärna ur tomaterna. Skär dem i tärningar.
• Fräs löken mjuk med olivolja i en kastrull. Tillsätt sen tomater och hackad vitlök. Krydda med salt, peppar och timjan och koka utan lock tills en del av vätskan försvunnit, cirka 15 minuter.
• Ta kastrullen av värmen, och rör ned brödsmulor och persilja. Fördela fyllningen på squashhalvorna, och strö på ost. Gratinera mitt i ugnen 15–20 minuter, eller tills ytan har fin färg.

Lammfärsfyllning

400 g lammfärs
1 ägg
1 1/2 tsk salt
1 krm svartpeppar
1 dl grädde
3 msk hackad färsk mynta
 – eller 3 tsk torkad
rivet skal av 1/2 citron
1 klyfta vitlök
2 dl riven ost
Ugn: 225°

• Blanda alla ingredienserna till färsen väl, utom osten. Fördela färsen på den förkokta och delade squashen. Strö på ost och gratinera i nedre halvan av ugnen 25–30 minuter, eller tills färsen känns klar och har fin färg.

Att paddla kanot är populärt fritidsnöje, som här i den slingrande floden Ardèche.

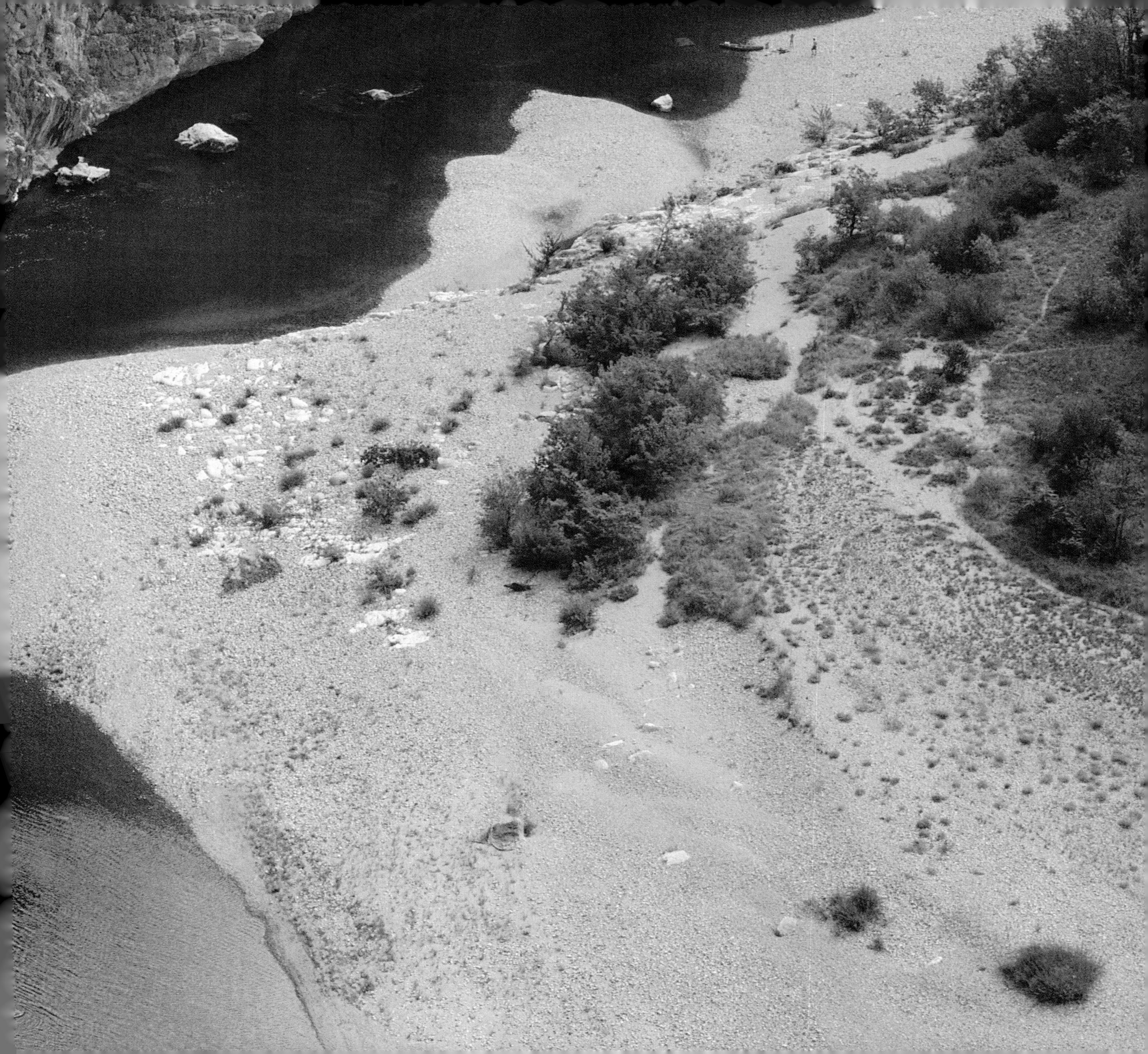

Soupe au pistou

Denna klassiska grönsakssoppa återfinns även på den italienska sidan av gränsen. Pistou, som serveras till, är samma basilikasås som pesto. Recepten varierar, och olika grönsaker används men bönor finns alltid med. Ofta även potatis och pasta, vilket gör soppan mättande.

6–8 PORTIONER
2 liter vatten
2–3 tärningar grönsaksbuljong
2 msk olivolja
250 g vita bönor
150 g röda bönor
3 små squash, i tärningar
2 gula lökar, i klyftor
2 morötter, tärnade
6–8 tomater
några stjälkar blekselleri
3 potatisar, tärnade
4 oskalade vitlöksklyftor
1 kvist timjan och rosmarin
2 lagerblad
salt och 5 svartpepparkorn
1–2 dl pasta, t.ex. makaroner

PISTOU:
6–12 klyftor vitlök
ca 20 stora basilikablad
50 g pinjenötter
2–3 msk nyriven parmesan
olivolja och salt

- Koka upp vatten, buljongtärningar och olivolja. Lägg i bönorna, och låt dem koka 20 minuter. Förbered övriga grönsaker, och lägg i soppan efter koktid. Tomaterna skållas, skalas, kärnas ur och delas i klyftor. Sjud soppan mycket sakta 1–1 1/2 timme eller tills bönorna är mjuka. Låt pastan koka med de sista 15 minuterna. Smaka av kryddningen.
- Pistoun görs i mortel, eller enklare i matberedare. Mängden vitlök må anpassas efter smak. Klyftorna skalas, pinjenötterna krossas och basilikan hackas. Stöt vitlöken i mortel, tillsätt basilikan och nötterna och sist parmesan. Blanda väl, och tillsätt sen så mycket olivolja att det blir en ganska tjock sås. Smaka av med salt.
- Soppan serveras varm eller kall. Klicka pistou i soppan och rör om strax före serveringen, eller servera den i en skål på bordet. Extra parmesan på bordet om man så vill, och vitt bröd förstås.

Vid Pont d'Arc välver berget en båge över floden, och vattnet är kristallklart.

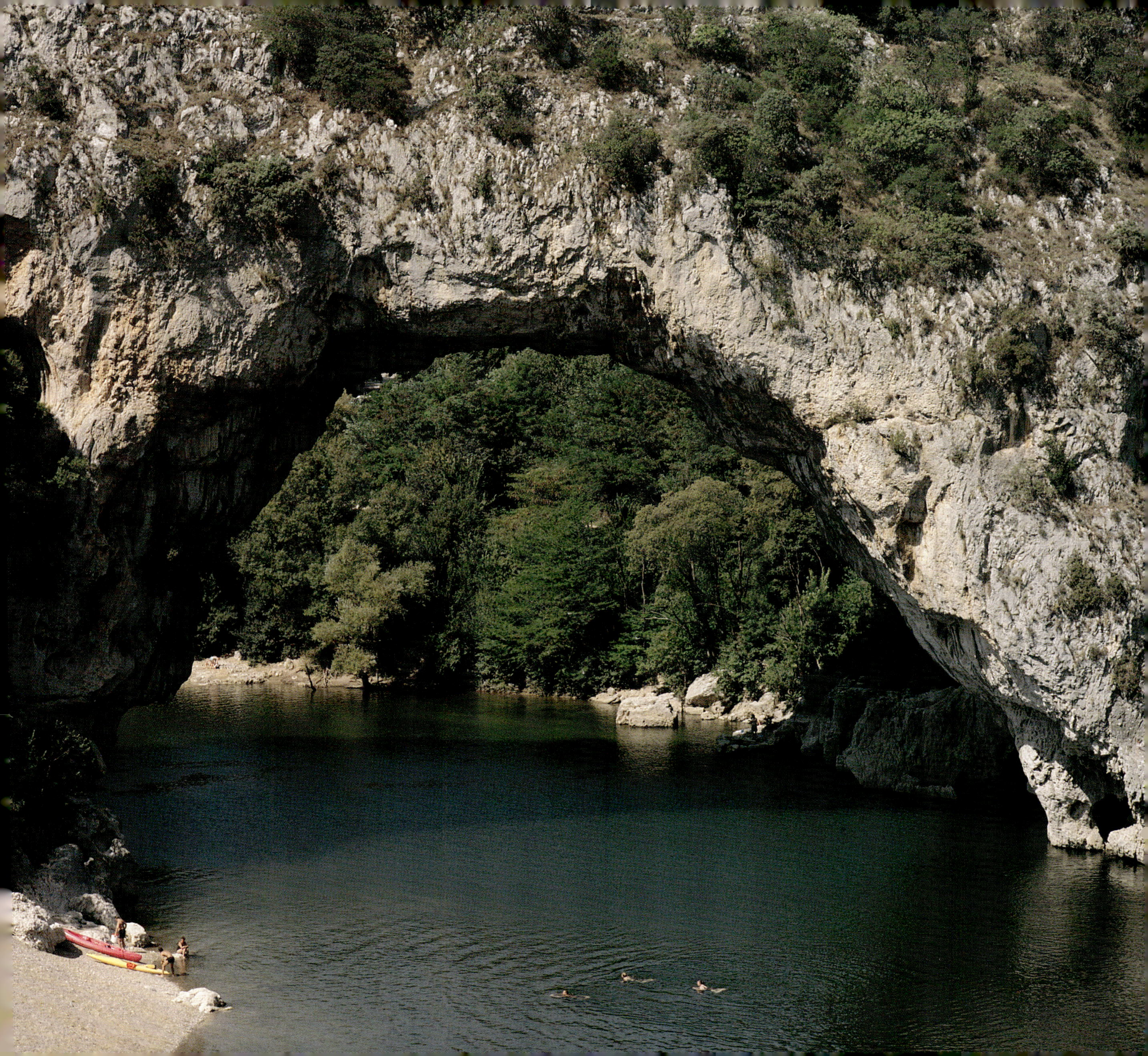

1993
DOMAINE DE COYEUX
BEAUMES DE VENISE
MIS EN BOUTEILLE AU DOMAINE
PRODUCE OF FRANCE
1993
DOMAINE DE COYEUX
BEAUMES DE VENISE
PRODUCE OF FRANCE
DOMAINE DE COYEUX
MUSCAT
DE
BEAUMES DE VENISE
MIS EN BOUTEILLE AU DOMAINE
RECOLTE 1993
DOMAINE DE COYEUX
MUSCAT
DE
BEAUMES DE VENISE
MIS EN BOUTEILLE AU DOMAINE
RECOLTE 1992

Hönsmat och honungsvin

STÖRRE STÄDER lockar oss sällan, men man kan inte fara Orange förbi utan att åtminstone ha gjort en fransysk visit. Egentligen är det i vårt tycke precis lagom, såvitt ni inte råkar komma just till den årliga musikfestivalen. Den äger rum i den antika teatern som är stadens stolthet, eftersom den är den bäst bevarade i hela det gamla romarriket. Byggd under kejsar Augustus tid, och med samma dimensioner som teatern i Arles. Kejsaren själv höjer handen från en av nischerna, och nog känns det som en hälsning från historien. I stadskärnans norra del står en enorm triumfbåge på den väg som kallades Via Agrippa, vilken länkade samman Arles med Lyon. Också triumfbågen är förvånansvärt välbevarad, särskilt den restaurerade norra sidan som visar strider mellan galler och legionärer bland dekorativa ornament. Men man kan fundera över om det är klokt att låta trafiken fortsätta runt så oersättliga monument.

Inte långt härifrån ligger den sydligaste utposten av Rhônedalens vinområde, och det är dit vi är på väg. Söder om Orange ligger Châteauneuf-du-Pape, med såväl slottets eget vin som en mängd välrenommerade odlare runtom. Österut ligger Gigondas, Séguret, Sablet, Vacqueyras och Beaumes-de-Venise, vinbyar som grupperar sig runt de berg som kallas Dentelles de Montmirail. *Dentelle* är det franska ordet för spets, och ju närmre man kommer dessa provençalska spetsberg desto vackrare blir naturen. Man kan utan att få tråkigt tillbringa en vecka enbart i detta område, särskilt i september när vinskörden är i gång.

I Gigondas handlar allt om vin, och här finns ett trettiotal gårdar med egna vinodlingar. Gigondasvinerna är röda och kraftfulla. Grenache är den vanligaste druvan, men givetvis arbetar varje vinproducent med sin egen blandning för att få bästa resultat. Vi tittar in hos monsieur Cartier på Domaine les

Monsieur Yves Nativelle är en engagerad vinbonde på Domaine de Coyeux.

T.v. Det honungsgula vinet Beaumes de Venise Muscat odlas i den sydligaste delen av Rhônedalen.

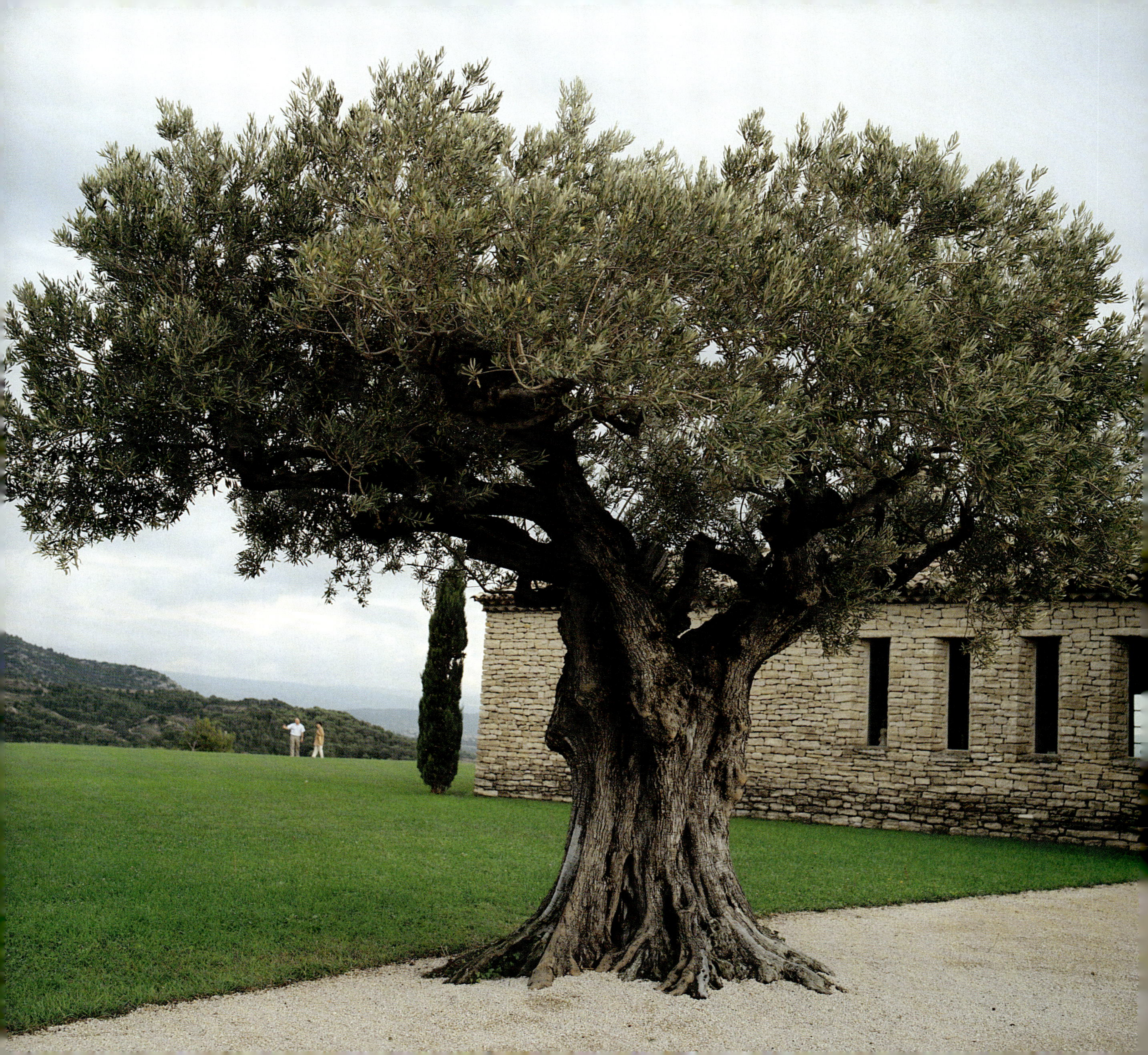

Goubert. Hans ägor omfattar 23 hektar, men vingårdarna är inte enbart spridda runt byn utan också i närliggande byar. Det betyder att jordmånen växlar mellan odlingarna, liksom höjden över havet som skiftar mellan 150–400 meter. Allt detta påverkar druvornas kvalité, och det ankommer på en skicklig vinbonde att få ut det bästa av skörden. Därför producerar man på gården inte enbart Gigondas A.O.C., utan även vitt vin och rosé under beteckningar som Côtes-du-Rhône Villages Sablet.

I gårdens bästa Gigondas blandas Grenachedruvorna med Syrah, Mourvèdre, Clairette eller Cinsault beroende på hur skörden utfaller. Från ägorna har man en makalös utsikt över byn, med de spetsprydda bergen som bakgrund.

– *Oui, oui – c'est pas mal* – det är inte så dumt, säger vår värd när vi uttrycker vår beundran. Vänder man sig däremot åt andra hållet påminns man om att världen inte enbart är vacker. Vid horisonten ångar ett av Frankrikes många kärnkraftverk, och med tidigare olyckor i färskt minne kan man känna sig en smula sorgsen inför de följder en olycka skulle få för bönderna här. Jag frågar monsieur Cartier om han funderar över detta ibland.

I Gigondas handlar allt om vin. Monsieur Cartier på Domaine les Goubert är en av byns många odlare.

T.v. Nog är olivträden odödliga. Det tusenåriga trädet har flyttats hit från en annan egendom.

FRANSYSKA VISITER 219

— *Eh bien* — ungefär som en flygolycka, säger han med en axelryckning.

Dessa fransmän som aldrig någonsin tror att den övriga världens bekymmer kan nå inom Frankrikes gränser!

— Ska vi verkligen bo här, säger fotografen när vi i skymningen letar oss några kilometer längs en liten skogsväg som leder upp mot bergen. Les Florets ser onekligen ut som en bunker inklämd i en bergsskreva, men kvällen är sen och trakten nära nog fullbelagd. Terrassen ser däremot lovande ut. Vi skickas ännu ett snäpp upp i berget, till ett annex med något som liknar motellrum. Det duger bra. Matsalen för tanken till gamla stadshotell, likaså gästerna denna kväll. Fotografen är förstås försiktig, och beställer husets gåsleverterrine och stekta ankbröst. Det gör han varje kväll, om det inte är en fiskkrog som serverar hummer. Han påstår sig vara konnässör för just dessa rätter, och dagens gåslever får högt betyg. Själv får jag in en tallrik med något mycket svart och obestämt, ovanpå en rejäl portion potatismos. Man får skylla sig själv när man alltid ska beställa något konstigt påstår fotografen, så det är väl bara att hålla god min.

— Detta …, säger jag högtidligt när jag låtit kniven falla genom det möra köttstycket och avsmakat den första tuggan … detta är det godaste jag ätit på länge!

Mustigt, mört, jättegott med en sås mäktig av traktens vin, och ett potatismos som berikats med en inte obetydlig klick smör. Först dagen efter kunde jag lista ut vad jag ätit. *Joue de bœuf* är inget annat än kindkött från nöt, som här anrättas kärleksfullt och generöst efter att ha mättats med en flaska av husets bästa Gigondas. Gammal husmanskost, och ack så gott! Självklart stal jag receptet av kocken, men hur hittar man oxkinder i snabbköpet hemmavid … Fortsätter man vägen förbi hotellet kommer man upp till Col du Cayron, med en storslagen utsikt över de spetsprydda vita bergen.

När vi letar oss fram mot nästa vingård är vi flera gånger nära att ge upp. Domaine de Coyeux ligger i Beaumes-de-Venise, och fram till byn är det inga svårigheter. När vi så hittar skylten mot gården längs D 90 mot Malaucène, förväntar vi oss att nära nog vara framme. Alls icke – den mycket smala och bitvis dåliga vägen slingrar sig kilometer efter kilometer. Uppmuntrande skyltar visar riktningen med ojämna mellanrum. Vi kommer allt närmre bergen, men befinner oss på en platå ovanför slätten.

— Välkommen, ni hittade fram till slut, säger Yves Nativelle, ägare till denna vackert belägna egendom. När vi påpekar att vägen emellanåt var en smula

Den antika teatern i Orange är mycket väl bevarad. Här visas varje år praktfulla operaföreställningar.

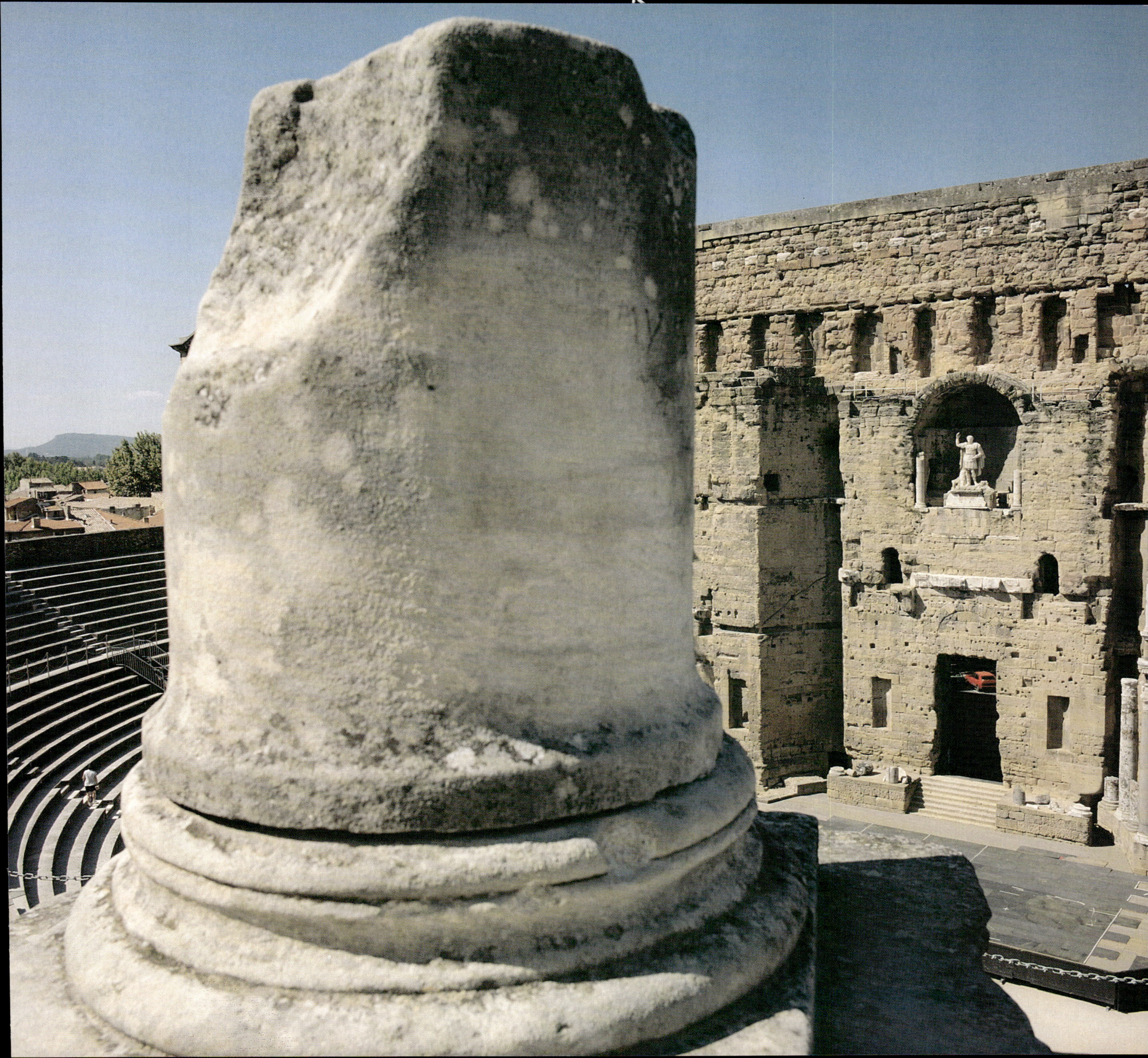

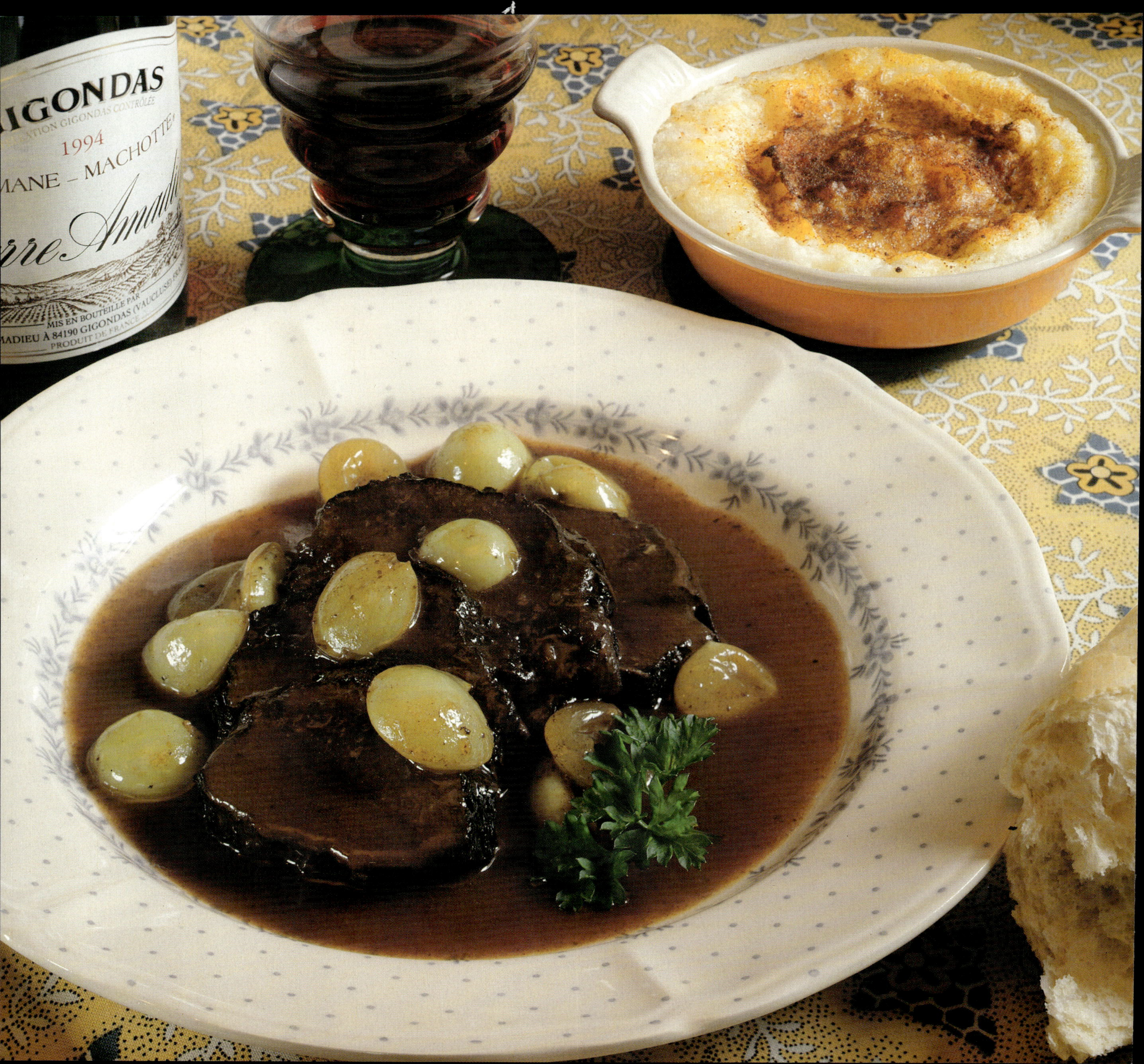
IGONDAS
1994
MANE – MACHOTTE

Joue de bœuf, Les Florêts Gigondas

Oxkinder används till korv hos oss, i Provence är det vinmarinerade köttet en klassiker i husmanskosten. Kanske lyckas även ni att övertala det lokala slakteriet att spara undan några fina exemplar.

4 PORTIONER
2–3 oxkinder av fin köttras, 700–800 g
2 gula lökar, hackade
300 g morötter, skivade
salt och 6 svartpepparkorn
2 lagerblad
2 kvistar timjan
cirka 250 g druvor
50 g smör

MARINAD:
1 flaska rött vin
1/2 dl olivolja
1 klyfta vitlök, oskalad
1 liten gul lök med
3–4 istuckna kryddnejlikor

• Blanda marinaden. Putsa köttet och låt det dra i marinaden över en natt. Ta sen upp det, torka det torrt och sila marinaden.
• Salta köttet och bryn det i olja i en stekpanna. Lägg över i en gryta.
• Bryn därefter den hackade löken och de skivade morötterna i olja tills de får lite färg. Vänd ned i grytan. Slå på marinaden och tillsätt timjan, lagerblad och pepparkorn.
• Sjud sakta under lock cirka 3 timmar, och ta upp köttet först när det är mycket mört. Sila skyn ner i en såskastrull, och pressa innehållet mot silen.
• Koka ihop skyn till hälften. Dela druvorna, ta bort kärnorna och lägg i dem några minuter på slutet. Ta såsen av värmen, och vispa ner smöret.
• Skär köttet i skivor och slå såsen över. Servera hemlagad potatismos till – gärna avrundat med en klick smör. Gratinerat eller ej är en fråga om tid och ambition.

Äggröra med tomater

Ägg i olika former är en inte oviktig del av det provençalska köket. De serveras ofta som lätt lunchrätt, med eller utan charkuterier.

2 PORTIONER
2–3 mjuka tomater
1 stor gul lök
2 msk olivolja
salt och svartpeppar
timjan
färsk basilika
6 ägg
25 g smör

• Skålla, skala och kärna ur tomaterna. Mixa tomatköttet till puré. Skala och hacka löken.
• Hetta upp oljan i en låg kastrull. Fräs löken mjuk i oljan, och rör sen ned tomaterna. Sjud tills all vätska försvunnit och smaka av med salt, peppar och lite timjan.
• Vispa ihop äggen lätt med en gaffel. Vänd ned tomatröran, samt smöret delat i små bitar. Slå smeten i en teflonpanna, och sjud äggröran i vattenbad eller på svag värme. Rör med en träsked i botten. Äggröran ska vara tjock, men krämig. Klipp basilika över och servera genast.

Örtagårdens kyckling

En rätt inspirerad av de örtrika bergssluttningarna i Provence som lätt blir en favorit. Använd färska kryddor så länge de finns att tillgå, och variera gärna örtkryddorna efter egen smak.

4 PORTIONER
1 stor färsk kyckling,
 cirka 1,3 kg
salt och svartpeppar
paprikapulver
1 citron
50 g mjukt smör
cirka 1 msk vardera av färsk
 dragon, mynta, kyndel eller
 körvel – 1 tsk om de är
 torkade
1 msk kinesisk soja
Ugn: 250–175°

- Skölj kycklingen med kallt vatten och torka den torr. Krydda den inuti med salt och peppar.
- Pricka citronen runtom med en gaffel. Bred lite smör runt citronen. Hacka kryddörterna, och rulla citronen i blandningen. Stoppa in den i magen på kycklingen.
- Krydda fågeln runtom med salt, peppar och paprika och lägg den med bröstet upp i en ugnsform. Smält resten av smöret med sojan, och pensla kycklingen. Strö resten av de hackade örtkryddorna över.
- Sätt in fågeln i nedre halvan av ugnen i 250°, sänk efter 10 minuter till 175°. Stek fågeln klar i 50–60 minuter. Dela den i portionsbitar och klyfta citronen. Servera med stekskyn, kokt ris och en blandad sallad.

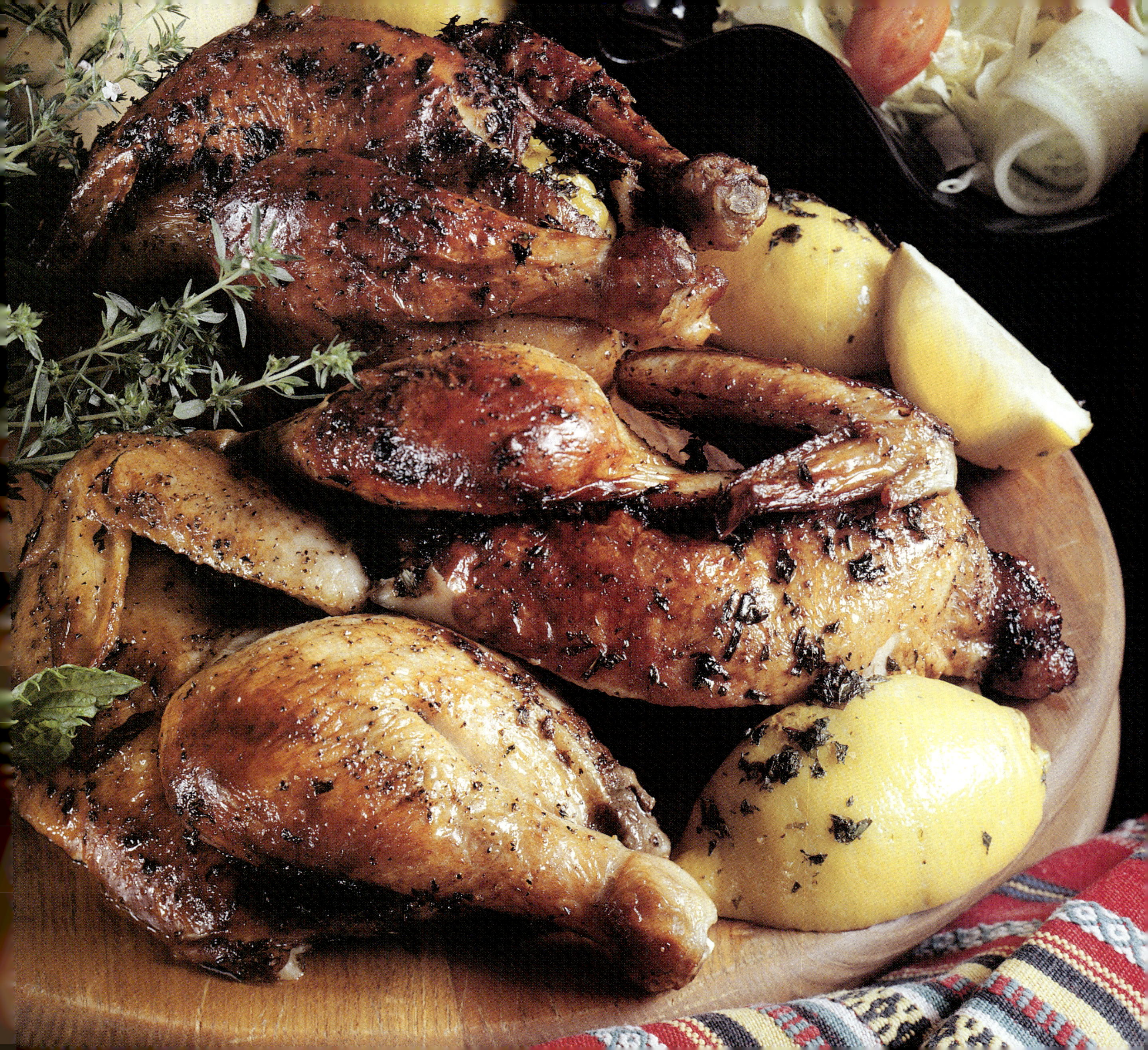

besvärlig, skrockar han och säger att nu är den rena autorouten jämfört med 1992. Den 22 september det året kom ett skyfall som dränkte hela trakten, och drog med sig tre broar. På en och en halv timme föll 150 mm regn! Ännu märkligare var att vädret upprepades samma dag året därpå, fast då med något mindre regnmängder.

– Kom, kom ska ni få se, säger monsieur Nativelle ivrigt och drar med oss till en liten höjd vid sidan av det mycket stilfulla bostadshuset. Med hela handen visar han sitt revir. Härifrån har man i klart väder fri sikt ända mot S:t Rémy och havet, liksom över bergsbyar som Gordes och Bonnieux. Det är utan tvekan en fin *domaine,* men något säger oss att han inte hör hemma i trakten. Det är riktigt, han kommer från Paris. Han har inte saknat medel, för när han väl bestämt sig för att bli vinproducent köpte han in 64 jordlotter. Huset är nybyggt i gammal stil med gul sten från Gordes. Men detta är historisk mark, och inte en enda elledning avslöjar att vi snart går in i 2000-talet. Ett vackert tusenårigt olivträd med knotig stam står vid uppfarten. Trädet har helt enkelt flyttats hit från en annan domaine.

– Det har varit lite kärvt med försäljningen av franska viner i Sverige efter bojkotten för några år sedan, säger monsieur Nativelle bekymrat. Jag påpekar att han får väl prata med presidenten så han inte hittar på så idiotiska saker som provsprängningar – det är ju självklart att folk protesterar!

– Javisst, det borde jag göra. Vi var skolkamrater, säger monsieur och skrattar.

Det är för honungsvinet vi kommit, även om gården också producerar röda viner. *Beaumes de Venise Muscat* är ett vin som framställdes redan för påven Plinius den äldre, århundradet efter Kristi födelse. Även om vinet då både framställdes och lagrades annorlunda så har det historiska rötter. Vinet görs av den lilla druvan *Muscat blanc*, som har en realtivt låg avkastning. Resultatet blir ett honungsgult vin med mjuk sötma och utsökt *bouquet* – ett *vin doux naturelle*, och ett av södra Rhônedalens Grand Crus. Det ska drickas svalt 6–8°C, och passar då utmärkt som aperitif – men ackompanjerar också alldeles utmärkt en skiva gåslever, påpekar vår värd. Gissa vem som köper en låda! Den som inte gillar alltför söta dessertviner har ett utmärkt alternativ i en flaska *Beaumes de Venise Muscat*. Vi smuttar på ett glas svalt honungsvin under det gamla olivträdet, och anar att kyrkans män alltid haft förstånd att uppskatta även detta livets goda.

Carpentras är en trivsam stad, och något av ett centrum för tryffel. Man kan förstås nöja sig med att titta in i någon av stadens delikatessbutiker och inhandla sig en burk, men vi söker oss mot S:t Didier där borgmästaren lär vara storpamp bland tryffelproducenterna. Middagshettan och luftfuktigheten är förödande när vi parkerar utanför borgmästeriet, och vi får vänta en lämplig stund på audiensen.

"Tryffel är kökets svarta diamanter", står det på det reklamblad borgmästare Gilbert Espenon sticker i min hand.

– Fukt och värme är bra för tryffeln, bara det inte blir för regnigt, säger borgmästaren när han tar oss med till sitt hus i utkanten av byn. Här sköter han sina odlingar av ek och järnek som utgör tryffelns barnkammare, för denna nyckfulla svamp är inget som låter sig odlas på vanligt sätt.

– Man kan endast skapa de rätta betingelserna och hoppas på det bästa, säger monsieur Espenon. Tryffel finns i olika varianter runt Medelhavet och en sort växer även i Kina, men tyvärr är den inte god, berättar han. Bäst tycker han nog att den svarta tryffeln är, och allra godast är det om man får den hel, ugnsbakad med salt och smör. Men det duger också med en omelett, eller en potatiskaka med tryffel över. Den berömda vita tryffeln från Spoleto i Italien har han inte så mycket till övers för.

En burk svart tryffel från Carpentras är en souvenir så god som någon.

– Den har en svag vitlökssmak som italienarna gillar, säger borgmästaren i S:t Didier diplomatiskt.

Några burkar tryffel borde inte saknas i något hushåll förstår vi, och åderlåter kassan på några större sedlar för inköpet.

Vissa vingårdar erbjuder såväl mat som husrum, och det är precis vad vi har för avsikt att utnyttja som nattläger. Domaine la Condamine ligger vid foten av Mont Ventoux. Postadressen är Crillon le Brave, en by belägen strax öster om väg D 938 mellan Carpentras och Malaucène. Väl där får man dock leta sig vidare till vägen mot Mormoiron, där man i bästa fall hittar en skylt mot gården. Det vore fel att påstå att den är lättfunnen, däremot väl värd att leta upp. Madame Marie-José Eydouxs vackra stenhus ligger mitt i vingårdarna, och hon berättar stolt att gården funnits i familjen i åtta generationer. Det är ett stort hus, och några rum upplåts åt gäster. Madame erbjuder både *chambres* och *table d'hôte*, vilket är mindre vanligt än enbart rum. Rummet är

Saint-Joseph
APPELLATION SAINT-JOSEPH CONTROLÉE
MIS EN BOUTEILLE A LA PROPRIETE
Pierre COURSODON
Viticulteur - Éleveur
MAUVES (Ardèche)

Anka i svartvinbärssås

När man har tid och lust att stå i köket, och dessutom lyckats få tag på en anka och en riktigt vass kniv. Fotografens favorit, och kanske något för herrarnas matlagningsklubb.

4 PORTIONER
1 stor anka
salt och svartpeppar
TIMBAL:
ankkött från skrovet
4 msk valnötskärnor
2 äggulor
1/2–1 dl grädde
salt och peppar
timjan och dragon
SÅS:
ben och restkött
1 gul lök, hackad
1 morot, hackad
1 klyfta rotselleri, hackad
1 palsternacka, hackad
3 små lagerblad
3–4 msk hallon- eller
　svart vinbärsvinäger
1 1/2 dl osötad svart vinbärssaft
salt och peppar
ev. arrowrot
Ugn: 200°

- Skär försiktigt av bröstfiléerna så stora som möjligt. Skär därefter av låren. Lägg detta åt sidan.
- Putsa skrovet och ta vara på så mycket kött som möjligt till timbalerna. Skrov och restkött sparas till såsen.
- Kör timbalköttet till färs med kniven i matberedaren, tillsammans med valnötskärnorna. Arbeta in äggulorna en i sänder, och därefter grädde till en smidig färs. Krydda med salt och peppar, och en nypa vardera av timjan och dragon. Fördela färsen i lätt smörade timbalformar, och ställ dem sen i kylen.
- Dela skrovet i mindre bitar. Bryn det hårt i en panna med matfett, tillsammans med det skräpkött som inte kunde användas till timbalerna. Lägg över i en stor kastrull, slå på vatten så det står precis över köttet.
- Bryn de hackade grönsakerna och lägg i grytan tillsammans med lagerbladen. Koka upp, skumma ytan väl och fortsätt koka sakta cirka 1 1/2 timme utan lock. Sila sen fonden genom en sil ner i en såskastrull, och pressa innehållet mot silen.
- Koka ihop fonden utan lock. Smaka av såsen med vinäger, tillsätt svartvinbärssaft och smaka av med salt och peppar. Red den mot slutet med lite arrowrot utrörd i vatten om så behövs.
- Grädda timbalerna i vattenbad mitt i ugnen, cirka 20 minuter.
- Krydda bröstfiléerna med salt och peppar. Stek dem i en medelvarm panna med matfett ovanpå spisen 5–7 minuter på var sida, beroende på hur rosa man vill ha dem. Skär dem i fina skivor.
- Slå upp sås på en varm tallrik, lägg en timbal på varje tallrik och fördela bröstköttet. Färska vinbär är vackert som garnering.
- <u>Anklåren</u> är segare och bör anrättas för sig. Sjud dem möra i buljong och använd köttet i en sallad.

Stekta endiver

Gott tillbehör till fågel och feta rätter. Bind eventuellt om endiverna lätt. Sjud dem knappt mjuka i lättsaltat vatten, och ta sen bort snöret. Rulla dem i grovt rågmjöl, och stek dem fint gyllenbruna med smör i en panna.

enkelt men både charmigt och trivsamt med ockragula väggar, provençalska gardiner och egen dusch och toalett. Priser har en tendens att snabbt bli inaktuella, varför vi nöjer oss med att påpeka att detta är ett boende som är mycket snällt mot reskassan. Gästerna har även tillgång till poolen i trädgården.

Vi har inte sagt till om middag vilket gör madame en smula bekymrad. Vi försäkrar att det inte gör något alls att hon inte räknat in oss bland middagsgästerna, men då har vi glömt att det är måndag. Denna dag bör ingen vara turist i Frankrike för då äter inte fransmännen, åtminstone inte på restaurang. Madame gör sitt bästa för att hitta en öppen krog i grannskapet, men de fåtal som inte har stängt är naturligt nog fullbokade av utsvultna turister i jakt på ett bord.

– Ni får åka till min svägerska, säger madame bestämt och så ringer hon Monique nere vid vägen och säger att de här gästerna får hon lov att ta hand om. Om det är något provençalarna förstår, så är det vikten av en god middag. Självfallet kan vi inte tillåtas bli utan mat! Les Poulailler ligger på en höjd ovanför vägen, och det är först när vi stiger inom dörren som vi förstår att även den här lilla restaurangen egentligen är stängd. Vi är nämligen de enda gästerna. Det hindrar inte Hönshusets ägarpar att behandla oss som vore vi kungens utsända. Utan att tveka ställer sig Monique vid spisen, och in på bordet kommer halstrad färsk gåslever samt en sallad med rökt gåsbröst, paté och korv. Därefter en *pintade* – en pärlhöna med råstekt potatis och *ratatouille,* alldeles utsökt. Husets fru beklagar att man har lite tomt i skafferiet eftersom man ju egentligen har stängt, men fem sorters ost kommer ändå in, och följs av en sorbet med plommon i armagnac och en *crème brulé.* Vi nästan skäms när vi betalar notan.

Dentelles de Montmirail bildar en effektfull fond till vinodlingarna i Gigondas.

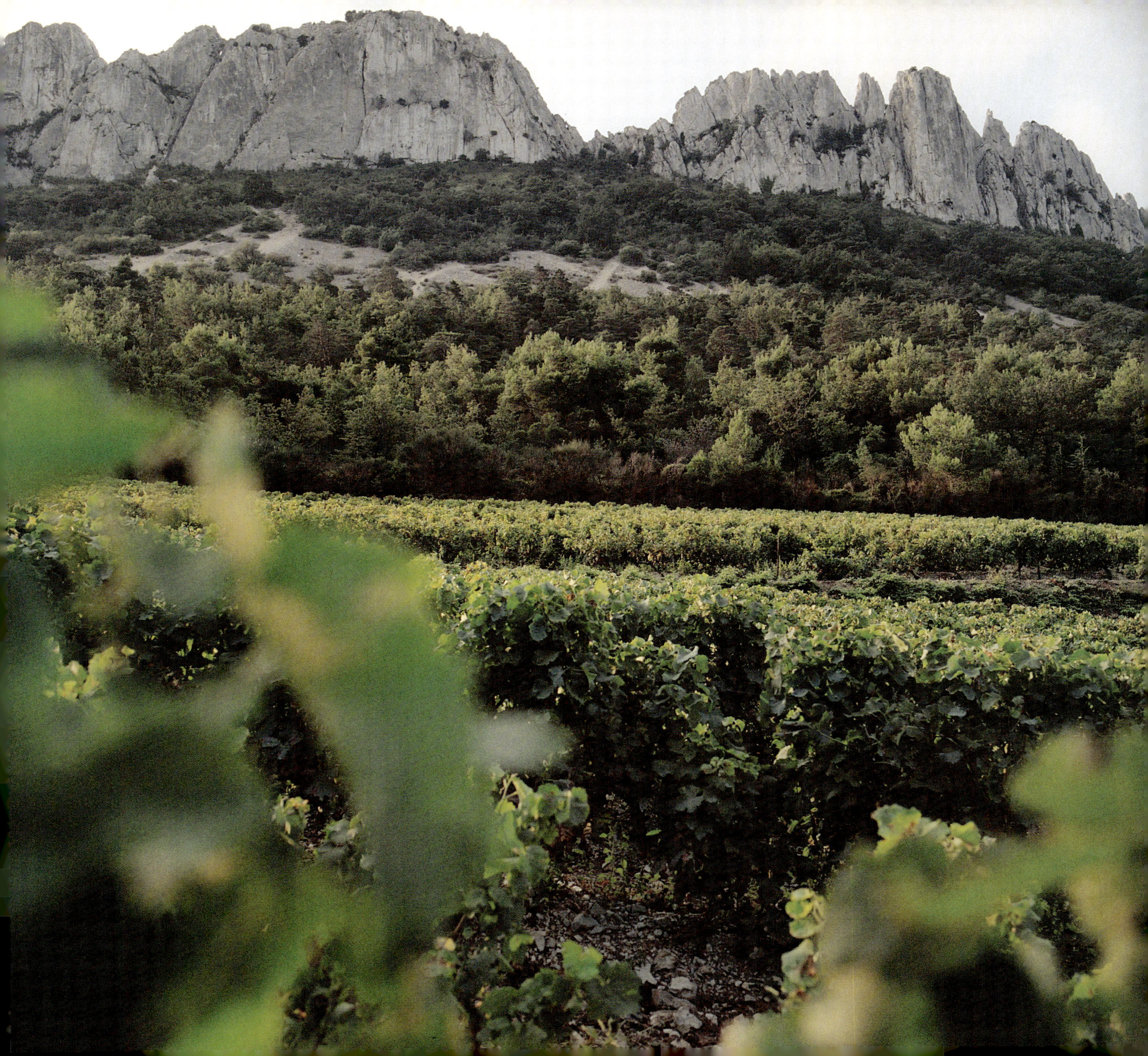

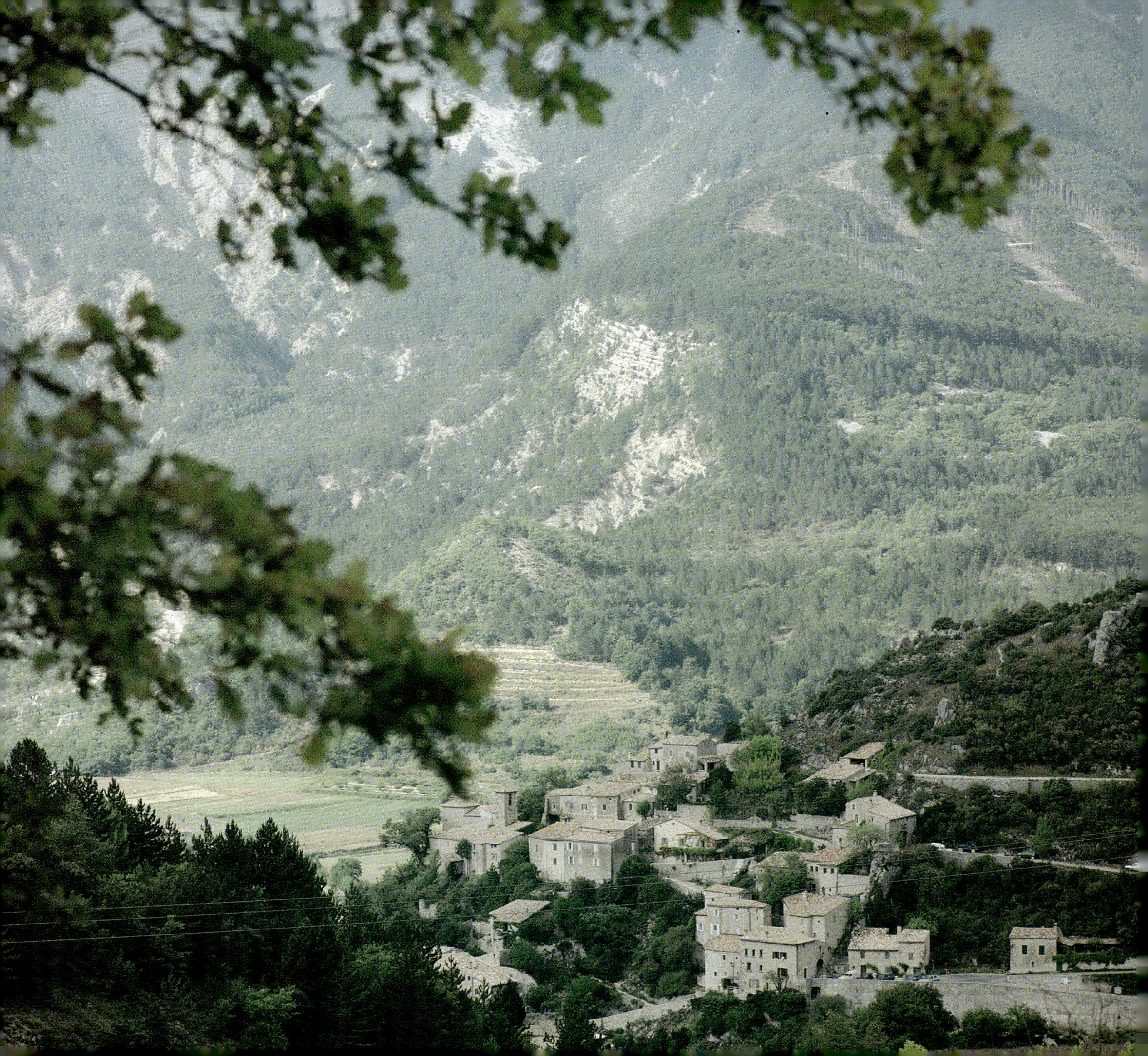

Vindarnas berg

REDAN PÅ LÅNGT håll ser man dess snöklädda hjässa, för Mont Ventoux dominerar landskapsbilden runt hela Vaucluseplatån. Det är ett vackert men bistert berg, nära tvåtusen meter högt. *Vent* är det franska ordet för vind, och Mont Ventoux är verkligen vindarnas berg. Här är luften sällan stilla, och temperaturen från foten av berget till dess topp kan skilja med upp till 10–11°C. Provences vindar har många olika namn, men mest fruktad är *le mistral.* När den blåser behöver ingen fråga efter namnet – den lär kunna blåsa öronen av en åsna. Isande kall viner den nedför bergets sluttningar, in i byarnas gränder och får provençalarna att kura framför elden. Men i mistralens spår följer alltid vackert väder, så helt oönskad är den inte.

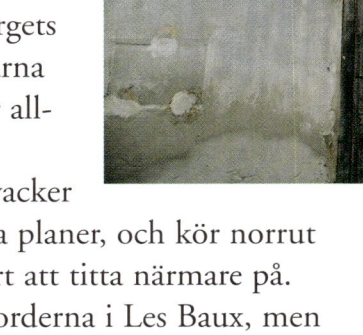

Väg D 974 löper runt hela berget och det är en vacker väg att åka, lagom för en dagstur. Men vi har andra planer, och kör norrut längs D 938. Barroux med sitt pampiga slott är värt att titta närmare på. Slottet byggdes som en ren försvarsanläggning av lorderna i Les Baux, men omvandlades senare till ett mycket ståtligt renässanspalats.

Har man dagen på sig kan man gärna fortsätta den vackra vägen via byn Suzette, omgiven av vingårdar och med Dentelles de Montmirail som effektfulla kulisser i bakgrunden. Vägen kommer fram i Malaucène, en typisk provençalsk småstad inramad av vackra platanalléer. En promenad runt stadens gamla delar leder in i smala gränder med vackra gamla hus, torg och fontäner. Hostellerie La Chevalerie är ett enkelt men bra matställe för den som känner för en paus.

Strax norr om Malaucène svänger vi av på D 13 mot Entrechaux, och plötsligt ser vi vindarnas berg från en annan sida. På sydsidan av Mont Ventoux

T.v. Byn Brantes ligger på nordöstra sidan av Mont Ventoux, långt från allfarvägen.

FRANSYSKA VISITER 233

Domaine de Cabasse är hotell med egen vingård i byn Séguret.

T.h. Herden med sin hjord är en uråldrig bild från Provence.

steker solen, här är vi på nordsidan och effekten är helt annorlunda. Men solen lyser också i Entrechaux, och vi kilar in till byslaktaren för lite påfyllning i korgen. Det är en obetydlig bergsby med några hundra invånare. Butiken är inte stor, men utbudet är det inget fel på. Här finns vaktel, pärlhöns, kanin, lamm och biff – allt vackert uppbundet och klart för grytan. Hos oss är det knappt att ens större butiker anser det lönsamt med manuell köttdisk. Byn förfogar dessutom över två bagare samt den lilla utmärkta restaurangen S:t Hubert, så närservice saknas inte. Överallt i de små byarna ser man dessa vita spetsgardiner med fina, gammaldags mönster. Fåglar, hjortar, blomsteruppsatser – jag frågar en liten gumma var man köper dem, och hon menar att man säkert hittar dem i en *supermarché*. Jag får komma ihåg det när vi närmar oss mer bebodda trakter. Strax innan Mollans tar vi av på en än mindre väg mot Vallé Toulourenc, och kör längs med flodbanken. Vid Brantes kan man köra över floden. Byn ligger verkligen bakom det stora berget – eller "där Gud ställde sina skor", som italienarna säger om platser som hamnat vid sidan av världen. Nu är dalen grön och vacker, men att bo här på vintern eller när mistralen kommer farande känns inte helt lockande. Den pastorala idyllen förstärks av getternas pinglande klockor vid sidan av vägen. Getterna klättrar på allt, till och med varandra för att nå upp och mumsa på trädens friskt gröna lövverk. Herden saluterar vänligt med sin träpåk när vi far vidare norrut, här hinner man knappast tröttna på turisterna. Vid Pierrelongue möts den vägfarande av en märklig syn. Mitt i byn ligger kyrkan, byggd med en hög klippa som fundament. Det omöjliga bygget företogs så sent som vid slutet av 1800-talet av en bypräst som ville råda bot på tidens rådande aversion mot prästerskapet.

Den som gärna söker sig till historiska platser ska inte missa ett besök i Vaison-la-Romaine. Få städer kan uppvisa en sådan mängd intressanta historiska lämningar från romartiden, och turistinformationen på plats är så ingå-

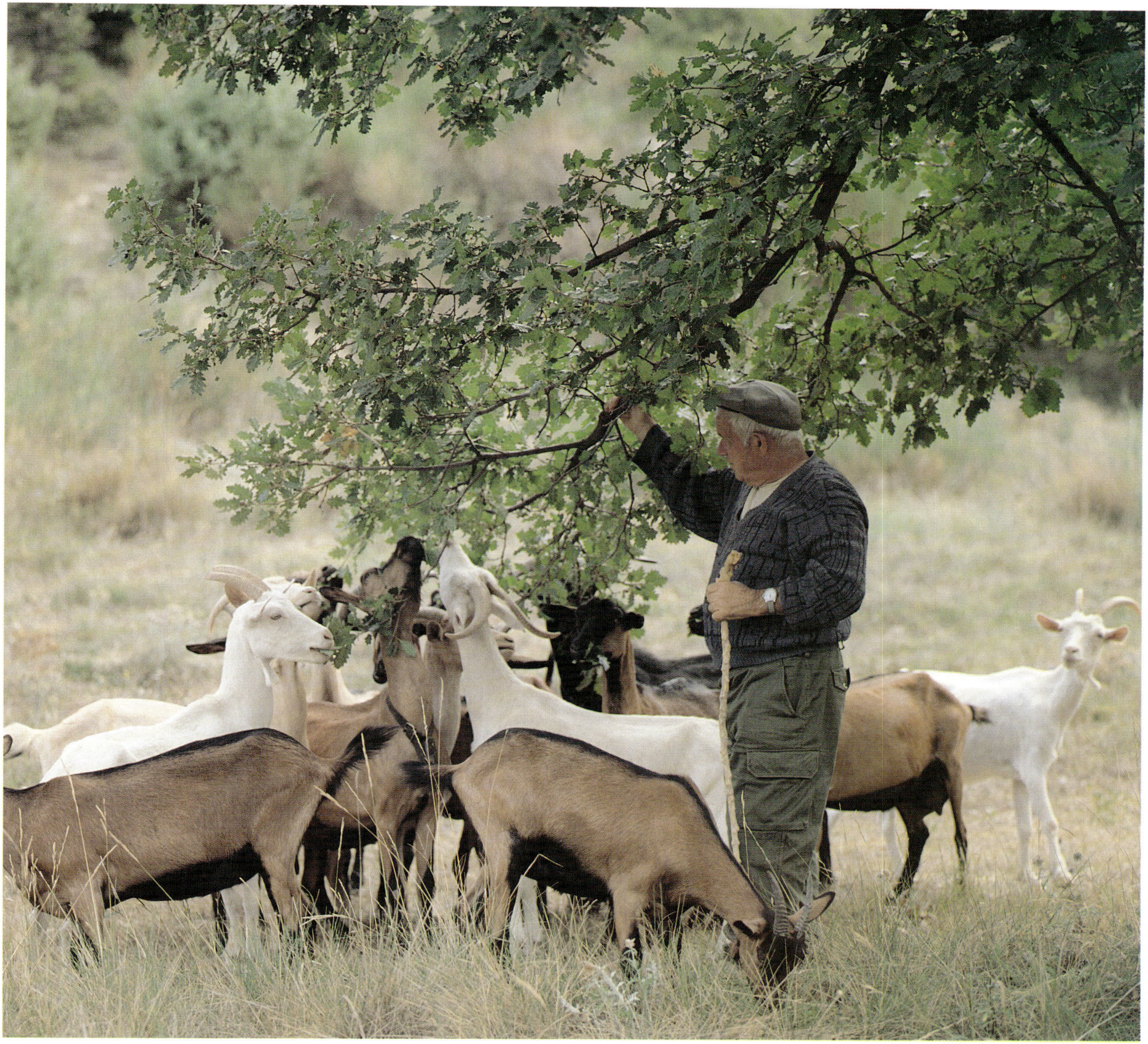

Ratatouille

En grönsaksröra som äts både varm och kall. Grönsakerna fräses först var för sig, därefter tillsammans.

4–6 PORTIONER
2 auberginer
salt och svartpeppar
3 paprikor
6 tomater
3 små squash
2–3 gula lökar
2–4 klyftor vitlök
olivolja
1 dl svarta oliver
2 lagerblad
1 tsk timjan
1 dl torrt vitt vin
lite pressad citron

- Skär auberginerna i tärningar. Lägg dem i en sil och strö på 1 msk salt. Vänd runt, och låt dem rinna av i silen under en halvtimme. Pressa dem sen mot silen, och låt dem rinna av på hushållspapper.
- Kärna ur paprikorna, och skär dem i strimlor. Skålla, skala och kärna ur tomaterna. Dela dem i klyftor. Skär squashen i centimetertjocka skivor, och dela dem. Skär löken i små klyftor, och hacka vitlöken.
- Fräs löken mjuk med 1–2 msk olja i en kastrull. Lägg sen i tomater, vitlök, 1 lagerblad, salt, peppar och timjan. Koka sakta till en tjock sås, ca 10 minuter. Ställ åt sidan.
- Hetta upp 3 msk olja i en gryta och fräs auberginerna. Vänd runt tills de tar färg. Krydda med lite peppar, och ta sen upp dem.
- Slå i ytterligare lite olja, gör likadant med paprikan och sist squashen. Räkna med 5–10 minuters stektid för varje sort.
- Lägg alla grönsakerna i grytan, och slå på tomatröran. Lägg i oliverna och 1 lagerblad, slå på vinet och smaka av kryddningen med salt, peppar och timjan. Koka sakta under lock i 30–45 minuter.
- Smaka av grytan med lite pressad citron om den serveras kall.

Målarens tomatpaj

En favorit i familjen som hängt med några år, och det var genom Lennart Jirlow vi fick receptet.

6–8 BITAR
150 g smör
3 1/2 dl vetemjöl
2 msk kallt vatten
FYLLNING:
6–8 färska tomater
2 gula lökar
olivolja
3 msk tomatpuré
lite smulad rosmarin
något mindre av timjan
1 krm cayennepeppar
cirka 3 dl riven lagrad ost
Ugn: 225º

• Nyp ihop smör och mjöl till en smuldag, eller använd matberedaren. Tillsätt vattnet, och arbeta snabbt ihop degen. Lägg den i plastpåse i kylen 1 timme.
• Skålla, skala och hacka tomaterna grovt. Hacka löken och fräs den mjuk i lite olivolja. Lägg sen i tomaterna, och rör ned tomatpuré och kryddor. Koka sakta utan lock tills den mesta vätskan försvunnit.
• Kavla ut degen, och klä en pajform. Vik en folieremsa över kanten, och nagga bottnen. Förgrädda pajskalet mitt i ugnen 10 minuter. Ta sen bort folien.
• Strö hälften av osten över pajskalet, slå i fyllningen och strö resten av osten över. Grädda pajen klar 10–15 minuter, eller tills ytan har fin färg.
God både ljummen och kall.

Frestande fruktbakelser

Överdådiga små fruktbakelser bjuds man ofta i Frankrike, men inte alltid har man själv tid att åstadkomma tarteletter. Här en latmansvariant, inspirerad söderifrån.

3 ägg
1 1/2 dl strösocker
2 dl vetemjöl
1 tsk bakpulver
FYLLNING:
2–3 dl fast äppelmos
   eller god marmelad
GARNERING:
jordgubbar
kiwi
persikor i sockerlag
lite smält vinbärsgelé
vispad grädde
Ugn: 250º

• Vispa ägg och socker pösigt. Blanda mjöl och bakpulver, och rör ned i smeten. Bred ut den över bakpapper i en långpanna. Grädda mitt i ugnen 4–5 min.
• Vänd snabbt upp den färdiga kakan på sockrat bakpapper, och dra försiktigt av gräddningspappret. Bred fyllningen över kakan, och rulla ihop från kortsidan. Lägg rullen med skarven ned att kallna.
• Skär tjocka skivor av rulltårtan, garnera med frukt och bär. Smält lite vinbärsgelé med 1msk vatten, vispa den slät och pensla jordgubbarna. Toppa eventuellt med lite vispad grädde.

Bär- och fruktsallad

Vackert, fräscht och sommargott. Smaken avgörs till en del av vilket vin som används, och av mängden syra i frukt och bär. Man får smaka sig fram, vilket inte är helt oangenämt.

4 PORTIONER
1 liter jordgubbar
3 mogna persikor
cirka 1/2 flaska halvtorrt vitt vin
eller Vin doux naturelle
socker

• Skölj och rensa bären och frukten. Dela jordgubbarna, och skär persikorna i små klyftor. Använder man halvtorrt vitt vin kan man genast varva bär och frukt med socker i en skål – mer socker än man tror. Väljer man däremot det sötare Vin doux naturelle kan man först pröva utan socker. Är jordgubbarna syrliga kan det ändå behöva tillsättas. Slå på vin så det täcker.
• Låt salladen dra över dagen, och rör då och då så att sockret smälter. Smaka av – det ska inte smaka syrligt.
• Lägg upp i vacker glasskål och garnera gärna med ett blad mynta.

Vinerna från Domaine de Cabasse i Séguret är värda en avsmakning.

ende att vi knappast behöver upprepa den. Tillbaka in mot vindistriktet hittar vi byn Séguret, också detta en i samlingen av de vackraste byarna i Provence. På toppen av kullen ligger byns stjärnkrog La Table du Comtat med ett fåtal rum. Utsikten mot bergen är magnifik, men vägen upp kan inge känslan av att man slutligen kommer att fastna i en strut. Föredrar man att bo mitt i vingårdarna på slätten nedanför kullen ligger Domaine de Cabasse bekvämt till. Familjen Haeni som äger gården är schweizare, standarden är bra och köket anpassat för pensionsgäster. Domaine de Cabasse har förstås egen vinproduktion, vilken kan vara värd att titta närmare på. Tredje helgen i augusti är det vinfest i Séguret, och den som kommer på tanken att fira julen i Provence kan besöka byns eget julspel där många av byborna deltar.

Mitt bland vingårdarna, men i en helt annan by, ligger det hotell vi valt för natten. Bellerive i Rasteau råkar ligga längs med vägen, och det är anledningen till att vi hamnar på detta välbevakade hotell. En tung grind slår i lås bakom oss när vi kör in på gården, och vi kan inte låta bli att undra över vad som föranlett sådana försiktighetsåtgärder. Men detta är givetvis ett område med många gästarbetare, och kanske är försiktigheten befogad. Bellerive är ett ordinärt nattläger, men fler än vi har kommit på tanken att stanna över här. Hela receptionen upptas av en grupp amerikanska cykelturister som, lyckliga över att ha klarat dagens strapatser, styrkt sig med åtskilliga av husets aperitifer till värdinnans skräckblandade förtjusning. Viss villrådighet råder faktiskt om vem som handhar etablissemanget …

— *Is this la réception or is it a reception,* frågar jag vilket utlöser ohejdad munterhet bland amerikanerna medan värdinnan fortfarande ser villrådig ut. Stället må sakna charm, men köket var helt i sin ordning kunde vi konstatera när vi nästa morgon släpptes ut genom grindarna.

Den som fortfarande har plats i bilen tipsar vi om byns Cave nere vid vägkorset. Här tankar gubbarna bordsvin i dunkar som vore det bensin, men både årgångsvinerna och prestigevinet La Signature kan vara värda att smaka på.

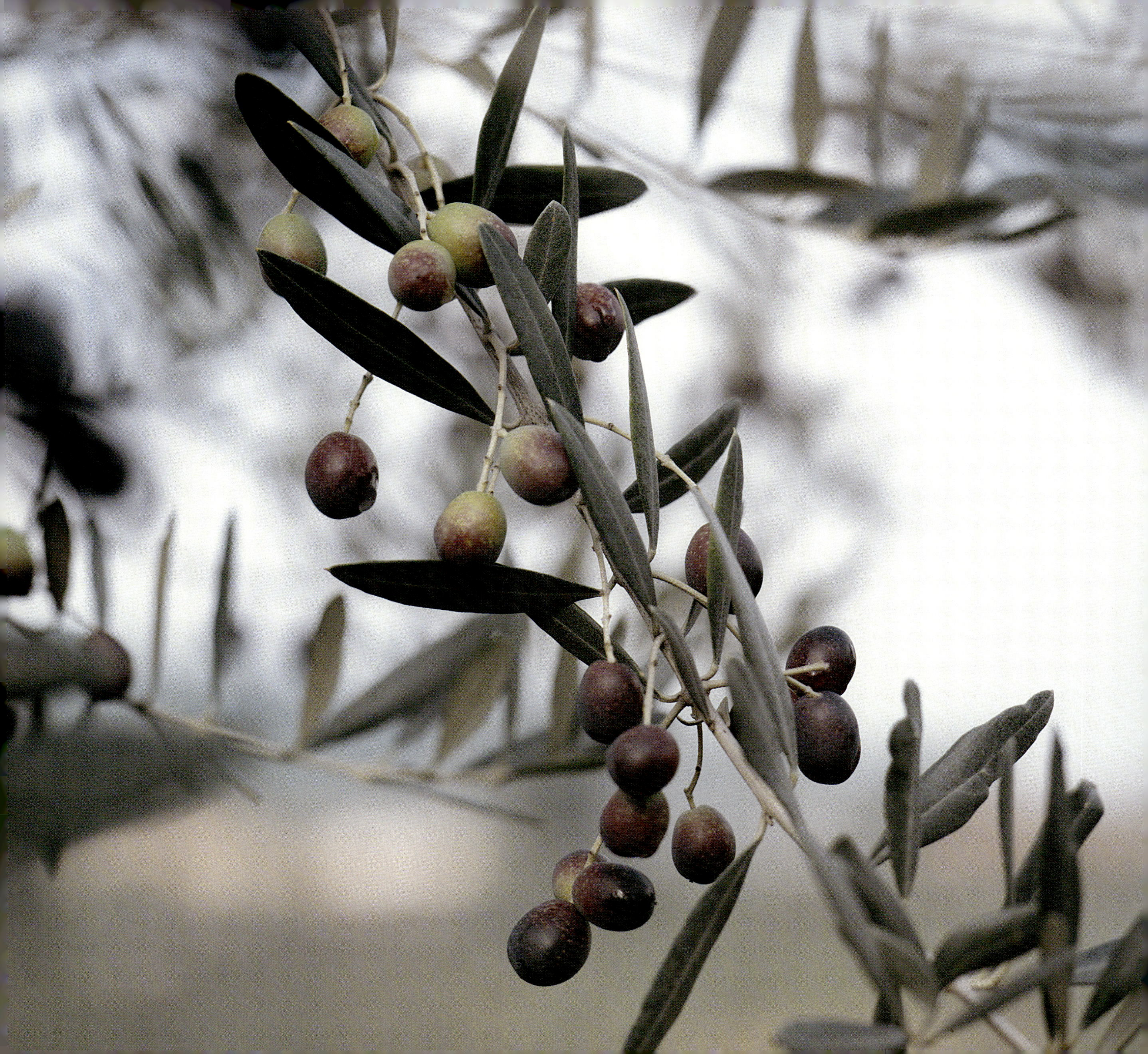

De odödliga

GREKERNA tog med olivträden till Provence för mer än 2 500 år sedan, och de nya invandrarna fann sig väl tillrätta. Solen, den kalkhaltiga jorden och det varma klimatet passade dem så väl att de rotade sig för gott. Olivträden växer upp till en höjd av sexhundra meter över havet, och de blir mycket gamla. Deras förmåga att ständigt förnya sig själva, skjuta nya skott och överleva under de mest besvärliga förhållanden, gör att de kallas "de odödliga träden". Inte att undra på att olivträd betraktas som den mest pålitliga rikedomen runt hela Medelhavet. Det finns många olika sorters olivträd, faktiskt ett sextiotal varianter. Men olivodling kräver tålamod. Först vid 6–12 års ålder börjar trädet bära frukt, och inte förrän efter 20–25 år ger det full avkastning. Därefter kan det skördas vartannat år, och ge bonden den efterlängtade inkomsten. Nu behöver olivlundarna inte stå helt obrukade i väntan på skörd, skuggan från olivträden utnyttjas ofta för att ge skydd åt växande grönsaker.

Centrum för olivodlingen är trakten runt Nyons. Den oliv som skördas här kallas *La Tanche*. Den har mycket fruktkött, lite lätt rynkigt skal och en mycket fin smak. Efter att den första frosten rynkat skalet skördas de mogna svarta oliverna, vanligen mellan december och januari. Därefter läggs de i en lag av vatten och havssalt, som gör att oliverna bevarar såväl smak som konsistens. De oliver som inte fermenteras pressas till olivolja, och oljan från Nyons har ett mycket gott namn bland gastronomer. Beteckningen *L'huile d'olive de Nyons A.O.C.* får användas enbart på den olja som produceras inom närregionen. Den pressas av mindre oliver, på gränsen till övermogna, men även dessa handplockas. 100 kilo oliver ger runt 25 kg olivolja. A.O.C. står för *Appellation d'origine contrôlée*, och är en kvalitetsbeteckning för livsmedel som tillverkas inom vissa avgränsade regioner. Kvalitén på olivolja är lika viktig som någonsin kvalitén på vin för köken runt Medelhavet, och den avgörs av mängden fettsyra. För den bästa kvalitén *Vierge*

En sväng till Cooperativet i Nyons missar vi inte. Inte alltid billigt men prisvärt.

Extra, får fettsyrehalten inte överstiga 1 %. Oljan från Nyons har en vackert olivgrön färg, och en tämligen fruktig smak. Den som tycker att olivoljan är dyr i snabbköpet hemma kan konstatera att en bra olivolja alls icke är en billig produkt ens härnere. Längs vägarna mot Nyons sitter olivodlarnas skyltar tätt. Vid Place Olivier-de-Serres inne i stan, just vid utfarten mot Avignon/Carpentras ligger det stora Cooperativet med sin butik. Här kan man alltid vara säker på att hitta det man söker, även utom skördetid. Utöver olivoljan tipsar vi gärna om de jättestora gröna olivtvålarna, som är så härligt snälla mot huden och det oöverträffade olivshampot.

Väl här, i det nordligaste hörnet av Provence, är troligen de flesta på hemväg. Kör man direkt mot autorouten passerar man slottet i Grignan. Mest känt för en vacker inredning, men också för husets svärmor – madame de Sévigné. Hennes kärleksfulla brev till dottern på slottet i Grignan hör till den franska litteraturens mästerstycken. Om godissuget skulle bli svårt kan man alltid styra in mot Montélimar, alla gottegrisars egen stad. Här säljs den frestande vita nougaten, smaksatt med honung, stinn av mandel och omlindad med rispapper. Man hittar den också i butikerna längs autorouten.

Den som har gott om tid kanske följer oss på småvägar norrut. Byn Poët-Laval ligger längs D 540, väster om Dieulefit. Byns nyare och äldre delar skiljs från varandra av genomfarten. Vieux Poët-Laval ligger på en höjd med utsikt över Rhônedalen. Slottet och de kringliggande husen tillhörde den orden som senare blev känd som Malteserorden.

Vi kommer upp i byn sent på eftermiddagen när svalorna flyger som mygg ut och in i slottstornet. Häruppe ligger Les Hospitaliers, ett mycket välrenommerat nattlogi i mellanprisklassen. Takterrassen är charmerande, och vid tjänlig väderlek kan man njuta av en utsikt som sträcker sig ända bort mot Grenobles berg.

Kiren före middagen är utmärkt, och det hela ser lovande ut. Mycket riktigt – fotografens färska anklever med hallonvinäger får klart godkänt, och det finns absolut inget att erinra mot den mjälla bressekyckling med smak av lavendelhonung som kommer in på min tallrik. Köket på Les Hospitaliers får klart godkänt, och om man betänker att frukosten avgör klassen på ett nattlogi ger vi gärna en stjärna i kanten. Hembakat bröd bör premieras var det än serveras.

Nu har vi definitivt lämnat Provence bakom oss, men skulle ni fortfarande ha en slant kvar i reskassan tipsar vi om ett besök i Cliousclat. Byn ligger längs N 7 mellan Montélimar Nord och Loriol, från autorouten går båda avfarterna bra att ta. Cliousclat är krukmakarnas by, eller har åtminstone varit det. Förr fanns ett par hundra krukmakerier i byn, i dag finns ett enda, men ett alldeles utmärkt sådant. Hit åker man inte för att köpa billiga souvenirer. Keramiken från Cliousclat är visserligen bruksvaror men långt ifrån billig. Hantverket härifrån är eftersökt av samlare, och de nio kvarvarande arbetarna i ateljén kan sitt jobb.

När vi första gången besökte byn för mer än tjugo år sedan var den nästan avsomnad, och livet gick sin stilla gång runt krukmakeriet. Nu är vägskylten större, och byn har fått nytt liv. Köpsugna turister har hittat hit vilket resulterat såväl i ett enkelt hotell med restaurang, som Café en face som följaktligen ligger mitt emot krukmakeriet. För byn är det givetvis bra. *"Fabrique de potiers"* står

HUILE D'OLIVE
DE
NYONS
MISE EN BOUTEILLE AU MOULIN
Vierge Extra - 1ère pression à froid
NYONSOLIVE
APPELLATION HUILE D'OLIVE
DE NYONS CONTRÔLÉE
750 ml

Aioli

Den starka vitlöksmajonnäsen är Provences eget signum – som att äta solsken! När den serveras med tillbehör på byfesterna kallas den aioli monstre.
Tillbehören är ett otal lättkokta grönsaker som morötter, squash, haricots verts, rödbetor, små kronärtskockor och skalpotatis. Broccoli och tomater serveras råa. Hårdkokta ägg, brödkretonger samt urvattnad kokt kabeljo hör också till.
Mängden vitlök i aiolin må anpassas efter egen smak, men använd endast färsk fin vitlök. Vitlök som börjat gro kan göra att såsen skär sig. Använd rumstempererade ingredienser, och ställ skålen på en fuktad diskduk så den står stilla under beredningen.

CIRKA 6 PORTIONER

- Skala och pressa 5–10 klyftor vitlök ner i en skål med rund botten. Tillsätt 1/2 tsk salt och 2 äggulor – en i sänder. Rör hela tiden åt samma håll med en visp. Tillsätt nu 2–3 dl olivolja, eller hälften jordnötsolja – lite i sänder under ständig omrörning. Arbeta in all olja innan mer tillsätts. Smaka av med salt, peppar och lite citron. En del recept innehåller också 1 tsk ljus Dijonsenap som då tillsätts före oljan.

Rouille

Grunden är densamma, men kryddningen lite annorlunda. Rouille används att klicka i fisksoppan.

CA 6 PORTIONER

Pressa 4 klyftor vitlök i en skål. Tillsätt salt, 2 äggulor och 2–2 1/2 dl olivolja på samma sätt som till aiolin. Smaka av med 0,5 g saffran och cirka 1 krm cayenne. Lite pressad citron om man så vill.

Provençalsk caviar

En dip som äts på rostade brödsnittar, råa grönsaker eller med chips. Tål att stå i kylen någon vecka.

6 PORTIONER

3 stora auberginer
3 klyftor vitlök
cirka 1/2 dl olivolja
saft av 1 citron
salt och svartpeppar
persilja eller hackad lök för garnering
Ugn: 225°

- Dela auberginerna och lägg ut dem i en långpanna. Sätt in dem mitt i ugnen tills de är mjuka helt igenom, cirka 50 minuter. Vänd dem någon gång under tiden.
- Gröp ur skalen, och ta bort frön och hårda bitar. Mixa fruktköttet till fin puré. Låt den kallna.
- Blanda purén med pressad vitlök och olivolja lite i sänder till en fin konsistens. Smaka av med citron och mer salt än man tror, samt lite peppar. Täck skålen och ställ den i kylen. Strö på persilja eller någon matsked hackad lök vid serveringen.

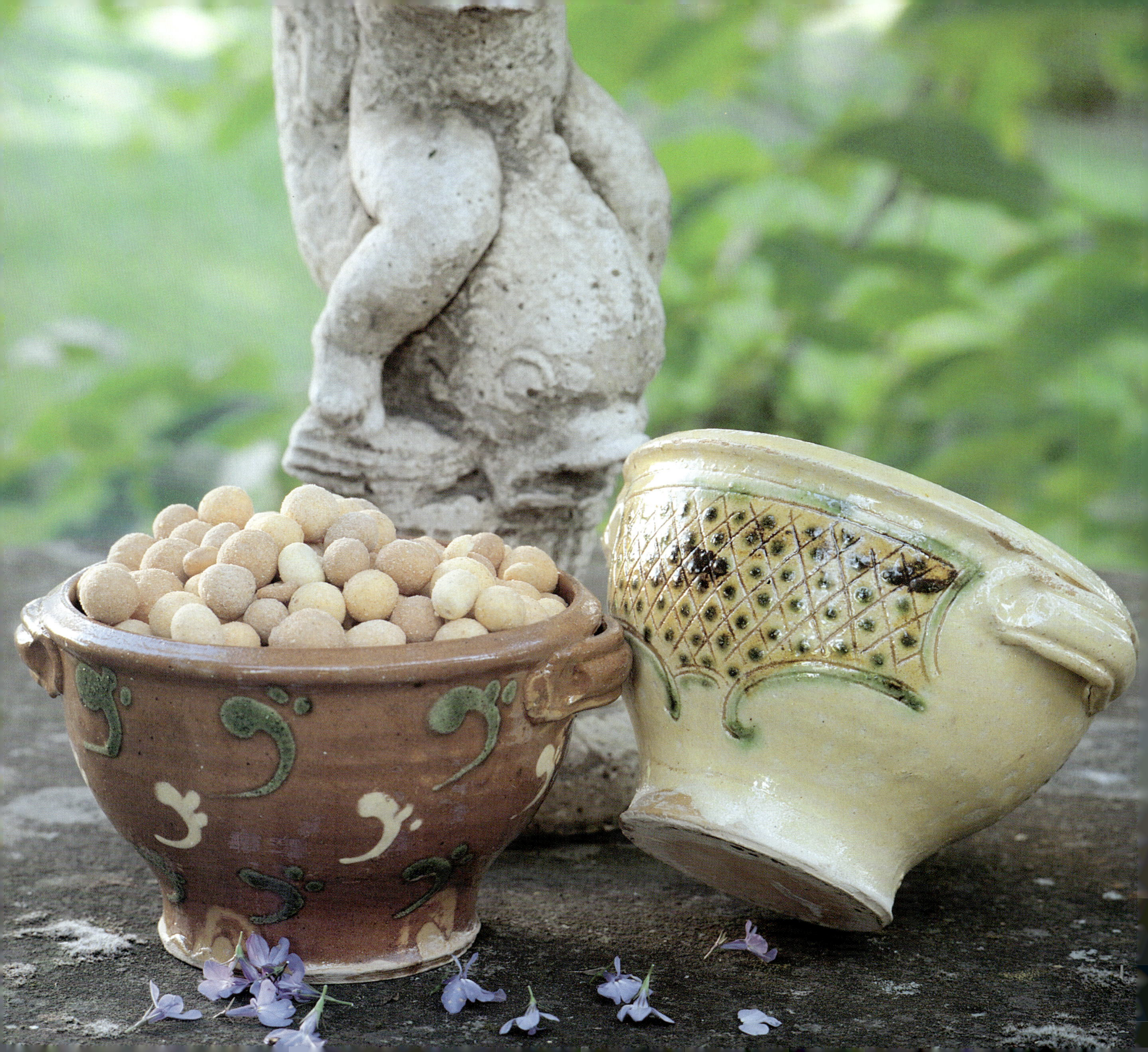

det målat med vita bokstäver på den grå husväggen invid den oansenliga ingången. När man letat sig in på gården möts man av rader av krukor på gamla gråslitna träställningar, och överallt ligger stora travar med pinjeved. Den stora brännugnen slukar åtskilligt. Kryper man in under vildvinet kan resultatet beskådas i lagerbutiken, som är öppen de flesta av årets dagar. Det är lätt att känna igen godset från Cliousclat. Mest typisk är den sepiagula glasyren, därefter den bruna i toner från smält honung till hartsbrunt och sist den djupt gröna. Inom denna begränsade färgskala lyckas man åstadkomma ett rikt utbud av dekorer. Kvalitén på dekoren kan variera med konstnären bakom verket. Vid vårt första besök i byn ägdes krukmakeriet av Philippe Sourdive, som var en mycket skicklig konstnär. Många gånger svängde vi av från autorouten på hemvägen, för att sätta våra sista franc på några tallrikar eller fat av Sourdives hand. I dag har sönerna Olivier och Nicolas tagit över, och fortfarande finns pärlor att hitta. Philippe Sourdives stora fat börjar dock bli rariteter, men kanske finns de på lagervinden som är en verklig skattkammare.

I dag har Cliousclat eget värdshus. La Treille Muscate mitt i byn.

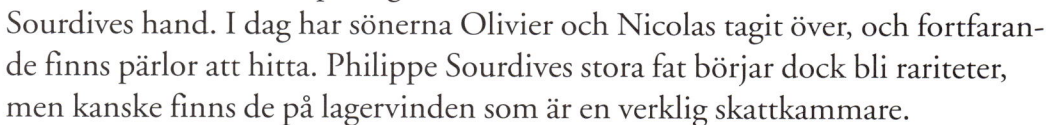

Två man arbetar med att fylla den enorma ugnen – det tar ett par dagar. Sen lägger sig röken än en gång över byn, och lagret fylls till kundernas belåtenhet. Många lägger in beställningar månader i förväg, men för att hitta exakt samma mönster när man återkommer nästa gång finns ingen garanti. Man gör som man alltid gjort, modeller som prövats i århundraden och de är mycket vackra. I krukmakeriet är man mycket nöjd med de svenska turisterna som inte knotar över priset, och som förstår sig på kvalité. Bara en sak undrar man över – det är betydelsen av det lilla ordet "tack" som svenskarna säger hela tiden.

– Nu kommer det en buss "tack-tack", säger gubbarna i ateljén när de hör svenskarna anlända.

Ägna gärna en stund åt den ålderdomliga byn med det omöjliga namnet, även i Frankrike är den en raritet. Och även om tiden förändrar också byar som Cliousclat, så förblir den ett smultronställe som vi gärna återkommer till.

T.v. Hartsbrunt och honungsgult är klassiska färger på glasyrerna från Cliousclat.

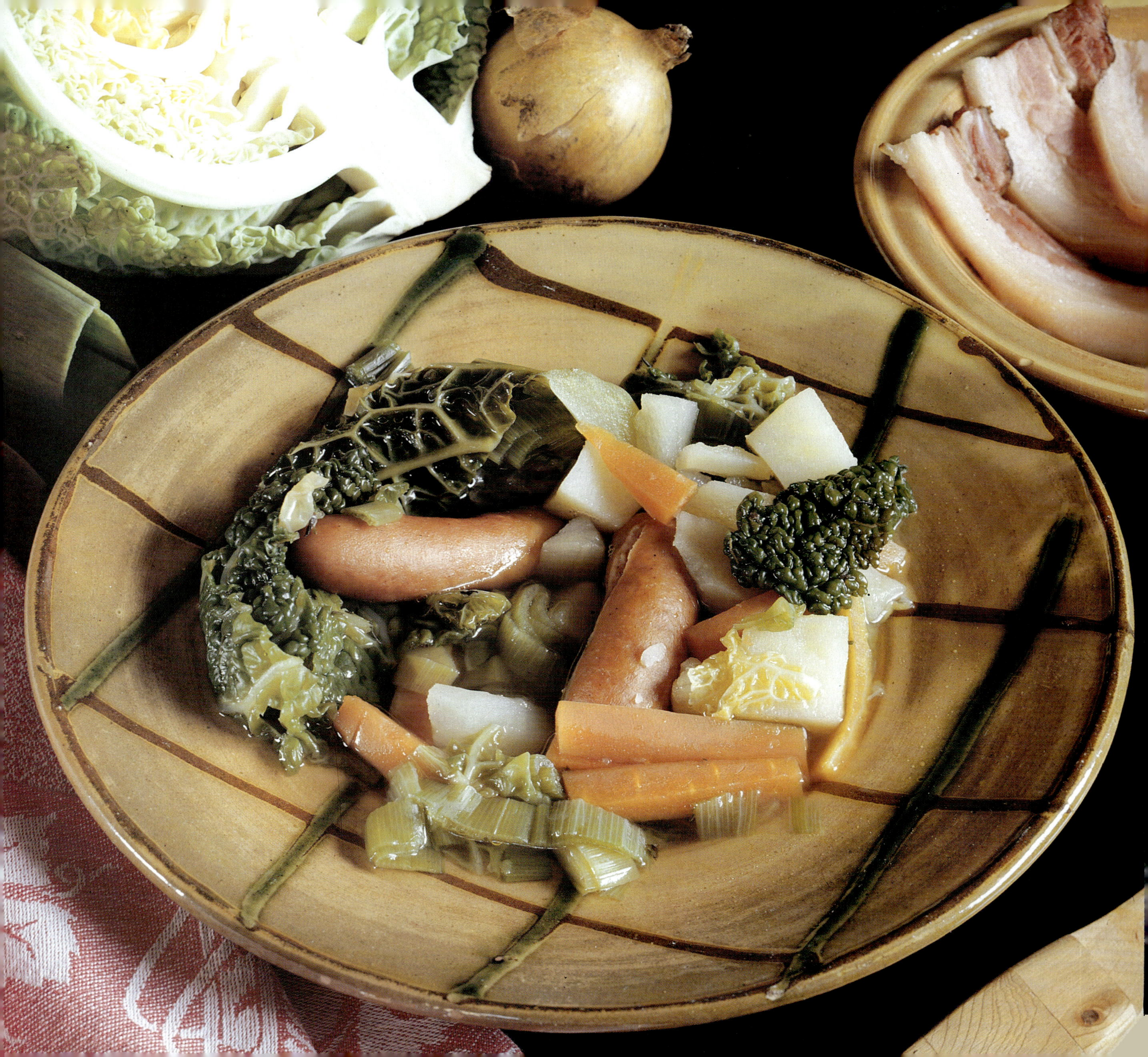

Fransk bondsoppa med kål

På tallrikar från krukmakeriet i Cliousclat bjuder på vi en mustig och rykande het vintersoppa från bondköket.

6 PORTIONER
1 medelstort huvud savoykål
3 morötter
1 purjolök
1 klyfta rotselleri
4 potatisar
1 stor gul lök
4 kryddnejlikor
1 1/2–2 liter vatten
2 buljongtärningar
300 g rimmat eller rökt fläsk
2 lagerblad
6–8 korn svartpeppar
1 tsk timjan
salt
250 g peperoni eller prinskorv

• Skölj, rensa och skala grönsakerna. Skär dem i bitar eller stavar. Dela kålen i klyftor, och skär bort rotstocken. Skär den i ganska stora bitar.
• Koka upp vatten, och smula ner buljongtärningarna. Lägg i fläskbiten, och koka upp på nytt. Skumma ytan. Tillsätt morötter, selleri, purjo och lök. Koka 20 minuter, och tillsätt sen övriga ingredienser utom korven som bara kokas med 5 minuter på slutet.
• Koka ytterligare 15–20 minuter, eller tills fläsket känns klart. Ta då upp det, skär det i skivor och servera på ett fat bredvid. Dijonsenap passar bra till, och ett gott bröd förstås.

Falsk gåsleverpaté

Fotografens tröst i väntan på nästa resa söderut.

CA 6 PORTIONER
400 g kycklinglever
salt och peppar
1 schalottenlök, finhackad
1 dl konjak
300 g smör
TILLBEHÖR:
kryddkrasse
rädisor, gurka
rostade brödsnittar

• Stek den halvtinade levern med lite matfett i en het panna. Krydda med salt och peppar. Fräs därefter löken blank utan att den bryns. Vispa ur pannan med konjaken, och sila skyn över levern. Låt det kallna.
• Kör allt till fin färs i matberedaren. Arbeta smöret mjukt och fluffigt, gärna med elvispens degkrokar. Blanda smöret och den kalla färsen till en homogen smet. Smaka av med kryddor, och packa färsen i en form. Täck formen, och ställ den i kylen över en natt.
• Doppa en matsked i varmt vatten, och skeda upp levern fint på kall tallrik. Servera med små rostade brödsnittar, och fräscht grönt på tallriken.

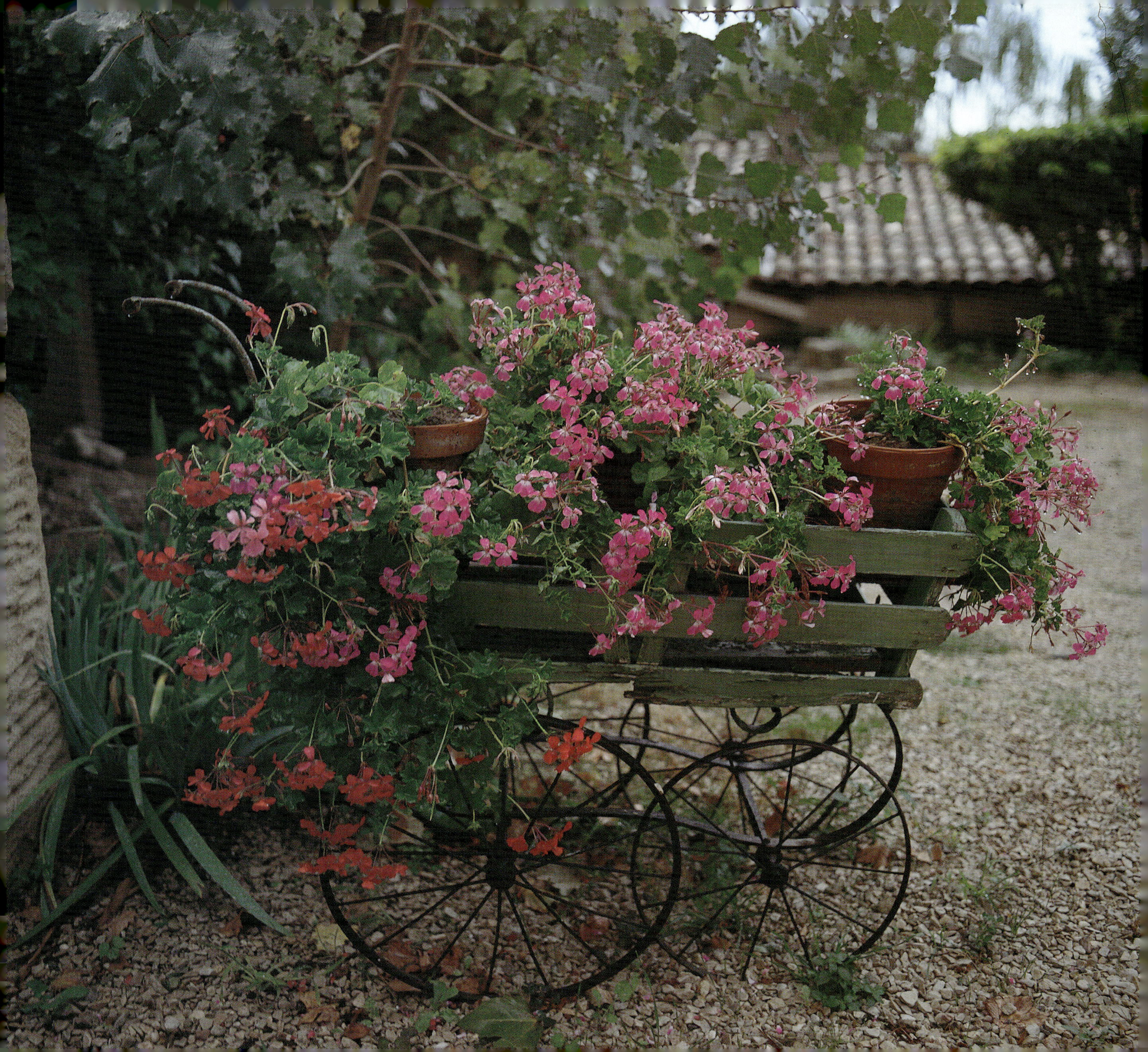

Konduktören som försvann

VI HAR BESTÄMT oss för att slippa vägarbeten och långtradare genom Tyskland, och sneddar därför upp mot Basel och biltåget i Lörrach. Få saker är så lockande som smala och slingrande bergsvägar, det är därför vi tar omvägen österut. Från Loriol via Crest och Die, och därifrån D 518 norrut. Många kurvor och bergspass senare landar vi i S:t Marcellin, och konstaterar att vägen var värd en resa.

Det är en ren tillfällighet att vi upptäcker ännu en gastronomisk souvenir längs väg N 92, på väg mot autorouten. Här och var dyker skyltar upp som erbjuder valnötsolja, en produkt vars pris oftast passerar skamgränsen om man lyckas hitta den hemmavid. Följaktligen letar vi upp en bonde som förser oss med den ypperliga aromrika oljan, som så gott som uteslutande passar till fisk, sallader och grönsaksrätter.

Till Lörrach går en egen snutt motorväg från Basel. Staden är liten, och det är lätt att hitta biltågens station. Fyra motorcyklister, ett par diplomatbilar, några Rolls Royce på väg till en biltävling, en barnfamilj och många äldre resenärer väntar tålmodigt i kön. Det är enkelt att köra ombord, bara att ta bort takantennen och upp på spåret. Vi letar upp sovkupén, tittar på serveringslistan som är förhållandevis enkel eftersom ingen restaurangvagn finns med – men efter några veckor i Frankrike har vi inget att invända. Så är det bara att invänta avgången …

– Kommer du ihåg tågresan från Paris …

– När konduktören försvann …

– Ja – det var för märkligt …

Eftersom ni ändå sitter där och läser, kan jag berätta vad som hände.

Det var vid femtiden på eftermiddagen som vi skyndade längs perrongen på Gare du Nord för att borda det tåg som skulle föra oss till Köpenhamn. Men denna gång stod ingen sovkupé att uppbringa. Den vänliga resebyrådamen hade i stället bokat samtliga platser i en liggkupé – vi skulle få sova ostörda försäk-

Provence lämnar trivsamma minnen. Man längtar alltid tillbaka …

rade hon. Vi hade dock lite onda aningar om det franska tågnätets förträfflighet, men redan utifrån kunde vi se skylten med *"Reservé"* på fönstret. Väl ombord kunde vi dock konstatera att våra platsbiljetter inte stämde. Våra platser fanns i kupén intill den reserverade. Ett par äldre damer tog plats i vår kupé, och hoppet om att få sova i fred sjönk. I *"Wagon-Lits"*-vagnen intill vår vaktade konduktören som en hök över sina kupéer. Med ord och blickar försökte jag förmå honom att trolla fram en sovkupé åt oss, men icke.

– Helt slutsålt, och förresten så är det hemskt dyrt, sa han med en blick på min ringa person.

Jag försökte hitta vår egen konduktör. Han måste ju hjälpa oss att få den kupé vi ärligt betalat för. Att påpeka att ett fel begåtts var förstås uteslutet – franska tjänstemän gör aldrig någonsin fel.

Trots att tåget närmade sig avgång syntes ingen konduktör till, men just som tåget rullade ut från perrongen klängde han sig visslande ombord. Nu gällde det att visa sina talanger. Milt leende och med inbjudande blick gick jag fram till honom …

– Madame, kan jag hjälpa till?
– Åh javisst, det finns väl ingen möjlighet att få en egen sovkupé …
– Aha, ni vill ha en egen kupé. Är ni ensam madame …?
– Nej, det är jag och monsieur därinne …
– Aha, ni vill ha en egen sovkupé för er och monsieur! *Voilà madame*, kupén är er!

Med en elegant gest låste han upp den reserverade kupén, efter att ha kastat en blick på mina nervöst framsträckta platsbiljetter.

– Ni kan ha den till Köpenhamn sa han, och gick visslande därifrån.

Föga anade jag att mannen som drog längs korridoren skulle vara nattens mest eftersökta person.

När vi låst kupén, och dragit för de gröna gardinerna förstod vi att tågets enda ätbara utbud var smörgåsar från en vagn. Ett ädelt vin och en påse flottyrmunkar tröstade oss. Båda föreföll vara av samma årgång. Tåget rusade genom natten och det började bli folkligt, fullsatt utanför kupén. Märkligt nog hade ingen konduktör visat sig efter avgången från Paris, vare sig för att kolla biljetter eller fälla ner sovbritsar. Fram på nattkröken var stämningen i korridoren livfull, för att inte säga hotfull. Man ropade vilt efter konduktören, efter sovbritsar och efter någon djävla ordning i största allmänhet. Vår låsta kupé var klart misstänkt.

Nu vågade vi inte öppna med risk för att bli lynchade. Runt midnatt gnisslade tåget in på en perrong och stannade. Taktfast tramp hördes, folk ropade och stämningen steg. En knallhård knackning på dörren, och en order på tyska att öppna. Mina sömndruckna ögon blinkade rakt in i en tysk ficklampa, och en tulltjänsteman i grön mössa skrek upphetsat:

– *Wo ist der Schaffner???*

Ordet tumlade runt i min trötta hjärna medan tullaren gick lös med ficklampan på bagagehyllan, under bänkarna och bakom gardinerna. När jag plötsligt förstod att det var konduktören han letade efter fick jag ett skrattanfall som knappast gjorde saken bättre. Från dörren stirrade ett dussintal ansikten in i kupén. Nu stod den inte längre att rädda. På bästa skoltyska försäkrade jag att konduktören inte synts till sedan Paris, och att han absolut inte fanns i kupén. Vi fick fönsterplatserna, och skakade fram genom Tyskland med nytt ressällskap. Ett ungt danskt par, en ensam herre som klev av efter ett par stationer och en något överförfriskad finsk sjöman som tog plats för två invid dörren. Klockan närmade sig två när en äldre tysk gentleman klev ombord med kappsäck, kassar och en blombukett i papperspåse. Vänligt men bestämt såg han på den urstarke finnen, och bad honom lägga upp den blytunga kappsäcken på den redan överfulla bagagehyllan. Den gamle slog sig ned, och plockade fram sina biljetter.

– Det behövs inga biljetter. Det finns ingen konduktör, muttrade finnen.

För en man som levt ett helt liv med den tyska grundligheten var detta givetvis en omöjlighet.

– *Er kommt doch,* sa den gamle trovisst.

Tåget for vidare genom natten. Med jämna mellanrum påpekade finnen frånvaron av konduktör, medan den gamle herrn vidhöll att denne skulle ju fälla ned sovbritsarna – alltså skulle han komma. När den gamle så småningom tvingades konstatera faktum, stoppade han ner biljetterna och meddelade:

– *Dann sitzen wir!*

Därpå plockade han fram matsäcken ur sin påse. Med näsduken utbredd över ena knäet, halshögg han ett ägg med fällkniven och svalde det med ett stycke surbröd. Sist tog han ur påsen ett synnerligen välmoget päron, delade det i sex vackra klyftor, sträckte fram en på fällkniven till den finske sjömannen och sa belevat:

– Får det lov att vara …?

Finnen som tyckte detta var en snygg gest tog tacksamt emot klyftan och sa frånvarande:

– I Finland växer inga päron.

– Nej, svarade tysken artigt ... jag vet det.

Finnen tuggade långsamt på päronet och svaret innan en insikt började ta form i hans omtöcknade hjärna. Blodet steg honom till örsnibbarna när han spände ögonen i den gamle herrn och morrade:

– Ni brände Rovaniemi!

Tysken tuggade färdigt sitt päron innan han artigt svarade:

– Inte hela.

Sjömannen hade därvid uttömt hela sitt kurage, och tysken hade vunnit kriget. När det konduktörslösa tåget i gryningen närmade sig Köpenhamn stegade några tågluffare in i kupén, och undrade hur många som ville ha kaffe. Det rykande heta kaffet höjde stämningen i kupén betydligt. Någon kom förbi och sa att det kokades kaffe på toaletten. Men kaffet var redan urdrucket och alla mådde bra.

Det är något speciellt med att åka tåg.

Receptregister

Smårätter och grönsaker
Aioli 247
Anchoïde Mas de Peint 191
Aubergine, grillad 73
Auberginer i vinägrett 104
Bröd med skinka 149
Caviar, provençalsk, 247
Champinjoner, provençalska 73
Endiver, stekta 229
Fisksallad från Cassis 68
Fransk bondsoppa med kål 251
Getost, grillad 95
Getostterrine med paprika Mas de Peint 198
Gurksallad med oliver 72
Kex med fikon och skinka 141
Kycklingleversallad, varm 68
Le Fucha de Villelaure 104
Lök- och tomatsallad 18
Melon med libbsticka 104
Melon med skinka 124
Morötter, örtagårdens 93
Oreganobröd med oliver 181
Pain de courgettes 31
Paj med färsk spenat 150
Paj med körsbärstomater 180
Provençalsk buffé 180
Potatisgratäng med getost 89
Ratatouille 236
Ravioli, provençalsk, Bernard Mathys 127
Rosmarinpotatis 91
Rouille 247
Rättika med caviar 104

Sallad med havskräftor och haricots verts 169
Sallad Niçoise 49
Selleri i remoulade 180
Sommarlunch som i Provence 149
Squashblommor med gräslöksgrädde 113
Squash, salviamarinerad, 210
Squash med provençalsk fyllning 211
Soupe au pistou 214
Tapenade och ägg 180
Tigertomat med getost La Bastide 35
Tomat- och basilikasallad 73
Tomat, fylld i gelé 193
Tomater, grillade 20
Tomater, marinerade 31
Tomater, tonfiskfyllda 93
Tomatmousse med paprika 180
Tomatpaj, målarens 237
Äggröra med tomater 223

Fisk och skaldjur
Coquille S:t Jaques med currypuré 130
Fisksallad från Cassis 68
Fisksoppa, husets 70
Fisk i papper, Les Santons 35
Gazpacho med havskräftor 32
Musslor, färserade, Logis de Guetteur 56
Rockavinge med ostronmousse 106
Sallad med havskräftor och haricots verts 169
Tonfiskfyllda tomater 93
Torsk, halstrad, med bönor i pistou 128

Fågel

Anka i svart vinbärssås 229
Duva, sardellfärserad, med ravioli 60
Gåsleverpaté, falsk 251
Kyckling från Nice 54
Kycklingleversallad, varm 68
Kyckling, örtagårdens 224

Lamm och nötkött

Gardiane 191
Joue de boeuf Les Florets Gigondas 223
Lammfärsfylld squash 211
Lammkarré som i Sisteron 18
Lammkotletter provençale 20
Lammsadel, indisk, från Les Baux 172
Lammstek med vitlökssky & getostgratäng 88
Oxfilé med svamprisotto Mas de Peint 196

Desserter och drycker

Bär- och fruktsallad 239
Cannoli, fylld 115
Chokladkakor från Moulin de Lourmarin 107
Fikon med lavendelhonung 143
Fikontårta 143
Flan med färska bär 23
Fruktbakelser 238
Honungspäron 89
Körsbärsbladsvin 151
Körsbär i likör 156
Körsbärskaka 159
Limesufflé från le Baux 170
Melon i körsbärsvin 156
Melon med mintsocker 124
Melonsorbet 124
Ostbricka, fransk 109
Pastis provençale 130
Pompe med färska fikon 39
Sommarfruktsoppa 103

Ortsregister

Ortsregister

Omfattar städer, byar och andra orter och platser, berg, floder, sjöar, dalar, vägar och broar. Kursiverade sidhänvisningar anger bildsidor.

Abbey de Senanque (kloster) 153–154, *159*
Aiguèze 209
Aiguines 29, 37
Alpillerna 154, 163, 165, 176
Apt 97, *118*, 119, 120, 123, *123*, 129
Ardèches 206, *212*
Arles 161, 163, 175, 176, *177*, 183, 217
Artuby, bro vid 30
Aups 26
Aven d'Orgnac, underjordiska salar i 209
Avignon 133, 165

Balcons de la Mescla 26, 30
Bandol 59
Barrême 67
Barroux 233
Beaumes-de-Venise 217
Belvédère du Méandre de Gaud 209
Belvédère de la Coutelle 209
Béziers 205
Bonnieux 226
Bories, Village des, *se* Village des Bories

Brantes *232*
Brignoles 52
Buëch 13
Buoux 119, 120

Calavon 145
Camargue 163, *182*, 183–203
Carpentras 226, 227, *227*
Cassis *62*, *63*, 63–64, *66*
Castellane 25–26
Château-Arnoux 25
Château de Malijaj 25
Château de Villeneuve 51
Châteauneuf-du-Pape 217
Chaussée des Géants (jättarnas väg) 146
Cliousclat 244–245, *248*, 249, *249*
Col du Cayron (utsiktspunkt) 220
Col du Pilon (utsiktspunkt) 43
Comps 26
Corniche Sublime 26
Corps *9*, 10
Coustellet 146
Crest 253

Défilé de Pierre Écrite 16
Demoiselles coiffées (klippor) 74, *77*
Dentelles de Montmirail 217, *231*, 233
Die 253
Digne-les-Bains 25, 67

Draguignan 26
Durance 13, 25, 26, 74, 80, 83, 97, 110

Entrechaux 233, 234
Entrevaux 67
Etang de Ginès, fågelreservat i 203
Eygalières 154, 161

Falaises de Sang (blodsklipporna) 146
Fayence 67
Fontaine de Vaucluse 154, *160*
Forcalquier 80, *81*, 82–85, *94*
Fort de Buoux 119, *121*

Gap 13
Gigondas 217, *219*, *231*
Glanum (ligurisk bosättning) 163
Golfe de la Napoule 43
Golfe-Juan 9
Gordes *144*, 153, 226
Gorges du Loup 47
Gourdon 47
Grand Canyon du Verdon *24*, 25, 26, 29, 30, 37
Grasse 43, 46–47, *50*
Grenoble 9, 10
Grignan, slottet i 244

Hyères 59

l'Escalès (utsiktspunkt) 37
L'Isle-sur-la-Sorgue 154, *155*
la Baume aux Pigeons (duvgrotta) 37
La Chêne *119*, 123, 129, *129*
la Haute Corniche (utsiktspunkt) 206, 209
La Londe 59
la Madeleine (utsiktspunkt och grottor) 209
la Maline 30
La Palud 37
Labastide-de-Virac 209
Lac de Serre-Ponçon 74, *77*
Lac de St:e Croix 26, 29
Lacoste *132*, 133, 134, *135, 136, 139*, 145
Laffrey *8*, 9
le Marges (utsiktspunkt) 29
le Vaumale (utsiktspunkt) 29
les Arcs 52, *55*
Les Baux 165, 166, *167, 168*, 176, 233
les Calanques (vita klippor) 64, *65*
les Cavaliers (utsiktspunkt) 29
Loriol 244, 253
Lourmarin *7*, 98, *101, 110*, 119
Luberonbergen 97, 98, 110, 134, *147*
Luremassivet 80, 83
Lyon 217

Malaucène 220, 227, 233
Mane 85

Manosque 80
Mauremassivet 67
Mees, klipporna vid *30*
Ménerbes 146
Mézien 21
Mont Ventoux 227, *232*, 233
Montélimar 244
Mouriès 176
Moustiers-S:te-Marie 38, 40
Musée d'Art chrétien 176

Nice 67
Nîmes 206
Nyons 243–244, *243*

Oppède-le-Vieux 146
Orange 217, *221*
Orgon 154

Pas de la faye (utsiktspunkt) 43, *45*
Pierrelongue 234
Plage de Piemanson *202*
Plateau Napoléon 43
Poët-Laval 244
Point Sublime 29, 30, 37
Pont de Galetas 26
Pont de Gau 203
Pont de Soleils 37
Pont du Gard 206
Pont Julien 145

Pont-S:t-Esprit 206
Pontis 74
Puimichel 79, 80

Ranc-Pointu 209
Rasteau 241
Rhône 206, 209
Rocher de la Baume *12*, 13
Rochers des Mées 25
Roussillon 146, *146*, 153
Route Napoléon 9, 25, 43

S:t Didier 226–227
S:t Etienne-du-Gres 163–165
S:t Marcel, grottor vid 209
S:t Marcellin 253
S:t Martin 206, 209
S:t Rémy 163, *174, 175*, 226
S:tes-Maries-de-la-Mer 183, *195*, 200
Sablet 217
Salagon (kloster) 85
Salin-de-Giraud 183, *201*, 203
Sambuc 183, *184*, 187
Samsonkorridoren 37
Séguret 217, *234*, 241
Sestrièremassivet 26
Simiane-La-Rotonde 86, *86*, 94
Sisteron *12*, 13, *14–15*, 16, 21, 25
St-Paul 47
Suzette 233

Tarascon 165
Théus 74
Tourette-sur-Loup 47
Trigance 37

Uzès 206

Vacqueyras 217
Vaison-la-Romaine 234
Val des Fées (feernas dal) 146
Vallé Toulourenc 234
Vallon-Pont-d'Arc *208*, 209, *215*
Vaucluseplatån 233
Vence 47, 51, *51*
Verdon 26, 30, 37
Via Agrippa 217
Via Dormitia 82, 145
Vieux Poët-Laval 244
Villa Fragonard (museum) 46
Village des Bories (hist. stenhyddor) 153, *153*